U0126242

郭齊勇著

儒學與儒學史新論

蕭萐父題

臺灣學生書局印行

自　序

　　1999年3月，廣西師範大學出版社「跨世紀學人文存」出版了我的第一部「自選集」。那部文集收錄了我1988年至1997年間發表的二十餘篇論文。那些論文主要涉及中國現代哲學，特別是現代新儒學的研究，涉及傳統文化與傳統哲學的現代詮釋之心態與方法問題。

　　1997年以來，我除了繼續從事現當代新儒學的研究之外，繼續關注中國哲學特徵的討論，關注中國文化與中國哲學之現代價值的闡釋，同時我也努力把研究重心前移，即努力追溯、研習先秦、宋明儒學的一些問題。

　　一個契機是郭店楚簡的出土，我對郭店楚簡的心性論思想很感興趣，作了初步的研究。本書第一部分的五篇文章，是這一方面的嘗試。我有志在今後幾年，對出土簡帛中的哲學思想予以更多的關注。

　　本書第二部分的七篇文章，探討的是中華人文精神，包括孔孟的境界論和朱子、王船山的性情論，對於儒家核心價值，乃至對於中國哲學的特質，作了一些研究。

　　本書第三部分的六篇文章，討論當代哲學與思想，例如馮友蘭哲學的方法論，熊、唐分歧，當代新儒家對儒學宗教性問題的反省，五四與殷海光晚年思想等。這一部分最後一篇文章對大陸學者的當

代新儒家研究作了評論。

　　本書第四部分彙集了一些序言、短評和隨感。開頭一篇是爲《杜維明文集》作的編序，最後三篇則是爲我的三位博士生的博士論文作的序。

　　本書是我的第二部「自選集」。它反映了我最近幾年的思考和研究，特奉獻給學林。錯漏之處，懇望學界同仁予以批評、指正。

　　是爲序。

郭齊勇　　二〇〇一年九月八日

儒學與儒學史新論

目　錄

自　序--- I

一、楚地簡帛研究

郭店儒家簡與孟子心性論--- 3

郭店楚簡〈性自命出〉的心術觀------------------------------17

郭店楚簡〈五行〉的身心觀與道德論-------------------------31

再論「五行」與「聖智」---------------------------------------47

出土簡帛與經學詮釋的範式問題-------------------------------65

二、中華人文重探

儒家人文精神與全球化---93

東亞儒學核心價值觀及其現代意義---------------------------109

中國哲學史上的非實體思想-------------------------------------133

孔孟儒學的人格境界論---155

朱熹與王夫之的性情論之比較--- 169

朱熹與王夫之在氣稟說與性習論上的分歧----------------------------- 187

馬祖禪的哲學意蘊 -- 197

三、當代學術發微

形式抽象的哲學與人生意境的哲學

    ——論馮友蘭哲學及其方法論的內在張力------------------------- 211

論熊十力與唐君毅在劉蕺山「意」與

    「誠意」觀上的討論與分歧-- 229

當代新儒家對儒學宗教性問題的反思 ------------------------------------ 247

殷海光晚年的思想轉向及其文化意蘊 ----------------------------------- 283

「五四」的反省與超越——以現代性與傳統為中心的思考------ 311

近20年中國大陸學人有關當代新儒學研究之述評 ----------------- 331

四、序跋評論彙集

讓儒學的活水流向世界——《杜維明文集》編序 ------------------ 357

游神淡泊 冲和閑靜——讀錢穆《湖上閑思錄》 ------------------ 375

守先待後：世紀之交的文化暇想 -- 381

理念·特色·經典導讀 -- 389

《心通九境——唐君毅哲學的精神空間》序------------------------- 395

《虛氣相即——張載哲學體系及其定位》序------------------------- 401

《郭店楚墓竹簡思想研究》序-- 407

一、楚地簡帛研究

郭店儒家簡與孟子心性論

郭店楚簡大大豐富了先秦心性論的資料，因此格外引起學術界的重視。但目前有一種說法，似乎郭店楚簡是主情的，而《孟子》是排情的，孟子至當代新儒家的「天命」的道德形上學的闡釋，需要重新考慮等等。❶本文不同意這一看法，而將郭店楚簡心性論看作是孟子心性論的前史，力圖疏導其間的內在聯繫。

一、楚簡之人性天命說

郭店儒家簡諸篇並不屬於一家一派，將其全部或大部視作《子思子》❷，似難以令人信服。筆者不是把它作為某一學派的資料，而是把它視作孔子、七十子及其後學的部分言論與論文的彙編、集合，亦即某一時段（孔子與孟子之間）的思想史料來處理的。《孟子·告子上》記載的告子「生之謂性」、「仁內義外」的主張，孟子弟子公都子總結的彼時流行的人性論的諸種看法，例如告子之「性無善無

---

❶　李澤厚：〈初讀郭店竹簡印象記要〉，《世紀新夢》，合肥：安徽文藝出版社，1998年10月版，第201－210頁。

❷　姜廣輝：〈郭店楚簡與《子思子》〉，北京：《哲學研究》，1998年第7期。

不善」論，可能是世碩的「性可以爲善，可以爲不善」論，無名氏之「有性善，有性不善」論，在楚簡中都得到充分反映。前述第二種看法所以說可能是（或接近於）世碩的，根據是王充的《論衡·本性》。王充說世碩主張「性有善有惡」，至於人趨向善或惡，取決於所養，即後天的環境、教育的影響。據王充說，宓子賤、漆雕開、公孫尼子等都主張性有善有惡。世碩「所養」之說，在楚簡與《孟子》中都有反映。

楚簡中除了強調後天人爲教育的內容外，還有很多關於以血氣、愛欲、好惡等來描述人性的說法，認爲喜、怒、哀、悲、樂、慮、欲、智等皆源於性。以上均得到各位論者的充分注意，故不贅引。但是，楚簡中是不是完全找不到「性善論」的根芽、資源呢？楚簡中是不是完全沒有涉及「性與天道」的問題呢？人們現在很看重〈性自命出〉以情氣釋性的內容，這無疑是重要的。但該篇在以「喜怒哀悲之氣」和「好惡」來界定「性」的同時，申言此性是天命的，是內在的，實際預涵了此能好人的、能惡人的「好惡」之「情」即是「仁」與「義」的可能，「仁」、「義」是內在稟賦的內容。如此詮釋，會不會犯「詮釋過度」的毛病呢？不會。請看〈性自命出〉是怎麼說的：「喜怒哀悲之氣，性也。及其見於外，則物取之也。性自命出，命自天降。道始於情，情生於性。始者近情，終者近義。知情者能出之，知義者能入之。好惡，性也。所好所惡，物也。善、〔不善〕，□也，所善所不善，勢也。凡性爲主，物取之也。」❸

---

❸ 本文所引郭店楚簡內容，據荊門市博物館：《郭店楚墓竹簡》，北京：文物出版社，1998年5月第1版。引文中，方括號內爲補字，圓括號內爲前字的正讀，據裘錫圭先生按語。以下不再另注。有個別字句和標點略有改動。

這裏所脫的三字，裘錫圭先生補了「不善」二字，剩下一字，疑是「性」。

　這裏的確有「性有善有不善」的意思，至於經驗事實上、人的行為表達上究竟是善還是不善，依賴於客觀外在力量的誘導、制約等。但這裏並沒有完全排拒「情氣」好惡中的「善端」。這就為後世的性善論埋下了伏筆。以上整句的意思是說，人性的稟賦來自天之所降的命。此與生俱來的好好惡惡的情感偏向，就是人之所以為人的特質。好惡是內在本能，也就是內蘊的喜怒哀樂之氣。人的情緒情感的表達，是由對象化的事物引起的，是表現在外的。質樸的好惡之心所引發、所牽動、所作用的對象雖然是外在的客觀的物事、現象、力量、動勢等等，但內在的主宰或主導，還是天命所降之人性。人性脫離不了情氣，且附著於情氣之上，但性與情氣仍有區別。請注意，情氣不僅僅指自然情欲，也指道德情感。爾後孟子著力發揮的，正是天賦的道德情感，並由此上昇為道德理性。

　〈性自命出〉強調通過觀看〈大夏〉、〈韶〉、〈大武〉之舞樂，聽聞古樂之聲，陶冶情操，修養自己，庶幾可以「反善復始」！從反善復始、原始反終的立場回過頭去看前引該篇的「始者近情，終者近義，知情者能出之，知義者能入之」，則不難體會此處兩「情」字即是「仁」這種情，此處的「始終出入」，其實即是指的仁與義的對舉。本始的、最貼近人之稟賦的、能表達、推廣出來的性情是什麼呢？恰恰是愛親之仁！達成的、實現出來的、能使之進入的是什麼呢？恰恰是「惡不仁」之義。以下緊接著說的「好惡，性也」，在一定的意義和範圍之內，是說的能好人，能惡人，「好仁而惡不仁」。天所賦予的初始之善，人之自然的切近之情是親愛親人！該

篇接著說：「篤，仁之方也。仁，性之方也。性或生之。忠，信之
方也。信，情之方也。情出於性。愛類七，唯性愛為近仁。智類五，
唯義道為近忠。惡類三，唯惡不仁為近義。所為道者四，唯人道為
可道也。」這裏很明顯地把「好惡」之性點醒了出來。

　　在眾多的愛中，篤誠的愛、真情真性是仁愛。當下的、發自內
心的愛近乎仁，此即「好好」；當下的、厭惡不仁的情感或行為近
乎義，此即「惡惡」。仁義忠信是人道之最重要的內涵，蓋出之於
天賦的性情。〈語叢三〉：「愛親則其方愛人。」「喪，仁也。義，
宜也。愛，仁也。義處之也，禮行之也。」「喪」為仁之端，此也
是以情來說性，說仁，猶如孟子以「惻隱」說仁之端。可見，在先
秦自然人性論之中，「情」的內涵之一，指的是仁愛之情。這也是
人性之一，而不在人性之外。

　　讓我們再來看一看〈五行〉：「不悅不戚，不戚不親，不親不
愛，不愛不仁。」「顏色容貌溫，變也。以其中心與人交，悅也。
中心悅〔焉，遷〕于兄弟，戚也。戚而信之，親〔也〕。親而篤之，
愛也。愛父，其秵（攸）愛人，仁也。」「攸」在這裏是「進」或「繼」
的意思。這也是性情學說。如果說郭店儒簡是所謂「主情」，那麼
此處人心之「悅、戚、親、愛、仁」正是其所主之「情」。它是從
哪裏來的呢？按〈五行〉終始德聖之說，人道來自天道，人善來自
天德：「〔君〕子之為善也，有與始，有與終也。君子之為德也，
〔有與始，無與〕終也。金聲而玉振之，有德者也。金聲、善也；
玉音，聖也。善，人道也；德，天〔道也〕。〔唯〕有德者，然後
能金聲而玉振之。」按，「德」、「善」之論是〈五行〉的中心和
主線，是抽象的、高層次的。相應地，其下一層次是「聖」、「智」

之論。❹《孟子・萬章下》的「金聲玉振」的「智聖」之論，即來源於此。孟子仁義禮智四端之說，與〈五行〉有直接聯繫。

就「德」、「善」這一層說：〈五行〉開篇即分別指出「仁、義、禮、智、聖」，「形於內謂之德之行」，「不形於內謂之行」。「形於內謂之德之行」，屬於「德，天道也」，是神性意義的天德流行，形之於、貫注於人心的內容，也即是人的稟賦。「不形於內謂之行」，屬於「善，人道也」，是人的道德行為。楚簡〈五行〉又說：「德之行五，和謂之德；四行和謂之善。善，人道也；德，天道也。」這也是分成兩層說的。仁、義、禮、智、聖，是人心得之於天道的，或者說是天賦於人的、內化於人心之中的，可形可感，可以實現的。這五種德行內在地和諧化了，就是天道之德。其表現在外的仁、義、禮、智之行為，相互和合，就是人道之善。這裏有天與人之分，分而後合。

就「聖」、「智」這一層說：「聞君子道，聰也。聞而知之，聖也。聖人知天道也。知而行之，義也。行之而時，德也。見賢人，明也。見而知之，智也。知而安之，仁也。安而敬之，禮也。聖、智，禮樂之所由生也，五〔行之所和〕也。」「聰明聖智」之說見於《中庸》。聖智之論源出於子思，當不會有大誤。楚簡〈六德〉也以「聖、智、仁、義、忠、信」為核心。就一般情況而言，聽德為聰，視德為明。由「聰」出發，聞而知君子之道為「聖」；由「明」出發，見而知賢人之德為「智」。按馬王堆帛書〈五行〉：「道者

❹　詳見邢文：〈《孟子・萬章》與楚簡〈五行〉〉，《中國哲學》第20輯，
　　瀋陽：遼寧教育出版社，1999年1月第1版。

聖之藏於耳者也。聞而知之，聖也。聞之而〔遂〕知其天之道也，是聖矣。聖人知天之道。」❺「聖、智」是相對於前述之「德、善」來說的。通過聞之於聖人來接近天道。帛書〈五行〉略為修改竹簡，曰：「〔君子〕無中心之憂則無中心之聖，無中心之聖則無中心之悅，無中心之悅則不安，不安則不樂，不樂則〔無〕德。」❻可見君子內心之中憂樂好惡、道德情感（它可以化為道德實踐的力量），是源於聞而知之之「聖」，源於天道、天德的。〈五行〉德、善、聖、智之說，完全是道德形上學的內容，自然成為孟子的思想來源。其中：天道──德──聖──五行之和，是先驗的道德哲學層面；人道──善──智──四行之和，是經驗的倫理學層面。

　　就世俗倫理層面而言，郭店楚簡〈六德〉、〈成之聞之〉諸篇，仍不忘天、天德和聖的依託，以尋找其最終的根據。如〈六德〉把父德稱為「聖」，子德稱為「仁」，「父聖，子仁，夫智，婦信，君義，臣忠。聖生仁，智率信，義使忠。」血緣倫理有其天命根據。〈成之聞之〉：「天降大常，以理人倫。制為君臣之義，著為父子之親，分為夫婦之辨。是故小人亂天常以逆大道，君子治人倫以順天德。」此處以上天的普遍法則作為君臣、父子、夫婦三倫，即社會秩序的依據與背景。該篇亦認為，君子之道可近求之於己身而遠證之於天德：「唯君子道可近求而可遠措也。昔者君子有言曰：『聖人天德』曷？言慎求之於己，而可以至順天常矣。」聖人天德不遠乎吾人，近從修己中理會，遠則符合於天常。這就是天上秩序與人

---

❺　《馬王堆漢墓帛書》（壹），北京：文物出版社，1980年版，第21頁。
❻　同註❺，第17頁。

間秩序的關係。

〈語叢一〉在「凡物由無生」之後，不斷重復「有天有命，有物有名」。又曰：「有生有智，而後好惡生。」「有天有命，有地有形，有物有容，有家有名。」「有物有容，有□有厚，有美有善。」「有仁有智，有義有禮，有聖有善。」這一系列的散文詩完全可以與《老子》媲美。而我所關注的是道德的天命論的內容。

總之，楚簡有較豐富的人性天命說的內容，是孔子「性與天道」的發展。仁義禮智，來自人與生俱來的好惡之情（好仁與惡不仁）。人性的遺傳，與神秘的天道有關。天人之間，情爲樞紐。此種性情，稟賦自天。天道天德是人道人性的終極根據。「性自命出，命自天降」，「始者近情，終者近義」，「反善復始」，「喪爲仁端」，仁義禮智聖「形於內謂之德之行」，「德之行五，和謂之德」，「德，天道也」，「善，人道也」，「天降大常，以理人倫」，「有天有命，有仁有智，有義有禮，有聖有善」，等等命題，毋寧是由《詩》、《書》、孔子走向孟子道德形上學的橋梁。

二、楚簡與《孟子》的思想聯繫與區別

上節其實已經說了二者的主要聯繫與區別，本節再說三點。首先，「情氣爲善」。如上文所說，楚簡主張情氣有爲善的趨勢，如前引〈五行〉由顏色容貌溫，談到中心悅，進而戚、親、愛、仁的一段，又如〈語叢二〉：「愛生於性，親生於愛」等，即是從情出發，以情氣之善言性。〈性自命出〉視眞情爲眞性、性善：「凡人

情爲可悅也。苟以其情，雖過不惡；不以其情，雖難不貴。苟有其
情，雖未之爲，斯人信之矣。未言而信，有美情者也。未教而民恒，
性善者也。」不言而信，不教而恒，指民眾生來就有的淳樸的美情、
善性。孟子從來不排斥情、才、氣性。《孟子·告子上》：「乃若
其情，則可以爲善矣，乃所謂善也。若夫爲不善，非才之罪也。」
正如劉述先所指出的，孟子認爲照著人的特殊情狀去做，自可以爲
善。他肯定天生資質，情、才、氣性的爲善，主張「可欲之謂善」。
至於人在現實上的不善良，不能歸罪於他的稟賦、資質。孟子主張
善在情才之中，生命之中。❼《孟子·盡心下》：「口之於味也，目
之於色也，耳之於聲也，鼻之於臭也，四肢之於安佚也，性也，有
命焉，君子不謂性也。」這裏講的是實然之性，孟子承認之，但指
出實然之性能否實現，自己作不了主，依賴於命運，因此君子不認
爲這是天性的必然，不去強求。相反，在另一層面上，仁、義、禮、
智、聖之於父子、君臣、賓主、賢者、天道來說，在現實性上雖仍
屬於命運，但在應然層面卻是具有普遍性的天性之必然，君子不認
爲「仁之於父子，義之於君臣」等等是屬於命運的，而應努力順從
天性，求得實現。孟子強調了人性之當然，區別了人之所以異於禽
獸的性徵，對包括楚簡在內的孟子之前的人性論論說，是一次巨大
的飛躍。

其次，「即心言性」、「存心養性」。這是楚簡諸篇與《孟子》
的又一條可以聯繫的紐帶。楚簡文字構造十分奇特，心字旁很多，

---

❼　參見劉述先：〈孟子心性論的再反思〉，《當代中國哲學論：問題篇》，
　　美國八方文化企業公司，1996年12月版。

如「身心」爲「仁」、「我心」爲「義」、「直心」爲「德」、「既心」爲「愛」、「各心」爲「欲」、「訢心」爲「愼」等等。不僅如此，楚簡有大量言心的資料。〈性自命出〉開篇就說：「凡人雖有性，心亡奠志，待物而後作，待悅而後行，待習而後奠。」奠即定。這是強調以心來衡定情緒，心志定，性則不爲外物所誘動。又說，人雖然有性，但如心不去作用，性情也不能表現出來，而心又依賴於「志」。又說，天生的好惡，其發於外則是情，情合於度就是道（禮）。又說：「其性相近也，是故其心不遠。」「四海之內其性一也，其用心各異，教使然也。」故該篇又講「心術」：「凡道，心術爲主。」「君子身以爲主心」此爲人道根本，而內容則是以《詩》、《書》、《禮》、《樂》之教來調治，來養心、怡情、養性。該篇又提出「求心」這一命題：「凡學者求其心爲難，從其所爲，近得之矣，不如以樂之速也。」「雖能其事，不能其心，不貴。求其心有僞也，弗得之矣。」這裏講通過樂教求心，求心要誠不能僞等等。關於求心之方，以下還講了很多，都具有理性主義的趨向。

孟子以心善言性善，以「心」來統攝自然生命的欲望，超越了告子的「生之謂性」之說。楚簡之中，既有告子的「生之謂性」之說，又有「即心言性」、「存心養性」的萌芽，爲孟子作了思想準備。如簡書關於心志靜定的看法，與孟子「志壹則動氣，氣壹則動志」的「志－氣」統一觀就有一定的聯繫。孟子不僅不排斥氣，反而提出「善養」其氣的觀念，以意志爲統率，使志與氣相輔相成。楚簡提出「養性者，習也」，雖然強調的是習行實踐有益於養性，但畢竟提出了「養性」的觀念，爲孟子「存其心、養其性，所以事天也」作了鋪墊。楚簡「求其心」的思想與孔子「操則存，舍則亡」

和孟子「求則得之，舍則失之」，「求其放心」相近，均強調心的自覺，以禮樂養心養性。無論是以習行來養性還是以存心來養性，其實都肯定了內在生命的善，稟賦的善，並以此為前提。稟賦的善，當然與人們經驗事實上的善惡行為完全屬不同的層次，但楚簡的作者與孟子都肯定心的主導，以此「求」、「存」與生命才情在一起的善，從應然落實到實然中來。孟子更強調了「性由心顯」。

第三，「仁義內在」與「仁內義外」的糾纏。「仁義內在」是孟子思想的主腦。孟子的「仁義禮智根於心」，「仁義禮智，非由外鑠我也，我固有之也，弗思耳矣」的思想，在楚簡〈五行〉「仁、義、禮、智、聖」五德學說中可以找到根芽。如前所述，「形於內」的「德之行」與「不形於內」的「行」是有區別的。那麼，與「仁」一樣，「義」作為稟賦，是天生的，是內在的；作為行為，則是外顯的。楚簡〈五行〉又把仁義視為禮的源頭，指出：「仁義，禮所由生也。」仁義為內容，禮是仁義的展示和表現。在楚簡中，多處提到「仁內義外」的思想。如〈六德〉：「仁，內也。義，外也。禮樂，共也。內立（位）父、子、夫也，外立（位）君、臣、婦也。」意指宗族之內講仁德，宗族之外講義德。〈語叢一〉：「仁生於人，義生於道，或生於內，或生於外。」「人之道，或由中出，或由外入。由中出者，仁、忠、信；由外入者，□、□、□。」（後三字李零疑為禮、樂、刑。）同樣講「仁內義外」，〈六德〉講的是倫理的層次分別，〈語叢一〉中的上述語錄講的是道德哲學的問題，但只是限於「人之道」的層次，並沒有涉及「天之道」的層次。

檢視孟子與告子關於義內義外的論辯，告子認為，人的自然本能的情欲、愛悅中，不包含「義」的普遍性規定。孟子則相反，認

爲人的道德普遍性的規定，例如「義」，乃內在於「敬長」等等人的自然愛悅的本能；仁義等「達之天下」的普遍性道德原則，源於人的自然情感的本能生活。❽孟子心性論的高明處及其與楚簡的區別就在這裏。

　　二者的聯繫還有很多，例如孟子的「大丈夫」精神，孟子論「時」、論「禪讓」、論「五倫」等，都可以從楚簡中找到源頭和根據。孟子關於「大體」與「小體」的思想，與帛書〈五行〉有密切的關係。例如帛書〈五行〉之〈說〉的部分，提出「心貴」，視心爲「人體之大者」、「君」，即先驗的道德本體，四行之和則爲「小體」等等。❾帛書〈五行〉較竹書〈五行〉更接近於《孟子》。

三、餘論：「情」與道德形上學

　　郭店簡諸篇所透露出來的繼《詩》、《書》、孔子之後的「性與天道」的學說，是孟子心性論的先導和基礎。天爲人性之本，是道德行爲之所以可能的終極根據和價值源頭。至於以情釋性、指性爲情之說，更是孟子前的主要傳統，不唯告子、世碩如此。「生之謂性」、「仁內義外」說，爲孟子的道德形上學提供了論辯前提和背景，爲孟子學的登臺預作了準備。孟子以揚棄的方式繼承了告子學說。

---

❽　參見李景林：《教養的本原》，瀋陽：遼寧人民出版社，1998年6月版，第228－229頁。

❾　參見魏啓鵬：《德行校釋》，成都：巴蜀書社，1991年版，第95－96頁。

　　理解「情」與儒家道德形上學的內在關係是至關重要的。郭店楚簡提到「七情」，也有了「四端」的萌芽，孟子進而以「不忍人之心」釋仁，以惻隱、羞惡、恭敬（或辭讓）、是非等「四端之心」詮釋、界定道德理性仁、義、禮、智。「四端七情」，爾後成為宋元明及其後中朝日儒家討論的焦點。儒家道德形上學是建立在道德情感之上的，而不是排情的，相反，它力圖使道德情感成為道德實踐的內在動力。孟子的性善論既是道德理性普遍主義的提揚，又不排斥情、才、氣性，當然，他強調大體與小體的關係，強調道德主體、道德意志的引導，調節並轉化情、才、氣性。這是儒家道德形上學既超越又內在的反映與表現。康德道德哲學竭力避免情感（包括道德情感）的滲入，強調道德理性的純粹。孟子心性論，乃至宋明心性論則與此相反，統攝了先驗的與經驗的兩層。東方道德哲學家都注意「四端」、「七情」的關係及情感的作用與調節，講志與氣的培養，是極有意義的。同樣是目的論的、義務論的倫理學，與西方大不一樣。現代西方哲學界有反本質主義思潮，因此，美國漢學家安樂哲等人討論孟子性善論，反對將西方本質主義的解釋強加給孟子，指出孟子之「性」是一個關係的、力動的、創造性活動的「成就」概念，這就重視了孟子人性的重「情」等非本質主義的一面。卜愛蓮不太同意安樂哲的說法，強調孟子肯定了「共同人性」。孟子有「人心之所同然」之說，並不否定「共同人性」和道德理性的普遍性。相反，非常成功地建樹了道德形上學體系。劉述先教授在評論這場討論時指出：中國思想不必非此即彼，人在成就上的殊異、情感上的多姿多態與稟賦上的共同，並不構成必然的矛盾。孟子也不否定人在經驗、實然層面的善善惡惡現象，只是他的思想高於前

人一籌，提昇到先驗、應然層面講性善。❿在一定意義上，孟子的性善之「善」，不與「惡」對，而是超乎善惡對待之上的。郭店楚簡豐富了我們對孟子心性論之前史的理解，實在是重要的思想史料。由此我們也更能感受到孟子的偉大，對孟子心性論亦可以作出更多、更深入的詮釋。

（本文曾於1999年7月在臺北政治大學舉行的「第十一屆國際中國哲學大會」上發表，並於是年9月刊載於《武漢大學學報》（哲社版）第5期。）

---

❿　參見劉述先：〈孟子心性論的再反思〉，《當代中國哲學論：問題篇》，美國八方文化企業公司，1996年12月版。

郭店楚簡〈性自命出〉的心術觀

　　拙文〈郭店儒家簡與孟子心性論〉針對有的學者說郭簡完全沒有性善論的內涵和郭簡主情、孟子排情等論而發❶，梳理郭簡與《孟子》的聯繫與區別，重點闡發郭簡中的儒家道德形上學的內容。前文雖涉及到情氣、情性與心志等關係，然限於篇幅，未能充分展開。本文係前文之姊妹篇，重點討論郭簡之身心關係問題。

　　長沙馬王堆漢墓帛書公佈之後，關於戰國諸子百家之身心關係的討論，有了長足的進步。筆者研讀過龐樸、李學勤、裘錫圭、杜維明、魏啓鵬、池田知久、楊儒賓、黃俊傑諸教授的有關論著❷，獲

---

❶　拙文載《武漢大學學報》（哲社版），1999年第5期，乃針對李澤厚和陳來二先生文而發。李文〈初讀郭店竹簡印象記要〉，《世紀新夢》，合肥：安徽文藝出版社，1998年；陳文〈郭店楚簡之〈性自命出〉篇初探〉，《孔子研究》，1998年第3期。

❷　主要參考文獻有：
　　a)龐樸：《帛書五行篇研究》，濟南：齊魯書社，1980年；
　　b)李學勤：〈《管子‧心術》等篇的再考察〉，《管子學刊》，1991年第1期；　又見李著《古文獻叢論》，上海：上海遠東出版社，1996年；
　　c)裘錫圭：〈稷下道家精氣說的研究〉，《道家文化研究》第二輯，上海：上海古籍出版社，1992年；〈馬王堆《老子》甲乙本卷前後佚書與「道法家」〉，《中國哲學》第二輯，北京：三聯書店，1980年；俱見裘著《文史叢稿》，上海：上海遠東出版社，1996年；

益匪淺。在這些成果的啓發下和基礎上，本文進一步討論郭簡的身心觀。

　　關於「性——情（欲）——氣——形（體、身）——心（志）——神（精）」之間複雜的互動關係，郭簡諸篇有不同程度的涉及。較爲集中的是〈性自命出〉和〈五行〉，因此我們先解讀這兩篇，然後再說其他。

　　一看到「心術」，我們很自然聯想到學術界聚訟不已的《管子》四篇中的「心術」。在那裏，「心術」指「心」體認「道」的方法和途徑。按《禮記·樂記》和《漢書·禮樂志》：「夫民有血氣心知之性，而無哀樂喜怒之常，應感（起物）而動，然後心術形焉。」「心術」自是心與物、心與身交互作用的途轍、狀態和方法，也是養心、用心的過程和方略。而中國思想沒有心物、身心之絕對二分，因此討論「心術」不能不涉及到心思、心志、形、氣、容色、行爲、

---

d)杜維明：〈存有的連續性：中國人的自然觀〉、〈孟子思想中的人的觀念：中國美學探討〉，俱見杜著《儒家思想——以創造轉化爲自我認同》，臺北：東大圖書公司，1997年；

e)魏啓鵬：《〈德行〉校釋》，成都：巴蜀書社，1991年；

f)〔日〕池田知久：〈馬王堆帛書〈五行篇〉所見身心問題〉，《馬王堆漢墓研究文集》，長沙：湖南出版社，1994年；

g)楊儒賓主編：〈中國古代思想中的氣論及身體觀〉，臺北：巨流圖書公司，1993年，其中有池田知久上文，黃俊傑〈馬王堆帛書〈五行篇〉「形於內」的意涵〉，楊儒賓〈支離與踐形——論先秦思想裏的兩種身體觀〉等文；

h)楊儒賓：《儒家身體觀》，臺北：中研院文哲所籌備處，1996年11月初版，1999年4月修訂一版。這是作者多年研究儒家身體觀的主要成果之結集，對儒家身體觀的理論和史料作了系統詮釋，對孟子、荀子、公孫尼子、思孟五行、《管子》及宋儒之「心——氣——形」說，均有獨到的分析。

習性、物事等等。現在讓我們先看〈性自命出〉的「心術」。從目前整理的文本來看，該篇開始講性之所從出，性、命、天、道、情、氣之關係，性、習、情、禮、心、物之關係，內、外、出、入之關係等，強調好惡之情性以外在物事為投射對象，而心志為其機關，為其主導。第9—12簡：「凡性，或動之，或逢之，或交之，或屬之，或出之，或養之，或長之。凡動性者，物也；逢性者，悅也；交性者，故也；屬性者，義也；出性者，勢也；養性者，習也；長性者，道也。」❸這就是說，對於人之稟性來說，感應、激蕩它的是外在物事，因應、順從它的是歡快愉悅之事，變易、更改它的是有目的性的後天人為❹，磨礪、錘煉它的是「義」德之行；客觀情勢、位勢是表現、展示它的舞臺，習行、訓練是養育、培植它的土壤，大道則是幫助、增進人之性的法寶。該篇指出：「道始於情，情生於性。」這是說，人道（或心道、心術）源於喜怒哀悲等自然生命的情氣、真實。但道必然要高於情氣、情實。該篇第14、15簡：「道者，群物之道。凡道，心術為主。道四術，唯人道為可道也。其三術者，道之而已。」❺「道」統領種種色色的現象、事物。「道」即天地萬物萬事之總相、總過程、總法則，它並不在外。「道」與人對「道」的把握和體認

---

❸　荊門市博物館：《郭店楚墓竹簡》，北京：文物出版社，1998年，第179頁。本文凡引竹簡釋文，均據此書，包括運用了裘錫圭先生之按語。以下只注書名和頁碼。

❹　關於「交性者，故也」和下文中「道四術」，「其三術者，道之而已」，我參考了趙建偉的解釋，見〈郭店竹簡〈忠信之道〉、〈性自命出〉校釋〉，《中國哲學史》，1999年第2期。

❺　《郭店楚墓竹簡》，第179頁。

密切相關，也就與「心」認識、體悟「道」的方法、途徑及養心、用心的方法相關。因此，「凡道，心術爲主。」這就是說，「心術」對於參贊道和體悟道來說，至關重要!這可以說是人的主體性的建立，涉及到心與身、心與物的關係。第41、42簡再次重申：「所爲道者四，唯人道爲可道也。」❻「道」有四方面的內容，如天、地、人、鬼神等（按〈尊德義〉指人道、馬道、水道、土道），除人事之道可以言說之外，其他三道只能因勢利導而已。

可見「心術」是理解道、弘大道的不二法門。對於人事之道而言，「心術」就更爲重要了。〈性自命出〉關於「心術」的主要內容有：

一、以心志導情氣

從第1、2簡看，性、情、心都是「氣」。在本篇中，「無定志」之「心」，屬於血氣的範疇，有知覺反應；而「有志」之心，帶有意志力，具有「心之官則思」的性質。性、情與「喜怒哀悲之氣」的關聯，大體言之，性是「未發」狀態，情是「已發」狀態。喜怒哀悲之氣涵於體內，未曾作用時是「性」；此氣感物而動，表現於外則是「情」。簡1、2：「凡人雖有性，心無定志，待物而後作，待悅而後行，待習而後定。喜怒哀悲之氣，性也。及其見於外，則

---

❻ 《郭店楚墓竹簡》，第180頁。

物取之也。」❼血氣之「心」感物而動，隨波逐流，依靠「習」（即後天習行、訓練）才能有所定。意志之「心」則不然，有指導定向的作用：「金石之有聲，□□□□□□雖有性，心弗取不出。凡心有志也，無與不□□□□□獨行，猶口之不可獨言也。」❽

　　這一段文字，前六字缺，論者補爲：「弗擊不鳴，凡人」❾。後五字缺，李零補爲：「可。人之不可」；廖名春補爲「可。心之不可」❿。「心弗取不出」之「心」字，趙建偉認爲是衍字。⓫但從上下文看，未必是衍字。這裏講的是「心取」，與前文所說的「物取」，在形式上一樣，在性質上則有別。整句話是說：金石之聲，不敲則不響；人雖有與生俱來的好善惡不仁之性，心不導向則實現不出來。心有意志，有指向性，對於身之活動，不可能不參與。沒有心志的參與和指向，身不能行，口不能言。身能行、能言，是與心志整合的結果。「心有志也，無與不可」，是本篇關於身心關係的一種說法，凸顯了意志之心對人之行、言的主導作用。當然，另一方面，

---

❼　《郭店楚墓竹簡》，第179頁。

❽　《郭店楚墓竹簡》，第179頁。

❾　此六字，龐樸補爲「桎弗擊不鳴；凡人」，見〈孔孟之間——郭店楚簡的思想史地位〉，《中國社會科學》，1998年第5期；趙建偉據《莊子・天地》補爲「弗考不鳴；凡人」，見注❹；李零補爲「弗扣不鳴。人之」，見〈郭店楚簡校讀記〉，《道家文化研究》第17輯，北京：三聯書店，1998年，第504頁。

❿　此據李零：〈郭店楚簡校讀記〉，見上注末條。以下簡稱李零〈校讀〉，所注頁碼即《道家文化研究》第17輯頁碼。廖名春說見於國際簡帛研究中心網上發表的余謹：〈清華大學簡帛講讀班第三次研討會綜述〉。

⓫　同注❹趙建偉文。

離開了身形，心亦不能實現其指向。

　　本篇第42—44簡談「用心」、「用智」、「用情」、「用身」、「用力」所應注重的方面。「凡用心之躁者，思爲甚。用智之疾者，患爲甚。用情之至者，哀樂爲甚。用身之弁者，悅爲甚。用力之盡者，利爲甚。」在這裏，作者其實區分了意志之心和思慮之心。前者以「用心」標舉，後者以「用智」涵括。我試作譯文如下：運用德性之心，最不安、最躁動的莫過於價值抉擇了；使用思慮之智，最有力度的，表現在面對禍患的考量；情感的表達，莫過於聽誦哀樂；身體的急變，莫過於趨向怡悅；力氣的耗盡，莫過於謀取私利。「目之好色，耳之樂聲，臧舀之氣也，人不難爲之死。」⓬臧舀即「鬱陶」，指心初悅（或憂）而未暢的狀態。⓭耳目聲色的追求，人之身體內的鬱陶之氣，常常驅使人爲之赴死（如俗語中的「人爲財死」）。這一段講的是，面對聲色、利欲、悲痛、歡樂，鬱陶狀態的情氣發用，引起人們患得患失，心智不安。心智不安是形身與心靈互動所致。心靈不安而要求其所安，因此，下一段即講要有「柬柬之心」和「恒怡之志」，從形身和心靈兩面，求其心定身安。（關於「柬柬之心」和「恒怡之志」，詳下。）本篇提出「反己修身」的原則。第56—57簡：「聞道反己，修身者也……修身近至仁。」⓮聽聞人間道義，反求之於自己，反求之於心，以心志導情氣，端正自己的形身，庶幾接近於仁德。

⓬　《郭店楚墓竹簡》，第180頁。

⓭　詳見劉釗：〈讀郭店楚簡字詞札記〉，武漢大學《郭店楚簡國際學術研討會論文集》，武漢：湖北人民出版社，2000年5月版，第78頁。

⓮　《郭店楚墓竹簡》，第181頁。

二、以禮樂之教養性培氣

〈性自命出〉不單單講以心志導情氣,因爲作者深知情氣可以迷惑心志,造成一體兩面之不安,身心的躁動。因而,該篇「心術」之最重要者,是修身與修心的雙彰,以此求得心定身安。這正是孔子「修己安人」之道的落實。在這裏,作者首先強調的是「教」。第14—18簡:「《詩》、《書》、《禮》、《樂》,其始出皆生於人。《詩》,有爲爲之也。《書》,有爲言之也。《禮》、《樂》,有爲舉之也。聖人比其類而論會之,觀其先後而逆訓之,體其義而即度之,理其情而出入之,然後復以教。教,所以生德於中者也。」⓯按,「逆訓」即迎順,「即度」即「節度」。這裏強調《詩》、《書》、《禮》、《樂》四教的重要性,尤其是禮樂之教。心術之道是從哪裏來的呢?來源於人文教化、文化傳統。在該篇作者看來,聖人制禮作樂以調節人間秩序、倫序等級,禮樂是聖人有意爲端正人們的行爲舉止而制定的。這就要節制人們情氣的發用,使之合宜,理順人們的情感、情緒,然後加以教化,使道德慢慢地內在化,即「生德於中」。這裏的重心是以禮樂來調節情氣,養性培情,修身修心。

〈性自命出〉發揮孔子「人而不仁如禮何,人而不仁如樂何」和「禮云禮云,玉帛云乎哉;樂云樂云,鐘鼓云乎哉」⓰的教導,從

⓯　《郭店楚墓竹簡》,第179頁。

⓰　《論語・八佾》、《論語・陽貨》。

「心術」的角度，集中討論禮教、樂教的功能。概而言之，以禮教修外（形、身），以樂教治內（心），禮教端正身形，樂教陶冶心靈。但禮教、樂教都要促成身心的一致，聲、情、氣、性、形、神之合一。

第20—21簡：「至容貌，所以度節也。君子美其情，貴其義，善其節，好其容，樂其道，悅其教，是以敬焉。」[17]這裏肯定容貌之端莊、行止合符儀節的重要性。眞誠的聘問、祭祀之禮，要求致禮者身與心的和諧一致，禮與義的完滿統一。第22—23簡：「笑，禮之淺澤也。樂，禮之深澤也。凡聲，其出於情也信，然後其入撥人之心也厚。聞笑聲，則鮮如也斯喜。聞歌謠，則舀如也斯奮。」[18]較之禮儀，樂教有更深厚的影響。眞情之聲，能深深地撥動人的心弦。諦聽、吟誦、觀看、欣賞〈韶〉、〈夏〉、〈賚〉、〈武〉之樂舞，可以收斂身心，健康地抒發情感。正聲雅樂，啓導人們返回人性本始的善（「反善復始」），振奮正氣。第28簡：「凡古樂龍心，益樂龍指，皆教其人者也。〈賚〉、〈武〉樂取，〈韶〉、〈夏〉樂情。」[19]按，「龍」作「和」解，即聽古樂和心，聽益樂和指，都能教化百姓。〈韶〉、〈夏〉是舜、禹之樂，即古樂；〈賚〉、〈武〉是武王之樂，後起增益之樂，即益樂。古樂培養健康的情感，益樂激勵進取精神。[20]第29—31簡：「凡至樂必悲，哭亦悲，皆至其

---

[17] 《郭店楚墓竹簡》，第179—180頁。此句據裘按補改。

[18] 《郭店楚墓竹簡》，第180頁。

[19] 《郭店楚墓竹簡》，第180頁。

[20] 廖名春：〈郭店楚簡〈性自命出〉校釋〉，《清華簡帛研究》第一輯，北京：清華大學思想文化研究所，2000年8月。

情也。哀、樂，其性相近也，是故其心不遠。哭之動心也，浸殺，其央戀戀如也，戚然以終。樂之動心也，浚深鬱陶，其央則流如也以悲，悠然以思」。人性相近，其心不遠。哭泣、樂音都能動人之心弦，悲戚和歡樂隨著體內之氣變化、轉移，移情之於心，引起人們的沈思。第31—33簡：「凡憂思而後悲，凡樂思而後忻。凡思之用心爲甚。難，思之方也。其聲變則其心變，其心變則其聲亦然。吟，遊哀也。噪，遊樂也。啾，遊聲〔也〕。嘔，遊心也。」❷此段文字後半依李零改定。「難」，李讀爲「歎」。「遊」，李釋爲「流」，即流露之意。❷❷憂思、樂思，是思慮之心對情氣之心的提升，反過來加深了悲歡的內涵，輔助了意志之心。音聲的變化與心境的變化相互纏繞，相互影響。淺唱低吟，或高歌唱和，均可抒發心志，養性怡情，足見樂教可以促成情氣與心靈的互動，並且比禮教更契入內心。這裏著重講聲、音、情、氣、心思、性格、身形、容色的連續性、整體性，猶如氣流，由內而外，由外而內。

禮教、樂教的目的，如前所引，乃「所以生德於中者也」。儀態、音聲都要是眞情實感的流露，出於心又深入於心，護持、培養道德意志、情感。禮教用以端正容貌和行爲舉止，「是以敬焉」，讓君子以嚴肅、莊敬、和樂的生命投入社會人事；樂教「其出於情也信，然後其入撥人之心也厚」，變化氣質，調整心境。禮容通過正衣冠、正身形來正心，樂事通過抒情懷、修內心來正身，禮容、樂事又都是協和身心的手段。這也是〈性自命出〉的「心術」之重要內容。

---

❷　《郭店楚墓竹簡》，第180頁。
❷❷　李零〈校讀〉，第506、509頁。

三、內外交修，心身互正

〈性自命出〉的身心觀，是身心的一體觀，也是修身養心的互動觀。下篇首章，簡36—38：「凡學者求其心為難，從其所為，近得之矣，不如以樂之速也。雖能其事，不能其心，不貴。求其心有偽也，弗得之矣。人之不能以偽也，可知也。其過十舉，其心必在焉。察其見者，情焉失哉?」❷❸此章認為，學習聖賢人格的方便取徑是樂教。通過音樂教化，人們不會停留在外在形式或現象上模仿，而可以從內心感悟聖賢內在的仁德，做到身心不二，我之心與聖賢之心相貫通。這裏來不得半點偽飾。孔子講「不二過」，如果某人同樣的錯誤犯了十次，那麼我們可以判斷，此人身體行為的錯，根子卻在心上。透過一個人待人接物的外在表現，可知他內心的情狀。

這實際上就提出了「內外交修」的課題。〈性自命出〉的作者為君子的修養開示了許多門徑、方法。如簡37—40：「□，義之方也。義，敬之方也。敬，物之節也。篤，仁之方也。仁，性之方也，性或生之。忠，信之方也。信，情之方也，情出於性。」❷❹這是圍繞內心之仁的展開，是對孔子「為仁之方」所做的注腳。孔子強調「言忠信，行篤敬」，「溫柔敦厚」，「仁者，其言也訒」，「君子義

---

❷❸ 《郭店楚墓竹簡》，第180頁。此章文字，據裘錫圭按語、李零〈校讀〉徑改成這個樣子。

❷❹ 《郭店楚墓竹簡》，第180頁。又據李零〈校讀〉，第506頁。

以爲質，禮以行之，遜以出之，信以成之」❷。總起來說，孔子主張的君子人格是內在之「仁」、「誠」、「忠」、「信」與外在顏色、容貌、辭氣、儀態的統一。

第43—46簡：「有其爲人之節節如也，不有夫柬柬之心則采。有其爲人之柬柬如也，不有夫恒怡之志則縵。人之巧言利辭者，不有夫詘詘之心則流。」❷柬柬，李零疑讀「謇謇」，指誠信之意。孔子說：「人而不仁如禮何，人而不仁如樂何」；「巧言令色，鮮矣仁」；「文質彬彬，然後君子。」❷本篇則指出，人在身形外貌、行爲舉止上符合禮節，而沒有篤實敦厚之心，就是文勝其質，就會使內在仁心和道德意志漸漸消蝕。一個人油嘴滑舌，輕慢矜誇，沒有誠樸之心，就會流蕩失守。本篇反對僞詐、虛情假意、文過飾非，認爲謹愼是行仁之方，肯定眞誠淳樸的可貴。第59—60簡：「凡悅人勿吝也，身必從之，言及則明舉之而毋僞。」❷此處也是強調以心導身，身體力行，言行一致。

最後一章，對本篇身心統一觀作出了總的概括。本章發揮孔子的人生理想和「吾與點也」的灑脫氣象，指出，君子要做到「身」、「行」、「狀」、「貌」和「心志」的契合無間，既有「三軍可奪帥也，匹夫不可奪志也」的擔當精神，又有淡泊、謙遜、寬容、博大的胸襟，思慮深沈、眞摯，還要有溫文爾雅、篤誠莊敬的容色，並且盡可能做到，在歡悅、憂患、怒嗔時保持節制，避免過份耗費

❷ 《論語·衛靈公》、《論語·顏淵》等。
❷ 《郭店楚墓竹簡》，第180—181頁。又據李零〈校讀〉，第506、510頁。
❷ 《論語·八佾》、《論語·學而》、《論語·雍也》。
❷ 《郭店楚墓竹簡》，第181頁。又據李零〈校讀〉，第507、511頁。

體內之氣。最後，第65-67簡：「君子執志必有夫廣廣之心，出言
必有夫柬柬之信。賓客之禮必有夫齊齊之容，祭祀之禮必有夫齊齊
之敬，居喪必有夫戀戀之哀。君子身以爲主心。」㉙所謂「身以爲主
心」是強調以端正身形來端正吾人之心，或者說「以身正心」。居
恭色莊是用以涵養心性，端正內心的。修內與修外，正心與正身，
于此達到完滿的統一。

綜上所述，〈性自命出〉是以儒家身心觀爲內容，以探討「心
術」爲中心的一篇文章，它區分了「無定志」的血氣情感之「心」、
有定志的道德意志之「心」和介乎二者之間的思慮之「心」，認定
「心有志也，無與不可」，即意志之心對人的身體活動的參與、指
向，對人之身、形、狀、貌、情、氣的主導作用。它又暗示情氣之
心、思慮之心與意志之心是爲「一心」，相互影響、摩蕩，肯定聲
音、情氣、物欲、身形的反作用，因而人總是有所不安。而要求得
心定身安，則必須輔以禮樂，用來調節情氣，協和身心，建立主體
性，接引外物。禮、樂都要求身心的一致，但禮教側重於端正身形，
樂教側重於陶冶心靈。所謂君子的人格形象，是內在「仁」、「誠」、
「忠」、「信」與外在顏色、容貌、辭氣、儀表的統一。這就要內
外交修，身與心的相互端正。該篇強調禮樂之教的目的是輔弼、幫
助人們，讓道德在人們的內心紮下根來（「教所以生德於中者也」），
端正身形對於護持心志有很大作用（「身以爲主心」），且以「古樂動
心」，「益樂動指」，終而「聞道反己」，「修身近至仁」。要之，
該篇反復探討聲音、容色、儀表、情氣、身形、心思、德性之有張

㉙　《郭店楚墓竹簡》，第181頁。又據李零〈校讀〉，第507、511頁。

力的統一，由內而外，由外而內，渾然一體。此即〈性自命出〉的「心術」觀。

（本文曾於1999年10月在武漢大學主辦之「郭店楚簡國際學術研討會」上發表，刊載於會議論文集，武漢：湖北人民出版社，2000年5月，原題爲〈郭店楚簡身心觀發微〉，此爲原文之一部分。）

郭店楚簡〈五行〉的身心觀 與道德論

　　按郭沫若對《管子》四篇的研究，「心術」即「心之行」，「術」與「行」同指「道路」。❶〈性自命出〉講「心術」、「心之行」，〈五行〉講「德之行」，二者的共性是顯然的。按，從字源上看，「德」字從直從心，楚簡上「德」字就寫成「悳」。然而「直」是「循」之本字，那麼，「德」即「心之循」，也即「心之行」。❷「德之行」豈不成了「心之行之行」了嗎?簡言之，「德之行」就是心靈流行的路徑、現象和方法。

　　竹簡〈五行〉顯然屬於儒家，與子思學派有關係。❸〈五行〉與〈性自命出〉有一些區別。大略地說，〈五行〉不是從社會層面一

---

❶　參見郭沫若：〈宋鈃尹文遺著考〉，《青銅時代》，北京：人民出版社，1954年。

❷　參見楊儒賓：《儒家身體觀》，臺北：中研院文哲所籌備處，1996年，第269頁。

❸　參見龐樸：〈竹帛〈五行〉篇比較〉，《中國哲學》第20輯，瀋陽：遼寧教育出版社，1999年1月；李學勤：〈從簡帛佚籍〈五行〉談到〈大學〉〉，濟南：《孔子研究》，1998年第三期。

般地講養心、用心的方法，而是凸顯其中更重要的層面，更強調道德的內在性和道德的形上性。在這個意義上，「德之行」與「心之行」乃同中有異者。

一、五德形於內，德氣流於外

〈五行〉首章簡1－4：「五行：仁形於內謂之德之行，不形於內謂之行。義形於內謂之德之行，不形於內謂之行。禮形於內謂之德之行，不形於內謂之〔行。智形〕於內謂之德之行，不形於內謂之行。聖形於內謂之德之行，不形於內謂之德之行。」❹「形」在這裏是動詞。特別請注意，上引這段話最後「德之」二字並非衍文。這裏強調的是，第一，「聖」與仁、義、禮、智有所區別，它形不形之於內都是「德之行」。第二，「仁、義、禮、智、聖」並不在外，通過身體力行、道德實踐，這些德目返流之於內心，成為君子內在的德性。這樣一種心靈的流向（「心之行」），與〈性自命出〉所說的「生德於中」相類似，但更哲學化。這就是仁、義、禮、智、聖的內化！

請注意，「德之行」與「行」是相區別的，又是相統一的。這是「下學上達」的兩種流向，是形上形下的雙向撐開，是內聖外王的有區別的統一。儒家的身心觀至此而大變。就「心」來說，有「內收」（形之於內的「德之行」）和「外擴」（流之於外的「行」）；就「氣」、

---

❹　荊門市博物館：《郭店楚墓竹簡》，北京：文物出版社，1998年，第149頁。

「身」來說，內收、外擴都必須憑藉「德氣」和「身」、「體」，並且由於「氣」的作用，在「身」、「體」上有不同反映。「氣」、「身」也反過來制約「心」、規定「心」。

該篇簡4－5：「德之行五，和謂之德，四行和謂之善。善，人道也。德，天道也。」❺「德之行五」、「和」謂之「德」，「四行」、「和」謂之「善」。仁、義、禮、智、聖的和合，是形上之天道；仁、義、禮、智的和合，是形下之人道。前者「誠於中」，後者「形於外」。前者是與天道相連的道德心性，屬超越層面；後者是與社會禮俗相連的道德實踐層面。爲什麼說「德，天道」的層面是形而上的呢？關鍵的問題是「聖」，此爲五行之所和的樞紐。我們可以想象，「聖」屬土德，居中，仁、義、禮、智四德如金、木、水、火，居四方。居中者與居四方者不可作同一平面理解。按，簡18－19指出，爲善的層面（四行）是心與身「有與始，有與終」的過程，而爲德的層面（五行）是心與身「有與始，無與終」的過程，即心超越身的過程。簡19－20有「金聲玉振」之說，指出：「金聲，善也；玉音，聖也。善，人道也；德，天道也。」簡26－27：「聞君子道，聰也。聞而知之，聖也。聖人知天道也。」簡28：「聖智，禮樂之所由生也，五行之所和也。」❻簡28，「智」，整理者認爲屬下讀，應改屬上讀。聖人是理想人格，聖德是超越之境，聖智是神契之知。聖人與現實人之間有時空的阻隔，不能相互看見，而只能憑聽覺與心靈來感通。四行好比編鐘的「金聲」，五行好比石磬的「玉音」。

---

❺　《郭店楚墓竹簡》，第149頁。
❻　《郭店楚墓竹簡》，第150頁。

金聲玉音組合方式是有分有合的，玉音象徵的是人心與天道的貫通。我想這是禮樂文明背景下儒家道德形上學的特殊表達方式。這是我對五行和合爲形而上之天道的總的說明，細的分析詳見下文。

以下我們看到，與〈性自命出〉一樣，〈五行〉也大講「憂」、「思」、「悅」、「安」、「樂」。但這是在超越的層面、聖智的層面講的。第二章5－6簡：「君子無中心之憂則無中心之智，無中心之智則無中心〔之悅，無中心之悅則不〕安，不安則不樂，不樂則無德。」❼讀者無不重視「中心」二字。「中心」也就是「內在之心」，關於「中心」與「外心」，下面還有專門論述。據邢文的研究，竹簡〈五行〉之經與帛書〈五行〉經說的區別，乃在於竹書是以「聖智」爲主線貫穿全篇的，帛書經部文序的改動，則使這一中心線索稍顯模糊。❽換言之，上句所說的「中心之」智、憂、悅等是最高的智慧，是理性的愉悅，是超善惡的憂樂，是內在的極至之安。這是聖賢的境界。

就君子人格而不是就聖賢人格來說，則既要五德的內化，還必須注意「時行之」。第三章6－9簡：「五行皆形於內而時行之，謂之君〔子〕。士有志於君子道謂之志士。善弗爲無近，德弗志不成，智弗思不得。思不精不察，思不長〔不得，思不輕〕不形。不形不安，不安不樂，不樂無德。」❾君子、志士在人道（善）的層面要有所作爲，有道德實踐，才庶幾近道；在天道（德）的層面，則是道德

---

❼　《郭店楚墓竹簡》，第149頁。

❽　參見邢文：〈郭店楚簡〈五行〉試論〉，《文物》，1998年第10期。

❾　《郭店楚墓竹簡》，第149頁。

的知、情、意的內化。該篇接著說道德的「仁思」、「智思」、「聖思」與五德內化的關係，似乎是說道德理性思考、道德體驗、體悟的明覺精察和玄冥契合，對於善行實踐的提昇，終而促使五德形之於內。於是君子獲得與聖賢境界一樣的終極性的安樂。

二、仁之思，智之思，聖之思

以下反復討論「不仁，思不能清」，「不智，思不能長」，「不聖，思不能輕」。該篇引證《詩·召南·草蟲》和《詩·小雅·出車》，指出，不仁不智的人，未見君子時，憂心不能惙惙，既見君子，其心不能愉悅。不仁不聖的人，未見君子時，憂心不能忡忡，既見君子，其心不能誠服。〈性自命出〉未見如此這般細膩地鋪陳心之「思」的文字：

第一，「仁之思」——精細。所以說「精」、「清」，是德氣充盈、流行的特徵。「仁之思」與身體相連。設身處地，體貼入微，關心他人的憂樂和民間的疾苦，與他人同憂同悅，實為孔子之忠（「己立立人，己達達人」）和恕（「己所不欲，勿施於人」）的展開。因此，「仁之思」不僅是心之思，也是體之行，是內化的德氣流於顏面和四肢。這是與身行渾然一體的「心思」。第五章12－13簡：「仁之思也精，精則察，察則安，安則溫，溫則悅，悅則戚，戚則親，親則愛，愛則玉色，玉色則形，形則仁。」❿仁者愛人！這就是溫潤如玉的仁者

---

❿　《郭店楚墓竹簡》，第149頁。

氣象。讀這一章，我們很自然地背誦出孟子的話：「君子所性，仁義禮智根於心，其生色也睟然，現於面，盎於背，施於四體，四體不言而喻。」❶「睟然」，朱注爲「清和潤澤之貌」。「仁之思」是身與心的交流，內的積澱和外的呈現的同時完成。又，〈成之聞之〉第24簡：「形於中，發於色，其睟也固矣，民孰弗信？」❷這句話可與上引各條材料互參。

第二，「智之思」——長久。很有意思，心之「智思」與身體的一個器官——眼睛及其功能相連。通過眼睛，時時發現賢人，可以獲得長久不忘、刻骨銘心的心思，使我們進入德性的「明」！「明智」是何等的智慧呢？查本篇第6、15、16、17章，我們恍然大悟：有眼不識泰山，是睜眼瞎。「心」、「目」之功能，是讓你有意識地、隨時隨地地「見賢思齊」。「未嘗見賢人，謂之不明。」「見賢人而不知其有德也，謂之不智。」「見賢人，明也。見而知之，智也。」❸原來，有意識地發現賢人的品格，很大程度上是通過賢人的身教（身體語言），這亦與「禮」有關。「智之思」是以目接賢人之身行、禮儀之後的反思。此與治躬之禮教有關，與衣服容貌有關。「明智」是善於發現賢人，向賢人學習的智慧，也是「明明」——明瞭發掘內心德性的智慧。需要注意的是，發現了賢人的美德，自己也能產生溫潤的玉色。乃至我們的顏面出現玉色，表明智德已內化於心。

---

❶ 《孟子·盡心上》。「睟然」二字舊從下讀，此從周廣業、楊伯峻的讀法。詳見楊伯峻：《孟子譯注》，北京：中華書局，1984年，第309—310頁。

❷ 《郭店楚墓竹簡》，第168頁。

❸ 《郭店楚墓竹簡》，第150頁。

第三，「聖之思」──輕盈。「輕」也是氣的特性。人們很難見到聖人，有時空的阻隔，但可以憑藉氣或音樂與之聯繫。因此，「聖之思」與我們身體的另一器官──耳朵及其功能相連。「聖」字從耳。君子要有聽德，善於聽聞、明瞭、學習、仿效遠古聖人的榜樣。「未嘗聞君子道，謂之不聰。」「聞君子道而不知其君子道也，謂之不聖。」「聞君子道，聰也。聞而知之，聖也。」❶及至我們的耳際充滿美好的玉音，表明聖德已形之於內心。如果說「智之思」與禮教有關的話，那麼「聖之思」則與樂教有關。「聖之思」是以耳聽聞古樂、傳聞和應對言語之後的反思，即通過口傳、心傳，對身以載道的聖人氣象予以體認。這種聖聽、聖思，是對於超越天道的諦聽和冥契，是一種精神性的直覺體驗。正因為它帶有神性的意味，故而曰「聖之思也輕」，有如氣一樣輕盈。

聞而知之，見而知之，都是身體的體驗之知，還要轉入另一種體知──實踐之知──知而行之，知而安之，安而行之，行而敬之，於此方能有仁德、義德、禮德。這也就是通過四體向外擴充，向外實行了。可見，在五德內收（形於內）的同時，德之氣充盈於身體的各部位，並施之於體外。

如前所述，「五行皆形於內而時行之」，既形之於內，又流之於外，是一個過程的兩個方面。〈五行〉重點敘述了一心之「三思」──仁之思、智之思、聖之思，心通過道德體驗的明覺精察或聰明聖智，使內在的精神性的道德呈現於、流動於人的情感、顏面、四體。此處的「三思」，借助於體、眼、耳，其德性內化的外部表徵

---

❶　《郭店楚墓竹簡》，第150頁。

則是玉色與玉音。「三思」程度有所不同，「聖之思」與天道相接。

三、「中心」與「外心」

楚簡〈五行〉對形於內的「中心」與發於外的「外心」的討論亦格外引人注目。

> 「君子亡中心之憂則亡中心之智，亡中心之智則亡中心〔之悅〕，亡中心〔之悅則不〕安，不安則不樂，不樂則亡德。」
> （第5、6簡）
> 「顏色容貌溫，變也。以其中心與人交，悅也。中心悅㤅，遷於兄弟，戚也。戚而信之，親〔也〕，親而篤之，愛也。愛父，其攸愛人，仁也。」（第32、33簡）
> 「中心辯然而正行之，直也。直而遂之，肆也。肆而不畏強禦，果也。不以小道害大道，簡也。有大罪而大誅之，行也。貴貴，其等尊賢，義也。」（第33-35簡）
> 「以其外心與人交，遠也。遠而莊之，敬也。敬而不懈，嚴也。嚴而畏之，尊也。尊而不驕，恭也。恭而博交，禮也。」
> （第36、37簡）⓯

「中心」是內在之心，是「德之行五，和謂之德」；「外心」是內心的發用，是「四行和謂之善」。與前引簡書第5、6簡相對應

⓯　《郭店楚墓竹簡》，第149-150頁。

的帛書〈五行〉經部，還有一句：「君子無中心之憂則無中心之聖，無中心之聖則無中心之悅，無中心之悅則不安，不安則不樂，不樂則〔無〕德。」「憂」即「思」，指深深的思慮。憂思又與仁愛之心相連，因此「中心之憂」與「仁之思」相對應。相應地，「中心之智」與「智之思」對舉，「中心之聖」與「聖之思」對舉。仁之思、智之思、聖之思都是「中心」之思，依次遞進。「中心之悅」，是內在的愉悅，超越世俗苦樂之外的安樂。楚簡〈五行〉的邏輯很有意思，讓我們對照以上引文的四段：第一段連同帛書的補充，是「中心」與天道的契合。第二段，由內在的仁心、愉悅出發，把誠摯的親愛親人（父母兄弟）的感情推擴出去，關愛他人，這個過程就是仁。這是仁德的內收與外擴。第三段，由內在的理智、分辯出發，區分直曲、是非、善惡、大道小道、貴賤、賢不肖，這個過程就是義。這是義德的內收與外擴。第四段，把內在的道德的知、情、意發用出來，與人交往，在交往過程中產生莊敬、嚴畏、恭敬之心，並實踐一定的儀節，這個過程就是禮。與身形相連的禮儀是內在性的仁、義、禮德的外在化。所以我認為，竹簡〈五行〉的「心」是近於子思、孟子的意味的。

請注意，以上所引第二段其實是說的「仁者人也，親親為大。」第三段是說的「義者宜也，尊賢為大。」第四段是說的「親親之殺，尊賢之等，禮所生也。」這幾句話合起來，不正是《中庸》所記載的孔子答哀公問政的一段話嗎？

關於「內心」與「外心」，〈語叢一〉簡20、21、25：「天生百物，人為貴。人之道也，或由中出，或由外入。」「由中出者，

仁、忠、信。由〔外入者，禮、樂、刑。〕」「……生德，德生禮，禮生樂，由樂知刑。」❶從〈五行〉和上引〈語叢一〉諸簡來看，仁義忠信顯屬內在，禮樂刑政則屬外在。這與子思、孟子的思想相一致，而與告子的「仁內義外」思想不同，亦與楚簡〈六德〉的思想有區別。〈六德〉簡26、27：「仁，內也。義，外也。禮樂，共也。」❶〈五行〉、〈語叢一〉強調道德的內在性與主體性，對舉「中心」、「外心」，肯定二者的一致和區分，把形式化的禮樂和刑政作為內心的發用。

竹簡〈五行〉區分「內心」與「外心」，表明作者認識到「心」的功能是複雜的，與「天道」、「聖」境界相連的體驗是內在之心的體驗。在一定意義上，此「心」是可以暫時地擺脫形軀之累的，這就與下面我們將要說到的「獨」、「捨體」可以聯繫起來。「內心」與形上、超越之「心」可以相連，亦可與「外心」相連。我們不妨以下圖表示：

「獨心」──形上、超越之心

   ↑   上達

「中心」──五德形之於內，仁之思、智之思、聖之思──仁、
             義、忠、信

   ↓   下學

「外心」──四德行之於外──禮、樂、刑、政

---

❶ 《郭店楚墓竹簡》，第194頁。又參見李零〈郭店楚墓竹簡校讀〉，《道家文化研究》第17輯，北京：三聯書店，1999年，第532頁。
❶ 《郭店楚墓竹簡》，第188頁。

四、心與形體的「一」與「獨」

竹簡〈五行〉還論及心與耳目鼻口手足的關係。該篇第45－46簡：「耳目鼻口手足六者，心之役也。心曰唯，莫敢不唯；諾，莫敢不諾；進，莫敢不進；後，莫敢不後；深，莫敢不深；淺，莫敢不淺。和則同，同則善。」❶這裏區分了「心」與「心之役」，肯定了人的主體性，肯定了心志的統攝作用，又強調了「心」與「耳目鼻口手足」的整合、協調。〈五行〉的身心觀，一方面擡高「心」之「獨」，一方面又說明「心」的均平、專一，「心」與「耳目鼻口手足」等形軀、形體的整一、合一。該篇在引述了《詩經·曹風·鳲鳩》「淑人君子，其儀一也」（儀，指義或宜）之後說：「能爲一，然後能爲君子，〔君子〕慎其獨也。」「君子慎其〔獨也〕。君子之爲善也，有與始，有與終也。君子之爲德也，〔有與始，無與〕終也。金聲，而玉振之，有德者也。金聲，善也；玉音，聖也。善，人道也；德，天〔道也〕。」❷引《詩經》以鳲鳩撫育幼雛說明用心均平專一，這裏比喻「心」與「心之役」的關係。在爲善（人道）的層面，心與形體（耳目鼻口手足）是始終合一的，這樣才能把仁、義、禮、智「四行」實現出來。至於在爲德（天道）的層面，心與形體（耳目鼻口手足）由合一又走向分離（「慎其獨」之「獨」），走向超越神聖

---

❶　《郭店楚墓竹簡》，第151頁。
❷　《郭店楚墓竹簡》，第149－150頁。方括號中的字，據帛書〈五行〉補。

層面。

　　以後在帛書〈五行〉的「說」中，更發展了「獨」與「一」的思想，引入了「一」與「多」、「體」與「捨體」的概念，解說者的發揮固然推進了原本的思想，也使原本的意思更加明朗化了：「能為一者，言能以多〔為一〕。以多為一也者，言能以夫〔五〕為一也。」「慎其獨也者，言捨夫五而慎其心之謂〔獨〕，〔獨〕然後一。一也者，以夫五為一也。」「獨也者，捨體也。」「君子之為善也，有與始，有與終，言與其體始，與其體終也。君子之為德也，有與始，無〔與終。有與始者，言〕與其體始。無與終者，言捨其體而獨其心也。」❷帛書〈五行〉是說，心為「一」，五官四體為「多」，正因為心能獨，即超越於五官四肢，故能對五官四肢均平（不偏不倚）、專一，進而能統攝之。這個意思與《荀子·解蔽》的「虛壹而靜」相類似。所謂「一」，指內心精誠專一。所謂「獨」，指捨棄形體。帛書對「獨」的解釋，指心思、情感的內在性，所舉例子為外在的喪服、喪禮之於內在的至哀，如《論語·子張》所說的「喪致乎哀而止」。內在性的體驗到一定的程度，則消解了耳目鼻口手足的牽累，進於精神性的玄冥之境。也就是說，君子在人道（善）的層面，其心與形體是始終整合在一起的，因為道德行為必須通過形體實現出來；君子在天道（德）的層面，其心與形體則由合一走向區分，此心通過剝離形體而神聖化了。換言之，道德行為表現於外，心與形體始終是諧合的。道德理念形之於內，道德修養的境界由人道進至天道，則要捨棄形體。池田知久先生認為，帛書〈五行〉的意義說

---

❷　魏啓鵬：《德行校釋》，成都：巴蜀書社，1991年，第29—32頁。

明了「心」對身體諸器官的支配性和「德」完成時對身體性、物質性的超越。「借著解開來自『體』的束縛,昇華至一種世界精神或絕對理性爲止,通過這些階段,然後獲得人的眞正的主體性,可以說這是高揚主體性的哲學。」**㉑**

我的看法是,帛書〈五行〉的「德之行」是德氣流行的理論,仍然是以「形於內」與「流於外」、「心」與「身」的合一爲基礎的。沒有「心」之氣與「耳目鼻口手足」等身形之氣的合一,就沒有道德實踐,沒有道德實踐的人道之善,就不可能有「心」的精神化,超越昇華爲天道之德。德氣流行的模式是:內收（形於內,心對身的「一」）──外擴（流於外,心與身的「和」）──再內收外擴（通過仁之思、智之思,心與身進一步「和」,心與體始,與體終,具體實踐仁德、義德、禮德）──再內收（通過聖之思等,達到終極性的安樂,心對身的「獨」及「捨體」）……

楚簡〈五行〉之經尙沒有如帛書〈五行〉之說,發展成完備的「仁、義、禮、智、聖」五種德氣說,也沒有明確的提出「捨體」方式,對於形體的精神化和精神的形體化沒有充分論證,但都有了萌芽。

五、餘論

郭簡身心觀在除〈性自命出〉、〈五行〉之外的各篇也有所體

㉑ 〔日〕池田知久:〈馬王堆帛書〈五行篇〉所見身心問題〉,《馬王堆漢墓研究文集》,長沙:湖南出版社,1994年,第58頁。

現。例如〈緇衣〉第8、9簡：「子曰：民以君爲心，君以民爲體。心好則體安之，君好則民欲之。故心以體法，君以民亡。」[22]流傳至今的〈緇衣〉本可參：「民以君爲心，君以民爲體。心莊則體舒，心肅則容敬。心好之，身必安之；君好之，民必欲之。心以體全，亦以體傷；君以民存，亦以民亡。」[23]君民關係在此姑無論，僅就心體關係而言，顯然有心導體，體從心，體全心亦全，體傷心亦傷之意。此亦爲與〈五行〉類似的心身（體）的合一觀。

又如〈語叢一〉第45至52簡：「凡有血氣者，皆有喜有怒，有愼有莊。其體有容，有色有聲，有嗅有味，有氣有志。凡物有本有卯，有終有始。容色，目司也。聲，耳司也。嗅，鼻司也。味，口司也。氣，容司也。志，心司。」[24]這就是說，凡人都有血氣，都有心知，有喜怒哀樂，亦有敬畏愼懼。身形之體的各種器官有不同功能，色、聲、嗅、味乃眼、耳、鼻、口（舌）之功能，面容感受外物之氣，亦顯現體內之氣。心的功能則是立志有恒，指導各種身形器官。以上有關血氣、體容、聲色、氣志等內容與〈性自命出〉相類似。〈語叢二〉的主要內容亦與〈性自命出〉相類似，特別是涉及到喜、樂、悲、慢、憂、哀、懼、愛、欲及禮、敬、恥、廉、忠等，均與身體血氣和「心之行」有關，茲不贅述。

綜觀郭簡之身心觀，主要以〈性自命出〉的「心之行」和〈五行〉的「德之行」爲典型。這兩篇都集中講「心術」。其中值得我

---

[22] 《郭店楚墓竹簡》，第129頁。

[23] 孫希旦撰：《禮記集解》，北京：中華書局，1989年版，第1329頁。

[24] 《郭店楚墓竹簡》，第195頁；又參見李零〈校讀〉，《道家文化研究》第17輯，第533頁。

們重視的基本思想是通過「身心合一」達到「天人合一」。其「心術」之道，不僅通過禮樂治心、治身，促使身心互正，而且通過人道之善的實踐，最終昇進到超越的「聖」、「獨」、「德」之境，即天人冥合之境。禮樂之教通過身體語言（身教）和口傳、心傳深入人心。對身形、儀態的重視和身心之互正，表明人之身體並不僅僅是生物性的身體。心身的相互憑藉展示了精神性的人的全面性，而不是生物性的人的片面性。德形之於內又達之於外，是伴隨身心的整合而不斷產生的過程。不僅心志指導身形的意義重大，而且心之「思」並非知性之知，而是德性之知，是仁之思、智之思和聖之思，是外心、中心、獨心的層次序列。

郭簡對儒家的身心觀的論述還是初步的。對身體不只是生理的、實踐活動的，而且是道德精神的主體，身體本身即是融合精神形體爲一體的「道體」之說，還沒有完整系統的體認，但已有了萌芽。在郭簡中，形體的精神化和精神的形體化因缺乏系統的「氣論」和「體論」未能得到充分論證。只有到《孟子》，才有系統的「德氣」說與「德體」論，使儒家的道德的身心觀得以圓成。

郭簡關於「心」與「思」的幾種表述，關於志與氣關係的討論，關於禮樂教化促使形身與心靈互正的思想，都可以在《孟子》、《荀子》及《管子》四篇中得到印證。《孟子》的「生色」、「踐形」、「養氣」、「志——氣」、「大小體」、「盡心」諸說與郭簡的血緣關係比較親近。《荀子》社會性的禮樂化的身體觀、治氣養心說與〈性自命出〉也有相關性，但《荀子》對社會主體、認知主體之「天君」的提揚，則是質的飛躍。《管子》四篇的內心修養法和道、精、氣、神的觀點與郭簡、思孟學派相近，其靜因之道則取自道家。

關於郭簡身心觀與《孟》、《荀》、《管》的聯繫與區別，因本文
篇幅已大，將在另一篇文章中詳說。

　　（本文提交2000年5月在臺北東吳大學主辦的「中國哲學與全球倫理國際
學術研討會」（因故未能到會），刊載於會議論文集，東吳大學哲學系，2000
年12月。）

再論「五行」與「聖智」

我在拙文〈郭店楚簡身心觀發微〉❶中已經探討過竹帛〈五行〉及聖、智等哲學術語的意蘊，今再作補論。

一、漢代五行圖式的啓發

關於思孟五行，漢代典籍中仍能找到一些佐證。《史記・樂書》結尾：「太史公曰：夫上古明王舉樂者，非以娛心自樂，快意恣欲，將欲為治也。正教者皆始於音，音正而行正。故音樂者，所以動盪血脈，通流精神而和正心也。故宮動脾而和正聖，商動肺而和正義，角動肝而和正仁，徵動心而和正禮，羽動腎而和正智。故樂所以內輔正心而外異貴賤也；上以事宗廟，下以變化黎庶也。琴長八尺一寸，正度也。弦大者為宮，而居中央，君也。商張右傍，其餘大小相次，不失其次序，則君臣之位正矣。故聞宮音，使人溫舒而廣大；聞商音，使人方正而好義；聞角音，使人惻隱而愛人；聞徵音，使

---

❶　以下簡稱〈發微〉，載《郭店楚簡國際學術研討會論文集》，武漢：湖北人民出版社，2000年5月，第198－209頁。

人樂善而好施；聞羽音，使人整齊而好禮。夫禮由外入，樂自內
出……」（《史記》卷二十四）

清人梁玉繩懷疑〈樂書〉，以爲「此乃後人所補，托之太史公
也」，並引徐氏〈測議〉，謂上引「太史公曰」「是截舊文爲之」（《史
記志疑》卷十五）。梁、徐的懷疑是否有據，不敢說，即使是截舊文，
那麼是何種舊文？我看，這段文字至少與思孟五行有關，當然使用
了漢代人的模型。

〈樂書〉明確標舉「仁、義、禮、智、聖」，並把這五種德性
與五音相配合，又以五音協和、陶冶五臟之氣，以端正身心，喚發
德氣。這段文字又明確以「聖」作爲五行之中心。這都與〈五行〉
簡帛本、〈性自命出〉簡本相合。按鄭玄〈洪範注〉，「行者，言
順天行氣也。」〈樂書〉以樂音感通體內德氣，以德氣順天而行，
實行出來。五行與樂的關係，在簡帛〈五行〉中都有明確的表示。
簡書云：「金聲而玉振之，有德者也。」「聖智，禮樂之所由生也，
五〔行之所和〕也。和則樂，樂則有德，有德則邦家興。」❷〈五行〉
與〈樂書〉都肯定樂者天地之和，樂的特徵是和合，亦肯定音樂有
陶冶內心的功能，能使人超凡脫俗，亦有治世之功能，能協和邦家。
不過，簡帛〈五行〉沒有像〈樂書〉那樣，把「仁、義、禮、智、
聖」五行與五音、五臟作圖式化的比擬。

按〈樂書〉及《左傳·昭公元年》、〈昭公二十五年〉之注疏，
我們不妨繪製下表：

---

❷　簡書據《郭店楚墓竹簡》，北京：文物出版社，1998年5月，下引不再另注。
　　個別標點、文字有改動。

五行	仁	禮	聖	義	智
五音	角	徵	宮	商	羽
五臟	肝	心	脾	肺	腎
五方	東	南	中	西	北
五性	木	火	土	金	水

這種圖式顯然與漢代人的思維模式有關，不過並不違背簡帛〈五行〉。仁義禮智四行之所和是人道之善，仁義禮智聖五行之所和是天道之德。聖德居中，君位，宮音，土德。聖德含容四德。《白虎通·禮樂》：「土謂宮，宮者含也，容也，含容四時者也。」按，〈月令〉注：「聲始于宮。宮數八十一，屬土者，以其最濁，君之象也。季春之氣和則宮聲調。」《鐘律書》：「宮，中也，居中央，暢四方，唱始施生，爲四聲綱也。」聖德有包含、爲主、和諧、生生之意蘊，是無疑的。

土德爲五行之主。《淮南子·墜形》：「音有五聲，宮其主也；色有五章，黃其主也；味有五變，甘其主也；位有五材，土其主也。」「宮爲音之主」，又見《國語·周語》。「五聲莫貴于宮」，「五行最貴者土」，「土爲五行之主」，又見於〈月令〉、《春秋繁露》、《太玄》、《白虎通》。《白虎通·五行》：「五行之性，土者最大。苞含萬物，將生者出，將歸者入，不嫌清濁，爲萬物母。」「土味所以甘何？中央者，中和也，故甘，猶五味以甘爲主也。」

按，《春秋繁露·五行五事》以「貌、言、視、聽、思」五事

配五行「木、金、火、水、土」。「思」的地位即〈樂書〉「聖」的地位。董氏《繁露》發揮的是《尚書·洪範》的「五行」、「五事」，只是五行的排列次序略爲不同。《繁露》把「思」釋爲「容」，即包容、寬容之意，以「容作聖」，釋〈洪範〉的「睿作聖」。

揚雄《太玄·玄數》以「仁、義、禮、智、信」配五行「木、金、火、水、土」。「信」的地位爲中央，屬土。「五五爲土，爲中央，爲四維，日戊巳，辰辰戌丑未，聲宮，色黃，味甘，臭芳，形殖，生金，勝水，時該，藏心。存神，性信，情恐懼，事思，用睿，撝聖，徵風。帝黃帝，神后土，星從其位……」以上〈玄數〉的解釋，更全面地表達了「土」行的中心地位和生長、繁殖的意義。當然，「聖」在這裏是「思曰睿」、「睿作聖」的重復，與思孟五行的「聖」有了區別。

《白虎通》卷四〈五行〉、卷八〈性情〉亦以「仁、義、禮、智、信」五性配五行，同於《太玄》。以五臟配五性，「五臟，肝仁，肺義，心禮，腎智，脾信也」，則同於〈樂書〉。其中，信（誠、專一）的地位更加肯定。又，《白虎通》卷七〈聖人〉：「聖者，通也，道也，聲也。」這種解釋，也可以用來解讀思孟五行的「聖」德。

以下我們把《繁露》、《太玄》、《白虎通》的大體相同的圖式製成下表：

五性	仁	禮	信	義	智	揚、班
五行	木	火	土	金	水	董、揚、班
五事	貌	視	思	言	聽	董、揚
五音	角	徵	宮	商	羽	董、揚、班
五臟	肝	心	脾	肺	腎	班
五臟	脾	肺	心	肝	腎	揚
五方	東	南	中	西	北	董、揚、班

我們必須注意的是，《太玄·玄數》的五臟配制與《白虎通》略為不同，它以脾屬木，肝屬金，肺屬火，腎屬水，心屬土。另要注意的是，《繁露》並沒有以五性（仁、義、禮、智、信）配五行。

賈誼《新書·六術》：「人有仁、義、禮、智、聖之行，行和則樂，與樂則六，此之謂六行。」賈誼深知五行之多樣統一並生成新的要素的道理。由五行之和合生成六行，表明五行模式的「生生」觀念。❸

綜上所述，我們略可得出以下結論：第一，《史記·樂書》保留了思孟五行，堪稱一絕。其所保留的根據雖很難考訂，即使是司馬遷以後的人據舊文所補，至少也反映出漢代甚至漢以後，仍有思孟「仁、義、禮、智、聖」五行學說在流行。其說以宮音喻聖德，

---

❸ 關於賈氏《新書》與〈五行〉、〈六德〉的關係，詳見李學勤：〈郭店楚簡與儒家經籍〉，《中國哲學》第20輯，瀋陽：遼寧教育出版社，1999年；又請見氏著〈郭店楚簡〈六德〉的文獻學意義〉，載《郭店楚簡國際學術研討會論文集》。

以五音之和合喻五行，強調了德氣在個體身心的運行，突顯思孟五行學說的「和」與「生」的意蘊。《新書‧六術》也與〈樂書〉相似，表達了上述意蘊。第二，依據〈洪範〉五行的「思曰睿」、「睿作聖」，董仲舒把居於中央地位的「思」行，進而把「聖」釋爲寬容、包容。第三，《太玄》、《白虎通》正式把五德「仁、義、禮、智、信」以「五性」的名義列入圖式，「信」取代了「聖」、「思」，居於中央的地位。「信」原本即是「誠」，「誠」仍具有神秘性，如《中庸》之「誠」。但漢以後，「仁、義、禮、智、信」的「信」作爲德目之一，漸漸消解了其神秘天道意義。第四，漢代五行說把五行釋爲五種氣，把五行間的關係看成是相生相剋的關係，以「相生」爲主、爲常。處於中央地位的土德，更具有主導、容攝、綜和、統和、生成新的東西的意味，《白虎通》直接釋「聖」爲「通、道、聲」，這些解釋及漢代五行圖式，反過來對我們理解思孟五行的「聖」、「聖德」、「聖智」很有幫助。

二、傳世文獻中的聰明聖智

　　無論是在傳世文獻中，還是在簡帛〈五行〉中，「聖智」總是與「聰明」聯繫起來用的。

　　傳世文獻中有「高上尊貴，不以驕人；聰明聖智，不以窮人」。這句話出自批評思孟五行的《荀子‧非十二子》。《荀子‧宥坐》：「子路曰：『敢問持滿有道乎？』孔子曰：『聰明聖智守之以愚，功被天下守之以讓……』」由此可知，「聰明聖智」的連用，至遲

源於孔子。帛書易傳〈繆和〉也記載了孔子類似的話，只是「聰明聖智」變成「聰明睿智」，「聖」與「睿」相通。《荀子・勸學》又云：「積善成德，而神明自得，聖心備焉。」以上材料都可以反證「聖智」所具有的神秘體驗的內涵。

當然，與竹帛〈五行〉的「聖智觀」最接近的是《中庸》與《孟子》。《中庸》三十二章：「苟不固聰明聖智達天德者，其孰能知之？」全句是《中庸》的核心，強調至誠者能「經綸天下之大經，立天下之大本，知天地之化育」，這是只有聖人才能做到的。「肫肫其仁，淵淵其淵，浩浩其天」， 意即聖人以極其誠懇的態度，面對天下，高深靜穆，胸襟廣大。如此聰明聖哲，能通達天德，即啓導出天賦我人的道德。前一章，即《中庸》三十一章：「唯天下至聖，爲能聰明睿智，足以有臨也；寬裕溫柔，足以有容也；發強剛毅，足以有執也；齊（齋）莊中正，足以有敬也；文理密察，足以有別也。」——恰如龐樸先生所說，這裏正是指的聖、仁、義、禮、智。❹不過，「文理密察」的「智」，尚不能稱爲「聖智」之「智」。相對於知識理性（知識之知）或世俗倫理理性（道德之知）而言，「聖智」是對於天道之體驗的智慧。〈五行〉中的「智」有文理密察的「智」，也有超文理密察的「智」。

讓我們再來讀《孟子》：「人之有德慧術知者」。（《孟子・盡心上》）德、慧、術、知，是有分別的。正如孟子對於人，有「天民」、「大人」、「事君」、「安社稷」的分別一樣，只有「聖人」或「天

---

❹　龐樸：《竹帛〈五行〉篇校注及研究》，臺北：萬卷樓圖書公司，2000年6月，第101－102頁。

民」才有體悟、接近天道的智慧。正是在這種意義下，子貢才說：「學不厭，智也；教不倦，仁也。仁且智，夫子既聖矣。」（《孟子·公孫丑上》）「聖」是仁智的統合和對仁智的超越。

對於「聖智」最典型的表達，應當是《孟子·盡心下》：「可欲之謂善，有諸己之謂信，充實之謂美，充實而有光輝之謂大，大而化之之謂聖，聖而不可知之之謂神。」「聖人」能感化、和合、改變、造就、生成長養出新的事物、新的氛圍、環境與局面，具有莫大的力量——人文教化的力量，人心歸服的力量，感召力、凝聚力等等。「聖人」就有這種智慧，它可以達到神秘莫測的境界，固而謂之「神」！這正是孟子所說的「智，譬則巧也；聖，譬則力也。」（《孟子·萬章下》）「聖智」之不可測度與神奇，謂之「巧」；「聖德」之化成天下的力量，謂之「力」。譬猶射箭，達到百步之外，是你的力量，射中靶子，卻是你的神奇。

孟子說：「仁之實，事親是也；義之實，從兄是也；智之實，知斯二者弗去是也；禮之實，節文斯二者是也；樂之實，樂斯二者，樂則生矣；生則惡可已也，惡可已，則不知足之蹈之手之舞之。」（《孟子·離婁上》）這裏的仁、義、禮、智，是就社會道德而言的，「智」在這裏主要是分辨、通曉以事親、從兄爲起點的仁、義及其社會推廣。這裏最值得注意的是「仁、義、禮、智」之後的「樂」。從智、禮之中體驗到的這種快感、快樂，無法休止。這不僅是感性的快樂，也不僅是理性的快樂，恰似「孔顏樂處」，是超越了社會價值，「從心所欲不逾矩」的快樂。「樂」在這裏也具有「和」、「生」之意，正是處於五行結構之中心位置者所具有的特性——包容、爲主、和合、生生。因此我們不妨把這裏的「仁、義、智、禮、樂」的「樂」

（le,不是Yue）看作是「聖」的指代。

孟子說：口、眼、耳、鼻和手足四肢對於美味、美色、悅耳之音樂、芬芳之氣味和安逸舒服的愛好，是天性，但是否得到，卻屬於命運，因此君子不以此為天性的必然，不去強求——「性也，有命焉，君子不謂性也」。相反：「仁之於父子也，義之於君臣也，禮之於賓主也，智之於賢者也，聖人之於天道也，命也，有性焉，君子不謂命也。」（《孟子·盡心下》）龐樸於馬王堆帛書〈五行〉發表之後，肯定「聖人」之「人」字為衍字，強化了不被人重視的朱子《四書集注》的「或曰：『人』衍字」的注文，肯定這裏所說的就是「聖之於天道也」，肯定「五行」為「仁、義、禮、智、聖」。❺按孟子的原意，這裏強調的是，「仁、義、禮、智、聖」能否實現，屬於命運，但也是天性的必然，君子不認為是屬於命運的，因而可以突破、超越於命運的限制，力求順從天性，求其實現。這就包含有「知其不可而為之」的意味了。

清人戴東原的《孟子字義疏證》倒是有天才的體悟，其〈法象論〉曰：

> 是故生生者仁，條理者禮，斷決者義，藏主者智，智通仁發而秉中和謂之聖；聖合天，是謂無妄。無妄之於百物生生，至貴者仁。是故仁得則父子親，禮得則親疏上下之分盡，義得則百事正，藏於智則天地萬物為量，歸於無妄則聖人之事。

---

❺ 龐樸：〈馬王堆帛書解開了思孟五行說古謎〉，發表於1977年第10期《文物》雜誌，現收入《竹帛〈五行〉篇校注及研究》。

這段解釋易象的文字，又被他加以發揮，收入〈原善上〉，足見作者的重視和喜好。其中，戴震強調生生者爲仁，生生而有條理爲禮與義，「得乎生生者謂之仁，得乎條理者謂之智。至仁必易，大智必簡，仁智而道義出於斯矣。」（〈原善上〉）戴震在這裏的確是對「仁、義、禮、智、聖」五行的闡發。把「聖」界定爲「仁智中和」，「智通仁發而秉中和」，是相當精粹的。其〈原善中〉對於「聖智」的體會極深：

> 天之道施，地之道受；施，故遍物也；受，故不有也。魄之謂靈，魂之謂神；靈也者明聰，神也者睿聖；明聰睿聖，天德矣。心之精爽以和，知明聰睿聖，則神明一於中正，事至而心應之者，胥事至而以道義應，天德之知也。是故人也者，天地至盛之徵也，惟聖人然後盡其盛。

戴震在這裏是以宋明理學家的話語來解讀「天德」和「天德之知」的。其實，「天德之知」正是「聖智」。宋明學術對於「德性之知」與「聞見之知」的討論是可以參證的。

綜上所述，從《荀子》、《中庸》，特別是《孟子》與《孟子字義疏證》中，我們找到了有關「聰明聖智」與上達「天德」及「天德之知」的材料，這對我們理解思孟五行之本旨極有幫助。要言之，「聖」、「聖智」與聰明有關。「聖智」是一種「神明」，是聖哲對天道、天德的體悟。「聖」有化成天下的力量，「聖智」則有鬼斧神工、神妙莫測的功能。「聖智」與一般倫理分辨之「智」（「仁、義、禮、智、信」的「智」）不一樣，更不能等同於感知、認知或知識之「知」。當然，「聖智」是一種感通，是一種體知，必然與身體、

容貌、聞見、聰明有關，但不能等同於感性或理性之知。對於「智」，我們需要梳理層次；對於「聖智」，我們不能把它下降到知識論的方面或者倫理學的方面來理解。

劉信芳先生把「聖知」解釋爲知識。他說：「聞見是人的感覺，聰明是人的能力，聖知是人的知識。」❻劉著以主客體之間的認識論來解讀〈五行〉和「聖智」，似有未妥。實際上，「聖智」是對本體的體悟，是對超越天道的冥契。這不是知識論涵蓋得了的。

三、聖智與德聖

拙文〈發微〉指出：「『聖人』是理想人格，『聖德』是超越之境，『聖智』是神契之知。現實人與聖人之間有時空的阻隔，不能用『目』見，只能憑『耳』聽，憑心靈來感通，此亦即天人相通。」又說：「『聖之思』是以耳聽聞古樂、傳聞和應對言語之後的反思，即通過口傳、心傳，對身以載道的聖人氣象予以體認。這種聖聽、聖思，是對於超越天道的諦聽和冥契，是一種精神性的直覺體驗，是心靈感應。正因爲它帶有神性的意味，故而曰『聖之思也輕』，有如氣一樣輕盈。」❼聖智、玉音，表示人心與天道的貫通、感應。

竹書〈五行〉反復論證「聖」、「智」的關係，如第二十二簡至二十九簡：

---

❻ 劉信芳：《簡帛五行解詁》，臺北：藝文印書館，2000年12月，第78頁。
❼ 《郭店楚簡國際學術研討會論文集》，第203－204頁。

未嘗聞君子道，謂之不聰。未嘗見賢人，謂之不明。聞君子
道而不知其君子道也，謂之不聖。見賢人而不知其有德也，
謂之不智。見而知之，智也。聞而知之，聖也。明明，智也。
虩虩，聖也。「明明在下，虩虩在上」，此之謂也。聞君子
道，聰也。聞而知之，聖也。聖人知天道也。知而行之，義
也。行之而時，德也。見賢人，明也。見而知之，智也。知
而安之，仁也。安而敬之，禮也。聖智，禮樂之所由生也，
五〔行之所和〕也。和則樂，樂則有德，有德則邦家興。文
王之見也如此。

聖字通聲、聽。按，帛書第242－244行：「不聰不明。聰也者，
聖之藏於耳者也。〔明也〕者，智之藏於目者也。聰，聖之始也。
明，智之始也。故曰：不聰明則不聖智，聖智必由聰明。聖始天，
智始人；聖爲崇，智爲廣。」❽「智」德是見賢思齊，「聖」德是諦
聽、冥契天道。「明」是「智」的表徵和起始，「聰」是「聖」的
表徵與起始，固而有「聰明聖智」之說。據簡書第十四簡關於「智
之思」的表述，很顯然是把「明」、「智」界定爲身心合一地見賢
思齊，乃至誠於中而形於外。那麼，這種「見」而後「明」而後積
澱爲內在的「智」德並表現爲「玉色」的過程，就不是近代認識論
的所謂感性之知，儘管它並不排斥感覺、身形、容色。沒有道德意
識，就不可能有所「見」，甚至會視而不見，因此不能「明」，也
不可能回復到內心，形成智德。同樣，第十五至十六簡關於「聖之

---

❽　《馬王堆漢墓帛書》（壹），北京：文物出版社，1980年版，第20頁。下
　　引帛書據此。

思」的表述，則是把「聰」、「聖」界定爲諦聽聖人之道。這種「聞」而後「聰」而後積澱爲內在的「聖」德並在耳際充滿「玉音」的過程，也不是近代認知科學的感覺、知覺之類。因爲假如沒有道德意識，就不可能有所「聞」，甚至會充耳不聞，因此不能「聰」，也不可能回復到內心，形成聖德。所謂「君子無中心之憂則無中心之智」，「無中心之憂則無中之聖」更證明了這一點。按，「見」而後「明」，「聞」而後「聰」，乃由內心之「憂」引起，並非從所謂客觀外物引起。又，其結果則是「不智不仁」。按帛書的解釋，「不知所愛則何愛？言仁之乘知而行之。」可見這裏講的都是道德的知，而不是知識的知。

帛書〈五行〉在集中論述了「目而知之」、「譬而知之」之後，又論述了「鐖而知之」，第343－344行：「鐖而知之，天也。鐖也者，齎數也。唯有天德者，然後鐖而知之。『上帝臨汝，毋貳爾心』。上帝臨汝，□鐖之也。毋貳爾心，俱鐖之也。」「鐖」，魏啓鵬讀爲「仉」，取精謹深察之意。魏先生又謂「齎數」是持天地之數，而明變化、達性命之意。饒宗頤同意魏說，進一步釋「仉」爲極深研幾。又說，「齎數」是指把握變化之數，即占筮者乃能通其變。龐樸則釋「鐖」爲機，指吉凶先兆。❾顯然，「鐖而知之」，類似於「聰明聖智」，是具有天德良知的人的神秘體驗。

帛書第454－457行，〈德聖〉殘篇：「聖，天知也。知人道曰

---

❾ 魏啓鵬：《簡帛〈五行〉箋釋》，臺北：萬卷樓圖書公司，2000年7月，第129頁；饒宗頤：〈從郭店楚簡談古代樂教〉，《郭店楚簡國際學術研討會論文集》，第6頁；龐樸：《竹帛〈五行〉篇校注及研究》，第83頁。

智，知天道曰聖。聖者聲也。聖者智，聖之智知天，其事化翟。其謂之聖者，取諸聲也。知天者有聲，知其不化，智也。化而弗知，德矣。化而知之，叕也。」這很可能是解釋竹書〈五行〉第四至五簡的：「德之行五，和謂之德，四行和謂之善。善，人道也。德，天道也。」

由此可知，「聖」高於「智」，「德」高於「聖」。「仁、義、禮、智」四行和合生成「善」，屬人道層面，對於人道的體悟、理解和分別叫做「智」。「仁、義、禮、智、聖」五行和合生成「德」，屬天道層面，對於天道的體悟、理解，叫做「聖」。「聖」德與「聖人之智」或「聖智」是對宇宙本體、生命本體的體悟，是對超越天道的神契。不是「聖人之智」或「聖智」，而是賢者之「智」德，則屬於對人道、社會層面的知。聖人與賢者的區別，以耳學習聖人與以目接近賢人的區別，聰與明的區別，在一定意義上就是「聖」德與「智」德的區別。耳與目、聰與明、聖與智的統合，則是「聖智」。

在一定意義上，郭店五行觀應當稱為「聖智五行觀」，因其重心是「聖」、「智」與「聖智」。比「聖」更高一層的是「德」，比「聖智」更高一層的是「德聖」。「德」是超越之境，「德聖」是對超越的體證、會悟。

如前所述，「五行」的本意即含有相生的觀念，特別是居其中心之一行，兼有包容、統合、為主、生生諸意蘊。準此，我們可以推測思孟五行向上的發展是「仁、義、禮、智、聖、德」「六行」。「聖」統合「仁、義、禮、智」，「德」統合以「聖」為中心的「五行」。按〈德聖〉：「道者、德者、一者、天者、君子者，其閉塞

謂之德，其行謂之道。」「德」是宇宙、世界和人的一種潛在性、完滿性、自足性。而「道」是「德」的一種展開、流行、實現。

　　如果說「五行」的向上發展是由「聖」而「德」，由「聖智」而「德聖」的話，那麼，「五行」的向下發展則是社會道德層面的「六德」。郭店楚簡〈六德〉是這樣說的：「何謂六德？聖、智也，仁、義也，忠、信也。聖與智戚〔就〕矣，仁與宜〔義〕戚〔就〕矣，忠與信戚〔就〕矣。作禮樂，制刑法，教此民爾，使之有向也，非聖智者莫之能也。」這裏的「六德」就是指的「聖、智、仁、義、忠、信」，且聖與智、仁與義、忠與信「相輔相成」，「相輔互補」，「分出三組顯示其結構性的意義」。❿〈六德〉肯定制定禮樂刑法以規範民眾的聖人才有「聖智」。在這裏，「聖」、「智」既有分用，又有合用，同於〈五行〉。據徐少華〈郭店楚簡〈六德〉篇思想源流探析〉⓫，《周禮·地官·大司徒》已明確指出「六德：智、仁、聖、義、忠、和」。

　　「五」與「六」的架構，或「五」與「六」之轉，即由五行和合相生，而成六行的，有前引賈誼《新書·六術》的例證，郭店簡〈五行〉與〈六德〉間的關係似與這種架構有關。《白虎通》的五性六情、五臟六府之說亦相類似。〈六德〉又以六德配六位，形成「父聖、子仁、夫智、婦信、君義、臣忠」的倫理學結構。

---

❿　龐樸說「相輔相成」，丁原植說「相輔互補」與「結構性的意義」。龐文〈六德篇簡注〉，見氏著《竹帛〈五行〉篇校注及研究》，第183頁。丁文〈六德篇釋析〉，見氏著《郭店楚簡儒家佚籍四種釋析》，臺北：臺灣古籍出版有限公司，2000年，第209頁。

⓫　《郭店楚簡國際學術研討會論文集》，第375頁。

　　〈五行〉與〈六德〉的最大差別是，〈五行〉論述以天道觀爲背景的個體道德及其深層的道德形而上的問題，有極深的信仰、神秘的成份，而〈六德〉只是五行向社會倫理面的推行。

　　關於〈五行〉竹帛之比較，龐樸、邢文等都有大文❷，龐、邢都認爲，竹書〈五行〉的樞紐是「聖智」，首先談「聖智」，把「聖智」作爲最重要的原則，而帛書〈五行〉按仁義禮智聖的次序談，有的地方取消了「聖」與「智」的關聯，而且把「聖智，禮樂之所由生也」改變成「仁義，禮樂之所由生也」。邢文認爲，竹書〈五行〉更接近子思之學，帛書〈五行〉卻經過了子思後學的妄改。龐樸認爲，從文理和邏輯來分析，帛書本的次序較爲合理。

　　我的想法是，從郭店竹書到馬王堆帛書，儒家道德形上學的聖智觀處於旁落、下移的過程中，漢代世傳文獻中「仁義禮智信」取代了「仁義禮智聖」，特別是「信」之神秘性的「誠」意的逐步弱化，則表明這種天人聖智觀或聖智五行觀進一步處於消解的過程中。思孟五行正是因其哲學形上學的或終極信仰的訴求，被荀子及荀子前後的儒者視爲不切實用，太過玄虛，終免不了湮滅的命運。從道家文獻來看，郭店《老子》並無「絕聖」的主張，而帛書《老子》已有了「絕聖棄智」的主張。這亦從反面佐證了這一點。

　　總而言之：與「聰明」相聯的「聖智」是一種「神明」，是對「天德」、「天道」的體悟或神契，是體驗、接近超越層的「天德之知」。切不可從知識論的視域，特別是主客對待的認識論的角度

---

❷　龐樸：〈竹帛〈五行〉篇比較〉，見《竹帛〈五行〉篇校注及研究》；邢文：〈郭店楚簡〈五行〉試論〉，《文物》，1998年第10期。

去理解思孟五行。思孟五行是具有終極信仰的、以天道觀為背景的「天人聖智五行觀」，蘊含著深刻的道德形上學的思想，其樞紐是「聖智」。五行間相互作用，居於中央的一行，具有包容、為主、統合、生生的意蘊。「五行」之和合而生長出「六行」。向上推，其最高天道超越層是「德」，對它的體驗是「德聖」，即由「德」統合「仁義禮智聖德」六行；次高層是「聖」，對它的體驗是「聖智」，即由「聖」統合「仁義禮智聖」五行，它是天賦的，或天德下貫在人心中的、內在性的道德的知、情、意；向下推，則展開為個體道德與社會道德和合的「聖、智、仁、義、忠、信」六德，或「善」統合的「仁義禮智」四行；再下推，則是社會倫理關係的六位、六職。

（本文曾於2001年8月在長沙舉行的「百年來簡帛發現與研究暨長沙三國吳簡國際學術研討會」上發表，刊載於北京：《中國哲學史》（季刊），2001年第3期，2001年8月。）

出土簡帛與經學詮釋的範式問題

一、百年來經學與經學史的研究範式

經學無疑是傳統學術之最重要的門類。百多年來，傳統學術，從分類到研究方法，都被強勢的西方社會科學與人文學的標準、規範所限制和宰割。這些規範和標準，以單線進化論爲背景，係從自然科學的理論與方法移植過來。此一話語霸權，套在中國傳統學術上，這就是今天中國人文學術的尷尬。

中國經學自不能以西方宗教、倫理、哲學、歷史、社會、政治、文學、藝術諸門類所限定或裂解。經學就是經學。經學有自身的範圍與內容，亦有自己的歷史。經學史有自身內在的發展邏輯。當然，這一發展邏輯包括不斷受到秦漢以降以至清末、「五四」等社會政治等外緣環境變化的刺激而作出的回應，也包括經學從業員內在的派屬關係、學術取向、師承門戶的糾葛。

就經學研究而言，『五四』以降的沈寂是不幸的，但這種沈寂並不是壞事。通過近代的洗禮，籠罩在經學上的權威主義、神秘主義、教條主義得到清洗。

饒有興味的是，經學（或經部）在近世之被冷落，反而比其他未被拋棄而可與西學相類比的學科幸運。比方說文學（或集部）。文學

界有的學者指出，就文體而言，由於西方只有詩歌、散文、小說、戲劇幾種，那麼漢賦的歸類就成了令中國現代文學家們頭痛的難題——它是詩歌呢？還是小說？按西方標準，詔、策、令、教、表、啓、書、檄等等，均不能屬於文學的範圍，收錄這些文體的《昭明文選》不能算做純文學總集，討論這些文體的《文心雕龍》也不能算做純文學理論著作。以西方關於小說「有一定長度的虛構的故事」的定義，中國正統史志著錄的小說都不合標準，以致於迄今我們還拿不出一份大家公認的中國古代小說總目。以西方所謂「現實主義」、「浪漫主義」的方法來框中國文學的方法，夠用嗎？我們的比、興等象徵手法算什麼呢？「至於中國文學中人文化成的觀念、原道宗經的思想、比興寄託的方法、風神氣韻的話語，都因爲與西方文學思想、文學觀念、文學方法、權力話語不諧而沒有得到文學史家的足夠關注和深入研究，以致中國的文學史實只能用來說明西方理論的正確，卻不能用來作爲建築具有中國特色的文學理論和文學史學科體系的基石。這恐怕是人們在世紀末提出『重寫文學史』和批評『失語症』的一個重要原因，從中也透視出『一代有一代之文學』的理論缺陷。」❶

　　比照文學，經學所受到的內在傷害並不大，此乃西學沒有可以與中國經學類比的東西。西方解釋學傳統來源之一的基督教神學，特別是中世紀經院哲學，與中國經學之差別自不可以道里計，而近世以來，神學在中國不可能特別傳揚，因之也沒有可能成爲一個普

---

❶　王齊洲：〈「一代有一代之文學」文學史觀的現代意義〉，武漢大學「中國近代化史與社會轉型學術研討會」論文，2000年11月18－19日。

遍性的規範。

　　經學死亡了嗎？范文瀾「山窮水盡的經學」的斷言可能在一定的層面上反映了部分事實，但在另一層面上，我們亦可以說「不絕如縷的經學」，此亦反映著另一部分的事實。我以為，經學還有強大的生命力。

　　關於經學的流派，紀昀、江藩、阮元等主張漢學與宋學兩派說，龔自珍主張漢學、宋學和清學三派說，康有為主張漢學（西漢今文學）、新學（包括古文學）、宋學三派說，葉德輝主張今文學、古文學、鄭氏學、朱子學四派說，周予同主張漢學（包括今文學與古文學）、宋學、新史學三派說。周予同先生留有餘地，說如果加上五四運動以後的，則有四派。❷第四派大概包括古史辨和唯物史觀派。至於周先生本人，據他的學生朱維錚先生說，周先生屬於「超經學」的研究，由否定經學轉而研究經學史，清算封建遺毒，但認為經學在歷史上並非僅有否定意義或反面教員的作用。周先生是一位真誠的學者，把經學與經學史作為客觀對象來做實事求是的研究，雖是比較傾向於今文的，卻始終堅持從歷史本身說明歷史，在研究上亦超越了漢、宋諸流派的門戶之見。❸

　　關於經學的分期，有劉師培主張的四期說：兩漢、三國至隋唐、宋元明、清代；有紀昀主編的《四庫全書總目提要》的六期說：兩漢、魏晉至宋初、宋初至宋末、宋末至明初、明正德嘉靖至明末、

---

❷　參見朱維錚編：《周予同經學史論著選集》（增訂本），上海：上海人民出版社，1996年7月，第857－861頁。

❸　同上，朱維錚：〈增訂版前言〉。

清初；有江藩的十期說：三代、秦與漢初、西漢、東漢、晉、宋齊以降、唐、宋、元明之際、清；有皮錫瑞的十期說：孔子刪定六經至孔子歿，乃「經學開闢時代」，孔子歿後至秦，爲「經學流傳時代」，西漢爲「經學昌明時代」，東漢爲「經學極盛時代」，魏晉爲「經學中衰時代」，南北朝爲「經學分立時代」，隋唐爲「經學統一時代」，宋爲「經學變古時代」，元明爲「經學積衰時代」，清爲「經學復盛時代」。周予同先生肯定皮錫瑞的十期說簡明扼要，但認爲只是現象的求同存異，而沒有從根本上探究原因，亦批評了他的今文學立場。周先生提出二期三世說，二期指前期與後期封建社會，第三世指鴉片戰爭後「山窮水盡」的經學，其中包括：一、外國資本主義侵入，社會性質改變以及議政派出現；二、議政派發展爲戊戌變法；三、今文學「經師派」、古文派在學術史上的貢獻；四、經學的終結。❹

「五四」以前，康有爲集經今文學之大成，發展了莊存與等常州學派至龔自珍、魏源的理路，把經學用於現實政治，章太炎則集經古文學之大成，上承顧亭林、戴段二王、俞樾的漢學傳統和黃宗羲、章學誠等浙東史學派的傳統。「五四」以來，經學研究基本上有三派：以顧頡剛爲代表的「古史辨」派、以范文瀾爲代表的唯物史觀派和以馬一浮、牟宗三、徐復觀等爲代表的現當代新儒家。在一定意義上，這三派毋寧是經學內部自身的發展與調整。「古史辨」派是清代漢學的延伸，其源頭則在唐宋時代的經學家和理學家。唯物史觀派的經學研究也很重要，接受了唯物史觀的學者們其實也源

---

❹ 　《周予同經學史論著選集》（增訂本），第864－873頁。

於「經學就是史學」的傳統，經學本來就充滿了古代的社會史資料。現當代新儒家的源頭則是宋明理學。

五四以降的經學與經學史研究如何定位與評價？陳少明認爲，此爲「後經學時代」，在此一時代，經學已喪失經世功能，但在考據與義理兩層次上，仍然是傳統學術思想的兩大遺存，並在西學的衝擊、誘發下，演化出具有現代學科意義的史學與哲學。其中，古史辨運動與現代新儒家是兩大重要的成就。陳少明認爲，古史辨運動是傳統經學向現代史學演變的關鍵環節，而現代新儒家是對宋明儒學的復歸，但屬於現代哲學的範疇。前者來自外部的衝擊，後者則是從傳統內部蛻變的結果（郭按，兩者均是對外部衝擊的回應，同時又是內部自身調整變化的結果）。陳少明的結論是，後經學時代是「理性時代」，同經學決裂，是社會爲擺脫危機尋找出路的合理反應，但它又導致歷史文化價值的陷落，使得現代精神文化總處於一種漂泊無根狀態。❺陳少明的討論很有意義，但關於漢學與宋學之二分，二者又開發出哲學與史學之學科二分的論斷，尚值得商榷。

我在前面說過，五四以降的經學與經學史研究，除古史辨派和現當代新儒家外，還有重視社會史的唯物史觀派，如、范文瀾、郭沫若、侯外廬、張岱年先生等。古史辨派不純然是漢學，它與唯物史觀派亦有交流互動。兩種傾向合流的，如周予同、楊向奎、楊寬先生等。馮友蘭先生也深受古史辨派和唯物史觀派的影響。現代新儒家也受到古史辨派的深刻影響，當然此派主要在孟子學與宋明學

---

❺　參見陳少明：〈走向後經學時代〉，見陳著《漢宋學術與現代思想》，廣
　　州：廣東人民出版社，1995年12月。

術的研究上有重大貢獻，特別在繼承經學、孔孟傳統上重新奠定了精神方向，肯定了中國文化的價值與中國人精神上的自立之道。在現代新儒家大的陣營中，馬一浮、熊十力、梁漱溟、牟宗三、唐君毅直至杜維明、成中英、劉述先、蔡仁厚等都有以上特點。當然第二代、第三代更注意中西學術方法的會通。具有史學與思想史傾向的徐復觀、錢穆均有經學研究的論著，均超越了漢學與宋學和今文經學與古文經學的界限。❻

八十年代中期以來，在文化熱中，經學中的易學的研究異軍突起，風靡全國，其熱潮至今不衰。這是經學復興的最重要的標誌。易學的研究已不存在漢學與宋學的畛域，目前我們看到的有關論著，可謂汗牛充棟。其討論的範圍，既涉及古代，又涉及現代，既有研究象數的，又有研究義理的，既有易學史個案的推究，又有易學理論的融通，既重視社會民俗，又重視思維方法，既有人文易的維度，又有科學易的視域，既有儒家的易學，又有道家、佛家的易學。總之，非常的豐富，可謂洋洋大觀。

參與《周易》研究的除學者外，尚有不少民間人士，這也說明易學，乃至整個經學，是有民間性、草根性的。而且學界與民間形

---

❻ 具有思想史而非哲學取向的徐復觀的《中國人性論史》（先秦篇）、《兩漢思想史》等均涉及經學問題，晚年在胃癌病發之時，仍勉力寫了《中國經學史的基礎》一書。錢穆的經學著作有《劉向歆父子年譜》、《兩漢經學今古文平議》、《中國學術通義》、《四書釋義》等。錢穆深受章學誠「六經皆史」和古史辨派的影響，為劉歆翻案，但又超越今古文或漢宋之爭。他尤重四書學的研究和朱子的經學研究。他認為，經學的精神即中國人文的精神，最重要的是「天人合一」的觀念。詳見郭齊勇、汪學群：《錢穆評傳》第三章，南昌：百花洲文藝出版社，1995年1月。

成的共識是：經過轉化和重釋，《周易》的精神可以作爲現代社會
的價值指導。其天、地、人（或天道、地道、人道）「三材之道」、「三
材共建」的原理，在今天人類和族類所面臨的自然生態危機和文化
生態危機面前，具有莫大的意義。《周易》的管理智慧，對今天的
社會管理、政法管理和企業管理具有啓迪新思的作用。《周易》重
整體、重系統、重關係的宇宙觀念和思維方式對於現代科學技術和
現代思維的重要性，已愈來愈爲海內外學林和實業界所推重。《周
易》的道德哲學與倫理思想有助於新的基因倫理、生命倫理、環境
倫理、社群倫理、家庭倫理、企業倫理、網路倫理，乃至全球倫理、
空間倫理的建構。

　　除了《周易》熱（包括易學史與帛書《易》）之外，三禮之學、《書
經》、《詩經》、四書學、公羊學等等的研究熱潮不減，研究方法
更加多樣，且均不可以用「漢學」、「宋學」加以界定或分類。❼
今天，在這一研究背景下，經學研究的範式：既不是漢學的，又不
是宋學的，而是漢宋之綜合；既不是「六經皆史」，又不是「六經
注我」，也不是「我注六經」，而是三者之綜合。這是經學自身發
展邏輯使然，也是經學與西學，經學與現代學術互動的結果。當代
中國學者的經學研究將綜合哲學的進路與史學的進路，跳出今古
文、漢宋的樊籬，並融合中西新舊的方法。

　　特別值得注意的是，易學與整個經學的研究重新成爲近20年來

---

❼　拙文〈中國大陸地區近五年來（1993－1997）的儒學研究〉曾對以上狀況
　　有比較詳細的敘述。請見《原道》第6輯，貴陽：貴州人民出版社，2000年
　　6月；又見《儒家思想在現代東亞：中國大陸與臺灣篇》，臺北：中研院文
　　哲所籌備處，2000年。

中國人文學術研究的熱點和重鎮。其所以如此，是因爲六經與禮樂文明畢竟是中華文化的淵藪之所在，且作爲軸心文明時代的具有世界意義的典範，爲全世界人文學者所尊重和珍視！「五四」以降，六經與禮樂文明被蒙上了塵垢，甚至被完全視爲糟粕而遭到踐踏，這是我們民族的不幸，也是世界的不幸。今天，我們人文學者有責任發潛德之幽光，把這些重要的思想資源發揚出來，重新加以體認與解讀，作創造性的轉化，並盡可能使《五經》等諸經和《四書》的精義及其中的敬畏之心、做人之道與禮樂之儀普及到社會大眾與青少年中去，使之在民間再植靈根，且參與現代化的精神文明的建構。

二、出土簡帛對經學與經學史的挑戰

近世以來，隨著地下發掘的新材料日益豐富，古史研究的方法與成果更加多樣。王國維先生依據甲骨文考察上古史，並提出地下材料與地上文獻相互參證的「二重證據法」。目前，經學研究復興和經學研究範式改良的契機，則是出土簡帛研究的勃興。

近五十年來，考古工作獲得重大突破。其中，大量的先秦、秦漢之久已失傳的佚籍的出土，令人歎爲觀止！50年代，河南信陽出土了有關墨家、儒家內容的楚簡，甘肅武威出土了記載《儀禮》的漢簡。70年代，古代文獻的出土震驚世界，如山東臨沂銀雀山漢簡中的豐富的兵家叢書，河北定縣漢簡中的《論語》、〈儒家者言〉、《文子》等，湖南長沙馬王堆漢墓帛書《老子》、《周易》、《黃

帝四經》、〈五行〉、〈德聖〉、〈刑德〉等，安徽阜陽雙古堆漢
簡中的《詩經》、《易經》等。90年代，湖北江陵王家台秦簡中的
《歸藏》等，湖北荊門郭店楚簡中的《老子》、〈太一生水〉、〈緇
衣〉、〈五行〉、〈性自命出〉、〈六德〉等一批早期道家、儒家
文獻以及上海博物館購藏的流失到香港文物市場上的楚簡（其中有《尚
書》、《周易》、〈孔子詩論〉等一大批儒家文獻）。郭店楚簡和上海博物
館購藏楚簡中的許多內容涉及詩書禮樂、天道觀與心性修養。此外
還出土了大量的記錄卜筮祭禱等文辭的簡牘和歷代官私文書、秦漢
法律文書等。

　　綜合學術界的研究成果，學者們認為：六經之學、之教形成與
傳授的時間遠比人們估計的要早得多。六經是先秦最基本的教材和
普遍知識，「經」並不是一家之言，而是共有資源。戰國早中期，
孔子已被尊為聖人。儒學分佈範圍甚廣，不限於中原，儒學經典是
列國教育、政治的核心內容。最原始的儒、墨、道家的分歧與對立，
並不像後世學者所說的那麼嚴重。彼時南北文化的交流互動遠比人
們想像的要普遍而深入得多，楚文化中含有大量的中原文化，如齊
鄒魯文化的內容。郭店《老子》受到鄒齊學者影響，與稷下學宮有
關，因而沒有「絕聖」、「絕仁棄義」的主張。《子思子》早已失
傳，沈約認為《禮記》中的〈中庸〉、〈緇衣〉、〈表記〉、〈坊
記〉四篇皆取自《子思子》，前人屢有輯錄。現在在楚地發現了兩
種〈緇衣〉與兩種〈五行〉，均與子思學派有關，恐非偶然。郭店
楚簡和上海博物館購藏簡中均有內容大致相同的〈性自命出〉。其
上篇論樂與心性，下篇論禮與心性，與子思、公孫尼或世碩的思想
頗為相近。公孫尼子歷來被認為是《禮記·樂記》的作者。〈性自

命出〉是迄今爲止最早最系統的心性論著作,它與〈五行〉構成孟子的先導。而討論「仁義禮智聖」關係的〈五行〉之經(郭店楚簡)和經說(馬王堆帛書)的道德形上學思想已初具規模。今本大小戴《禮記》雖編定於漢代,但其中的一些篇章則出於戰國早期,與孔門七十子後學有關。出土文獻中直接反映孔子的言行、思想的內容亦有不少。

對於經學和經學史研究來說,出土簡帛中的新材料可以幫助我們取得哪些突破呢?

第一、孔子與六經,特別是與《易》的關係。

近世以來,持孔子與六經沒有關係或關係很少的觀點的學者,甚爲普遍,此說幾成定論。周予同先生曾說:「我認爲,孔子與六經關係很少。」「《易》與《春秋》跟孔子關係不大。」❽出土簡帛卻不斷證實著孔子與六經關係密切,周先生如果活到今天,很可能會修改自己的看法。

郭店簡〈性自命出〉談到聖人與詩書禮樂的關係:「《詩》、《書》、《禮》、《樂》,其始出皆生於人。《詩》,有爲爲之也。《書》,有爲言之也。《禮》、《樂》,有爲舉之也。聖人比其類而論會之,觀其先後而逆訓之,體其義而即度之,理其情而出入之,然後復以教。教,所以生德於中者也。」❾這是講的孔子的詩書禮樂

---

❽　《周予同經學史論著選集》(增訂本),第876頁。
❾　荊門市博物館:《郭店楚墓竹簡》,北京:文物出版社,1998年5月,第179頁。又請參閱郭齊勇:〈郭店楚簡身心觀發微〉,《郭店楚簡國際學術研討會論文集》,武漢:湖北人民出版社,2000年5月,第200頁;李天虹:〈從〈性自命出〉談孔子與詩書禮樂〉,《中國哲學史》(季刊),2000年第4期。

之教。關於這一點，世傳文獻首見於《莊子·天運》：「孔子謂老聃曰：丘治《詩》、《書》、《禮》、《樂》、《易》、《春秋》六經，自以爲久矣，孰知其故矣。」又見《莊子·天下》：「《詩》以道志，《書》以道事，《禮》以道行，《樂》以道和，《易》以道陰陽，《春秋》以道名分。」郭店簡〈六德〉有：「觀諸《詩》、《書》則亦在矣，觀諸《禮》、《樂》則亦在矣，觀諸《易》、《春秋》則亦在矣。」郭店簡〈語叢一〉有：「《易》所以會天道人道也。《詩》所以會古今之志也者。《春秋》所以會古今之事也。《禮》，交之行述也。《樂》，或生或教者也。……者也。」廖名春改排爲：「《詩》所以會古今之志也者。……者也……《易》所以會天道人道也。《春秋》所以會古今之事也。」⓾

關於孔子與《易》的關係，《史記·田敬仲完世家》與〈孔子世家〉指出：「孔子晚而喜《易》」，「韋編三絕」。近代以來，包括周予同先生在內的很多學者都懷疑史遷之說。馬王堆帛書《易傳》卻爲史遷提供了佐證。〈要〉篇指出：「夫子老而好《易》，居則在席，行則在橐。」「孔子繇《易》，至於〈損〉、〈易〉二卦，未嘗不廢書而歎……」其中還有子贛（貢）與夫子的辯論，子贛不理解晚年夫子易學觀的轉變，夫子則向他解釋自己對祝巫卜筮的態度：「《易》，我後其祝卜矣，我觀其德義耳也。幽贊而達乎數，明數而達乎德，又仁〔守〕者而義行之耳。贊而不達於數，則

⓾　荊門市博物館：《郭店楚墓竹簡》，第188、194—195頁。又請參閱廖名春：〈荊門郭店楚簡與先秦儒學〉，《中國哲學》第二十輯，瀋陽：遼寧教育出版社，1999年1月，第66頁。

其爲之巫；數而不達於德，則其爲之史。史巫之筮，向之而未也，好之而非也。後世之士疑丘者，或以《易》乎？吾求其德而已，吾與史巫同途而殊歸者也。君子德行焉求福，故祭祀而寡也；仁義焉求吉，故卜筮而希也。祝巫卜筮其後乎？」⓫這裏清楚地表明了孔子的理性。帛書《易傳》的〈二三子〉、〈易之義〉、〈要〉、〈繫辭〉、〈繆和〉、〈昭力〉中大量的孔子的言論，基本上亦是今本《易傳》的內容。（〈二三子〉作「孔子曰」，〈易之義〉作「夫子曰」，〈要〉、〈繫辭〉、〈繆和〉、〈昭力〉作「子曰」。）從帛書《易傳》中，我們可以理解孔子對《周易》的創造性詮釋。簡帛中發現的子思、公孫尼等七十子後學的資料，亦與《易傳》相會通。

今人李學勤先生說：「孔子之於《周易》不僅是讀者，而且是某種意義上的作者。他所撰作的，就是《易傳》。」「孔子晚年好《易》，《易傳》或出其手，或爲門弟子所記，成書約與《論語》同時。自子思以至荀子等人都曾引用，絕非晚出之書。當然，那時《易傳》的面貌，不一定和今傳本完全相同，這是古書通例，不足爲異。研究孔子，不能撇開《周易》經傳。」⓬這與近世以來學者們認爲只能據《論語》來研究孔子的看法，大相徑庭。李學勤又發揮楊伯峻《春秋左傳注·前言》，論定孔子修或作《春秋》是難以否

⓫　本文所引帛書《易傳》的內容，綜合了廖名春、趙建偉的整理本。廖名春《帛書〈易傳〉初探》附有釋文，是書由臺北文史哲出版社於1998年11月出版；趙建偉《出土簡帛〈周易〉疏證》由臺北萬卷樓圖書公司於2000年1月出版。

⓬　李學勤：《綴古集》，上海：上海古籍出版社，1998年10月版，第14－15頁。

定的。⓭隨著簡帛研究的深入,孔子與六經的關係肯定會取得突破。

第二、詩經與書經。

關於「詩言志」,上海博物館購藏戰國竹簡〈孔子詩論〉有:「詩亡(母)離志,樂亡(母)離情,文亡(母)離言。」而據裘錫圭、饒宗頤、張光裕等先生認為,這有可能是〈卜子論詩〉,卜子即卜商子夏,而上博隸定為「離」字者,很可能是「吝」字。⓮郭店簡〈緇衣〉以詩證說,引《詩》凡二十三條,與《禮記·緇衣》有一些差別。〈五行〉引《詩》證言論事,簡本引《詩》凡七條,帛本引《詩》凡十七條。

簡帛中發現了一些《書》的佚文。郭店簡涉及者頗不少。其中引《書》既見於今文經,又見於古文經,還有不見於今存今古文經《尚書》之佚《書》。郭店簡〈緇衣〉還引了〈祭公之顧命〉,引文見於《逸周書·祭公》。⓯關於《逸周書》,湖南慈利1987年發掘的楚簡中即有其中的〈大武〉篇。目前學術界因《尚書》佚文的出土,討論到《古文尚書》的問題。《古文尚書》是東晉元帝時梅賾所獻。朱熹是第一個懷疑《偽古文尚書》的人,明代梅鷟《古文尚

⓭　同上,第16－22頁。

⓮　見〈上海戰國竹簡解密〉,《文匯報》,2000年8月16日頭版。諸位專家的討論,口頭發表在北京大學「新出簡帛國際學術研討會」上,2000年8月19－22日。

⓯　參見李學勤:〈釋郭店簡祭公之顧命〉,《文物》,1998年第7期;廖名春:〈郭店楚簡引《書》論《書》考〉,《郭店楚簡國際學術研討會論文集》,武漢:湖北人民出版社,2000年5月。

書考異》、清代閻若璩《古文尚書疏證》、惠棟《古文尚書考》等成果，使《古文尚書》之僞成爲定讞。能不能據簡帛中所引古文經及佚《書》而爲《古文尚書》翻案呢？恐怕不行。裘錫圭先生對於近年來把《僞古文尚書》當作眞《尚書》來引用和據郭店簡爲《古文尚書》翻案的學者，作了中肯的批評，證據充分。❶我們走出疑古時代，其實包含著尊重與吸取清代和近世疑古辨僞學者們的所有成果。這種「走出」是辯證的揚棄。但不管怎麼說，簡帛佚籍的發現，有助於《詩》、《書》研究的深化。

第三、禮樂文明。

我們對於三禮和禮樂文明已相當陌生。《論語·子罕》第十章：「子見齊（zi）衰（cui）者、冕衣裳者與瞽者，見之，雖少，必作；過之，必趨。」據楊伯峻《論語譯注》：齊衰是用熟麻布做的喪服，其下邊縫齊。斬衰（cui）則是用粗而生的麻布做的喪服，其左右和下邊都不縫齊。齊衰有三年、一年、五月、三月的區別。斬衰是最重的孝服，子對父、臣對君才斬衰三年。過去讀此印象不深，郭店簡〈六德〉出來後，又涉及到這些過去的常識。郭店簡〈六德〉：「內立〔位〕父、子、夫也，外立〔位〕君、臣、婦也。疏斬布、絰（die）、杖，爲父也，爲君亦然；疏衰，齊，牡麻絰，爲昆弟也，爲妻亦然。祖免，爲宗族也，爲朋友亦然。爲父絕君，不爲君絕父；爲昆弟絕妻，不爲妻絕昆弟；爲宗族瑟〔殺〕朋友，不爲朋友瑟〔殺〕

---

❶ 參見裘錫圭：〈中國古典學重建中應該注意的問題〉，《郭店楚簡之思想史的研究》，第四卷，日本東京大學郭店楚簡研究會編，2000年6月1日。

宗族。門內之治恩掩義，門外之治義斬恩。」❼「殺」是減損、減弱的意思。

據李學勤，上引這段話與《儀禮・喪服》對讀，即可知「疏斬布、絰、杖」是指的斬衰，疏即粗，指上衰下裳都用最粗的麻布，只裁割不緝邊。絰是苴麻做的孝帶，在冠上的為首絰，在腰間的為腰絰。苴杖實是竹杖。「疏衰，齊，牡麻絰」是指的齊衰，衰裳緝邊。袒免，並非正服，袒是袒左臂，免是布做的冠，寬一寸。以上說的是喪服依據血緣親疏的關係和社會等級秩序而有嚴格的區別。子為父或臣為君服斬衰，兄弟間或夫為妻服齊衰，為族人或朋友則袒免。據彭林，「為父絕君，不為君絕父」，是指如果父喪與君喪同時發生，則服父之喪而不服君之喪。對於這句話有很多人望文生意，說明我們對古禮很不瞭解。「門內之治恩掩義，門外之治義斬恩。」據李零、彭林等學者，此源於《小戴禮記・喪服四制》和《大戴禮記・本命》，門內以恩服為重，朝廷以義服為重，私恩與公義是有明確界限與區分的。

簡帛中有大量的關於禮樂、禮教與樂教的內容。關於德—情—禮—樂—德的關係，〈性自命出〉講「道〔按，道在此即指禮〕始於情，情生於性」「樂，禮之深澤也」；〈語叢〉講「禮生於情」、「禮因人情而為之」、「德生禮，禮生樂」、「樂，備德者之所樂

---

❼ 荊門市博物館：《郭店楚墓竹簡》，第188頁，並參見裘錫圭按語。又，此處及以下解釋，參考了李學勤：〈郭店楚簡〈六德〉的文獻學意義〉，《郭店楚簡國際學術研討會論文集》，第19—20頁；彭林：〈六德柬釋〉，《清華簡帛研究》第一輯，清華大學思想文化研究所，2000年8月，第126—133頁。

也。得者樂，失者哀」；〈尊德義〉講「由禮知樂，由樂知哀……有知禮而不知樂者，無知樂而不知禮者」、「德者，且莫大乎禮樂」。〈性自命出〉又說：「聞笑聲，則鮮如也斯喜。聞歌謠，則舀如也斯奮。聽琴瑟之聲，則悸如也斯歎，觀〈賚〉、〈武〉，則齊如也斯作。觀〈韶〉、〈夏〉，則勉如也斯斂……鄭衛之樂，則非其聲而從之也。凡古樂寵心，益樂寵指，皆教人者也。〈賚〉、〈武〉樂取，〈韶〉、〈夏〉樂情。」❶此外還有很多內容，有助於我們重新發現禮樂文明。

第四、大小傳統。

與經典研究相關的是數術方技的研究。流傳於民間的例如近幾十年大量出土的《日書》之類的東西等等，當然屬小文化傳統，但確乎是上述經學等精英文化的背景和基礎。經學是集宗教、倫理、政治於一身的學問，它不是突兀產生的，其基礎、源泉正是社會習俗、民間信仰。所以，與古代人的生活世界密切關聯的陰陽五行、數術、方技之類，雖然難登大雅之堂，卻與大雅之堂上的六經，與古代人的世界觀、哲學形上學和科學技術，有著不解之緣。例如「五行」就是顯例。我們將會看到，下一步人們研究的興奮點正是數術與經學、數術與形上學的關係問題。通過這方面的深入研究，我們將會對中國的宗教，特別是儒學的宗教性，道家的生存體驗等等，有新的理解，從而對中國古代的宇宙觀、思維方式有新的認識。

---

❶　俱見荊門市博物館：《郭店楚墓竹簡》。

第五、經學史研究的重點與難點。

從經學史研究來看，如下課題將成為今後研究的重點：1.簡書《歸藏》，簡書《周易》、帛書《易傳》的特點及其與今本之比較；2.簡帛中所見《尚書》佚文考釋；3.竹書《詩經》與孔子《詩論》之意義與詩教之研究；4.簡帛中所見三《禮》、樂論及禮教、樂教之研究；5.簡帛所涉及孔子與七十子問題與漢簡《論語》；6.簡帛中透顯的思孟學派及思孟五行學說研究；7.墨、道、兵家簡所涉及的經學問題及儒、墨、道、兵諸家關係；8.《日書》與陰陽數術思想研究，簡帛所見先秦、秦漢民間宗教思想；9.簡帛所見先秦天道觀、天人關係論、心性情才論與身心形神觀等等。

關於出土文獻與經學史研究，仍存在不少難點：第一、經學史如何改寫的問題。六經佚籍及相關文獻的出土，使我們有更多材料研究六經及經學的問題，與此相關，可以進一步梳理孔子與七十子後學對經學的具體發展。當然，《詩經》、《書經》、《周易》經傳、《儀禮》逸文的逐條處理、定位，《論語》版本的考訂，六經及每一單經的傳授世系，漢代經學及其前史，經學所涉及我國古代詮釋學體系問題，十分複雜，頗有難度。出土文獻諸篇、諸段落與《禮記》、《管子》、《荀子》、《呂氏春秋》、《淮南子》、《新書》、《說苑》、《韓詩外傳》、《孔子家語》中的一些相同或大體相同的文字及思想的比較，需要下功夫探究。第二、思孟學派及《中庸》前史的討論和先秦心性論、性命天道關係問題，是又一個重點和難點。郭店簡和上博購藏簡均有〈緇衣〉、〈性自命出〉，馬王堆帛書和郭店簡均有〈五行〉，使思孟學派有了堅實的證據。

當然，這裏還涉及到曾子、子張、子游、子夏、公孫尼子、告子、世碩等人的思想問題，他們關於心性情才的討論豐富多樣。天道、天命與人性，人性與人情，身、心、形、體、情、氣與心氣、心思、心志的關係，「心之思」的功能及治身、治心與禮樂的關係的討論，孟荀人性論的前史等，仍是需要下苦功夫才能弄清的問題。簡帛中反映的儒家道德形上學的建構及「德行」「心術」問題，值得認真釐清。第三、出土簡帛中大量《日書》、卜筮祭禱文獻、文物與古代社會民間宗教觀的討論，亦很複雜。第四、在軸心文明時代，西方發生了「超越的突破」，而中國則發生了「哲學的突破」，並由此奠定了華夏文明發展之不同於西方的道路，即張光直教授所說的「中國—馬雅連續體」的道路，於此可以理解中西之異。出土文獻的研究有助於深化此說。

其中最值得重視的是有關經學的研究和孔門七十子後學的研究。重新估計六經和早期儒學的價值與意義的時代已經來臨。諸子的資料，例如老、莊、文子的資料，兵家的資料，墨子的資料，在近五十年的出土簡帛中亦佔有顯赫的地位，曾經並將繼續成為熱點。但是，我想強調的是，在未來的中國哲學史、思想史研究中，借助於郭店、王家台、阜陽的出土簡帛和上海博物館購藏竹簡，經學的研究，早期儒家的研究，肯定會成為重中之重，並獲得長足的進步。《歸藏》（王家台）、《周易》（阜陽、馬王堆、上博）的整理研究，將使古代三易的原貌及其流派更為清晰地擺在我們面前。《尚書》、《三禮》的研究也將得到較大發展。儒家思孟學派及子夏、子游等的研究，〈中庸〉、〈大學〉、〈樂記〉等前史的研究，都會使早期儒學史更為豐富。儒家心性論、身心觀、性情論及與之密

切聯繫的天命、天道觀的細節將進一步顯豁於世。這正是中國文化的命脈之所在。有人說，馬王堆、阜陽的《易》是「道家易」，這個論斷尚待商討。其實，我們沒有必要以今人之門戶爲古代思想家或典籍爭門劃派。我們理當超越於門戶，客觀地作研究。從這些出土文獻中似乎可以窺見，經學是先秦各地域文化共享的精神資源，是古文明的精華，是我國古代的瑰寶。但經學主要是靠儒家學者傳承下來的。

三、出土簡帛與中國經學的詮釋傳統

簡帛的研究是沒有國界的，海內外各國學者共同進入了這一領域，各種研究方法和手段，各種見識，都在相互交流搏動著，而且海外漢學家的主要傾向和訓練是漢學加西學的，實證與分析的，當然也有人文性之詮釋學的。大陸與臺港學者則兼採西方詮釋學、分析哲學和中國漢學與宋學的路子。從學科門類來說，這一領域中正實現著文字學、考古學、簡帛學、文獻學、哲學史、思想史、文化史等學者的互動，即多學科的交叉。

以下，我略爲談談簡帛文獻所透顯的中國經學的詮釋傳統。

1、經——傳、經——說、經——解形式的開放性與創造性

與基督教不同，儒家經典的開放性不僅在於不斷容許新的經典出現[19]，而且在於不斷容許不同的解釋並存。沒有深入儒家經傳體系

---

[19] 美國學者韓德森（John B.Henderson）認爲，與其他傳統相比，儒家經典的

的人，以爲經－傳、經－說、經－解的方式是封閉的、教條的。但
事實上卻恰恰相反，這種方式並沒有限定一種解讀，一種結論，也
沒有限定詮釋者，反而是開放的、多樣的。與經的主體一樣，《傳》、
《說》、《解》的主體也是通過口說或撰著，並通過口耳相傳或記
錄者把《傳》、《說》、《解》保留下來。他們對於經，除援引經
典以經解經或解釋字、詞、文句外，重要的還在於疏釋名相，點醒
或改變內在理路，發揮微言大義。

首先，我們看名相的疏釋。郭店〈五行〉即〈五行〉之經有「愼
獨」這一概念，所在經文爲：「『〔鳲鳩在桑，其子七兮。〕淑人
君子，其宜（儀）一兮（也）。』能爲一然後能爲君子，〔君子〕愼
其獨也。〔『嬰嬰（燕燕）于飛，差池其羽。之子于歸，遠送于野。〕
瞻望弗及，泣涕如雨』能差池其羽然後能至哀，君子愼其獨也。」⑳
馬王堆〈五行〉經說中相關的《說》，除略爲解釋經文所引的《詩·
曹風·鳲鳩》、《詩·邶風·燕燕》，啓悟讀者比興外，重點釋「愼

一個特色在於保持開放狀態，不斷允許新的經典出現，如從五經發展到九
經、十三經、二十一經，以及宋代學者尊四書輕五經和清代學者反其道而
行之，足見儒家經典的定義從未如基督教一般固定、封閉，對新說不輕易
視爲異端加以誹謗。又，韓德森還指出，《舊約》中的上帝殘暴不堪，逼
得《聖經》注釋者常要以「寓言」之說加以掩飾。相形之下，儒學經典以
道德爲主要考量，在世界各文化中可說獨一無二。因此，除《詩經》外，
儒家經師毋需費神處理經典內容失當的問題。詳見李淑珍：〈當代美國學
界關於中國註疏傳統的研究〉，臺北中研院：《中國文哲研究通訊》，第
九卷第三期，1999年9月。

⑳ 此處引文與以下解釋參考了龐樸：《竹帛〈五行〉篇校注及研究》，臺北：
萬卷樓圖書公司，2000年6月，第39－42頁；魏啓鵬：《簡帛〈五行〉箋釋》，
臺北：萬卷樓圖書公司，2000年7月，第85－88頁。

其獨」：

「愼其獨也者，言捨夫五而愼其心之謂□。□〔獨〕然後一，一也者，夫五夫　□心也，然後德〔得〕之一也，乃德已。德猶天也，天乃德已。」又曰：「『是之謂獨』，獨也者，捨體也。」可見「愼其獨」的「其」指「心」，「愼」是「順」的意思。這裏的申說，緊扣上下經文，將「愼其獨」解釋　順其心、專其心、虛其心，即五行合一的功夫。五行（仁義禮智聖）和合　一，即是德，德屬天道的層面。「獨」又是「捨體」，「捨體」即是超越於耳目鼻口手足等感覺器官（心之役），回到心靈澄明的狀態。「愼獨」則是類似莊子「心齋」、「坐忘」和荀子「虛一而靜」的上達天德的修養功夫。帛書〈五行〉的解說，一方面用比興、喻象手法，另一方面又用語言文字解釋了這一概念。這應是「愼獨」的原意，〈中庸〉、〈大學〉中的「愼獨」本來也是此意，宋人已不能理解，故把「愼」講成「謹愼」，「獨」講成「人所不知而己所獨知」。

其次，我們看內在理路的點醒或改變。帛書《易傳》是與今傳本《易傳》比較接近的另一傳本。今本〈繫辭〉的大部分內容都散見於帛書〈繫辭〉、〈要〉、〈易之義〉（又名〈衷〉）中。這些《傳》的確提揭了《周易》的精神，同時又創造性地改變了《易經》。如前引〈要〉篇孔子所說「吾求其德而已，吾與史巫同途而殊歸者也」，這是帶有方向性的扭轉，也是具有創造精神的《傳》的典範。此外我們看〈五行〉的《說》對於其《經》的解讀，適應時代的需要，衝淡了「聖智」這一主線，這顯然是《說》的作者群的有意爲之。

再次，我們看微言大義的發揮。《傳》、《說》、《解》寓含有解釋者的創見。換言之，經文言簡意賅，給作《傳》、《說》、

《解》的眾作者以極大的想像空間和發揮餘地。

郭店簡〈忠信之道〉，據周鳳五先生研究，其實就是對《論語・衛靈公》「言忠信」章所作的《傳》。「子曰：『言忠信，行篤敬，雖蠻貊之邦行矣。』」〈忠信之道〉則發揮為：「忠之為道也，百工不楛，而人養皆足。信之為道也，群物皆成，而百善皆立。君子其施也忠，故蠻親附也；其言爾信，故宣而可受也。忠，仁之實也。信，義之期也。是故之所以行乎蠻貊者，如此也。」

郭店簡〈窮達以時〉則是對《論語・衛靈公》「在陳絕糧」 章所作的《傳》，或者是對孔子厄於陳蔡的評論與發揮。「子路慍見曰：『君子亦有窮乎？』子曰：『君子固窮，小人窮斯濫矣。』」〈窮達以時〉則遍舉舜、皋陶、呂望、管仲、百里奚、孫叔敖等等聖賢人物生於憂患的事例，凸顯了「遇」、「時」、「德」的觀念，指出：「遇不遇，天也。」「窮達以時，德行一也。」「窮達以時，幽明不再。故君子惇於反己。」❷¹這就是說，人能否實現自己的理想和抱負，施展自己的才幹，被人主所挑選並重用，機遇當然是重要的。但更為重要的是自己的德養、智慧與才能，是修煉自己，反求諸己。

2、以人為本位與以道德為中心的經典詮釋

中國經典詮釋的特點，不在於語言文字的鋪陳、雕鑿和知識系統的建構，而在於與聖賢對話，與聖賢相契，去感受、領悟經典，並力圖實踐，使之內在化。以人為本位，以道德為中心，是中國經

---

❷¹　荊門市博物館：《郭店楚墓竹簡》，第163、145頁。

典詮釋的根本。這在簡帛中也得到充分反映。

孔子、子思、孟子的話，在後世被奉爲經典，不斷有人作註疏、消化、發揮，然而他們對於先於他們的經典，即通過口耳相傳的先聖先賢的話，未嘗不是注釋者、發揮者。中國經典就是這樣代代發展，薪火相傳的。

例如，帛書〈二三子〉先引《易經》〈乾卦〉九四：「君子終日鍵鍵（乾乾），夕惕若厲，無咎。」繼而引孔子的話（即孔子作的傳）：「孔子曰：此言君子務時，時至而動，□□□□□□屈力以成功，亦日中而不止，時年至而不淹。君子之務時，猶馳驅也，故曰君子終日鍵鍵（乾乾）。時盡而止之以置身，置身而靜，故曰夕惕若厲，無咎。」❷正如孟子所說，孔子是「聖之時者」，亦如方東美所說，儒家是「時際人」，這種自強不息的精神恰恰是通過經典詮釋代代相承，並內化爲中華民族的性格的。

又如，帛書〈繆和〉中張射向孔子請教〈謙卦〉，以下引了孔子的四段話，其中第二段是：「子曰：天之道，崇高神明而好下，故萬物歸命焉；地之道，精博以尙而安卑，故萬物得生焉；聖君之道，尊嚴睿〔知〕智而弗以驕人，謙然比德而好後，故□□《易》曰：謙，亨，君子有終。」孔子的《傳》把天地精神與人的精神相互投射，批評了自我中心，提揚了虛懷若谷、寬厚謙遜的美德。

讓我們再看〈五行〉之《說》的創造詮釋。按龐樸整理的《說21》：

---

❷　此處和以下所引帛書，見趙建偉《出土簡帛〈周易〉疏證》，第214、293頁。

《經》：「君子集大成。」

《傳》：「成也者，猶造之也，猶具之也。大成也者，金聲
玉振之也。唯金聲而玉振之者，然後己仁而以人仁，己義而
以人義。大成至矣，神耳矣！人以為弗可為□〔也〕，□〔無〕
由至焉耳，而不然。」

《經》：「能進之，為君子，弗能進，各止於其裏。」

《傳》：「能進端，能終（充）端，則為君子耳矣。弗能進，
各各止於其裏。不藏尤（欲）害人，仁之理也；不受吁嗟者，
義之理也。弗能進也，則各止於其裏耳矣。充其不藏尤（欲）
害人之心，而仁覆四海；終（充）其不受吁嗟之心，而義裏天
下。仁覆四海，義裏天下，而成（誠）由其中心行之，亦君子
已！」❷❸

以上子思後學對子思〈五行〉之經的詮釋，顯然是「以人為本、
以德為先」的典範，而這一詮釋又被孟子吸收並發揚光大。不僅其
擴充四端之心的思想在這裏可以找到源頭，而且〈盡心下〉第31章
關於仁、義的界定，連語言都與此十分接近。「孟子曰：人皆有所
不忍，達之於其所忍，仁也。人皆有所不為，達之於其所為，義也。
人能充無欲害人之心，而仁不可勝用也；人能充無穿踰之心，而義
不可勝用也；人能充無受爾汝之實，無所往而不為義也。」這也從
一個側面印證了思孟學派的思想傳衍。

以上所舉雖是先秦儒家經－傳、經－說體系的例子，然這一經
典詮釋的精義仍貫徹到後世。因本文篇幅過大，只有俟諸來日再談。

---

❷❸ 龐樸：《竹帛〈五行〉篇校注及研究》，第73－74頁。

　　總之，簡帛文獻的出土，給予我們以新的契機和新的動力，給予我們以新的材料和新的方法，促使我國古代文化史的研究超越昇華，進入新的境界。產生於軸心文明時代的禮樂文明和六經諸子的傳統，源遠流長，是中華文化的瑰寶，也是中國文化對世界文化的最大貢獻，至今仍有其現代意義和價值。我們民族的祖先創造的寶貴的思想資源，特別是經學資源，可以轉化爲滋養現代人心靈的源頭活水！簡帛及其研究不僅僅屬於歷史，而且屬於現代，它可以促進傳統精神資源的創造性詮釋和轉化，爲現代化的精神文化提供營養。

　　（本文曾於2001年7月在北京中國社會科學院舉行的「第十二屆國際中國哲學大會」上發表，並於是年刊載於《福建論壇》第5期，即該刊紀念創刊20周年專集。）

二、中華人文重探

儒家人文精神與全球化

　　人們一般認為，儒學是農業文明的產物，不可能為工業化和今天的科技文明，乃至經濟全球化提供任何有價值的東西。我認為：第一，就民族性而言，儒學不僅是農業文明的產物，也是華夏族群的精神形態，是中國乃至東亞社會文化的結晶，蘊含了東亞各民族的民族性格、終極信念、生活準則、生存智慧、處世方略。作為族群的意識與心理，它在今天仍是活著的。第二，就時代性和空間性而言，一切地域、族類之前現代文明，當然包括曾經是燦爛輝煌的中國農業文明中的許多因素，尤其是精神因素，不可能不具有超越時空的價值與意義。因此，經濟全球化、世界一體化或網路文化時代的來臨，並不意味著民族性的消解，也不意味著前現代文明已毫無作用。第三，就多樣性與統一性的關係而言，經濟與科技之現代化、全球化的前提和必要的補充，毋寧是廣義的「文化」的多元化，即不同地域、族群、語言、宗教、階級、階層、性別、年齡的人們的豐富多樣的政治、經濟、文化需求，包括馬斯洛所說的人的生理、安全、群體歸屬感、愛人與被愛、尊嚴和自我實現等不同層次的需求以及不同的價值理念與不同的民族文化自我認同之間的碰撞與交融。正所謂「和實生物，同則不繼」；沒有民族性就沒有世界性；沒有本土性就沒有全球性；沒有多樣化就沒有一體化；沒有人文精

神的調治，當下與未來社會的發展只可能是畸形的、單向度的、平面的；沒有如布爾迪厄和福山等人所說的「社會資本」、「文化資本」（或「人的資本」）與文化能力的養育、積累，沒有工作倫理乃至全球倫理的建構，中國的「經濟資本」的建構和經濟與科技的現代化將是十分艱難的，所謂「經濟全球化」也就不可能是健康的。包括社會美德、人文素養、工作倫理在內的精神文化資本可以轉化爲經濟資本，亦可以豐富、改善、啓動現代社會化的行爲方式。

儒學產生於遠古三代，奠基於禮樂文明，植根於中華民族的生活和人們的心靈之中，是傳統社會與傳統文化的主要精神形態。剝離其形式軀殼和政治化儒學的負面影響，其有機、連續、整體的宇宙觀，自強不息而又厚德載物的做人之道，和而不同論，人生意義和理想人格境界之追求等，都有其現實意義，可以作創造性的轉化，成爲滋潤現代社會和現代心靈的源頭活水。中華五千年文明孕育的人文精神，是我們走向現代化的21世紀的重要精神資源，是炎黃子孫精神生命的根基。弘揚中華人文精神，特別是作爲其內核的儒家人文精神，有助於克服當代社會生活的某些困境，尤其有利於當代倫理的重建。

一、儒家人文精神的產生及其內核

我們中華民族在長期社會實踐過程中逐漸形成了獨特的精神信念和價值意識。其中，尤以對「天、地、人、物、我」及其關係的反思，特別是對「人」自身的反思最具特色。在中華民族長期融和

的歷史過程中，儒、釋、道三教，特別是儒教，在政教禮俗的各方面影響甚巨。中華各民族及各種思想流派在歷史上關於人與天道（天神）、人與自然、人與物、人與人、人與自身之關係的討論，可以說汗牛充棟，人言言殊，今天我們很難以偏概全。但大體上，我們仍然可以把三千年來，在社會上層與下層中逐漸形成共識的、圍繞「人」的若干思考略加總結與概括。

　　與世界上其他民族一樣，中華先民在原始宗教的氛圍中，「人」的地位闇而不彰，或者說，人總是與「神」，特別是與自然神靈的「帝」，或有意志的人格神的「天」相聯繫、相糾纏的。甲骨卜辭和《尚書》中的「帝」或「上帝」，就是殷代人的至上神。甲骨卜辭中「帝其令風」、「帝其令雨」、「帝其降饉」、「帝降食受（授）又（佑）」❶的「帝」，多半指自然神靈。而《尚書》、《詩經》中的「帝」，則是自然神靈與祖先神靈崇拜的合一。「帝」或「上帝」是人類群體及其生活的主宰。周代鐘鼎銘文中，「天」字出現的頻率很多。「天」、「人」兩個字的字形十分相近，「人」形上加一圓點即是「天」字。在周代，至上神的稱謂由「帝」、「天」混用，逐漸變為了「天」的獨用。「天」成為了創造生命、萬物，並福佑人間的人格神。如：「惟天陰騭下民」，「天乃佑命成湯」，「天乃大命文王殪戎殷」，「天休于寧王，興我小邦周」，「天生烝民，其命匪諶？」，「天生烝民，有物有則，民之秉彝，好是懿德」，等等。❷但「天」的人格神權威逐漸下落，變成非人格的最高主宰，

---

❶　分別見《殷虛文字乙編》和《卜辭通纂》。
❷　分別見《尚書》中的〈洪範〉、〈泰誓〉、〈康誥〉、〈大誥〉和《詩經·大雅》中的〈蕩〉篇、〈烝民〉篇。

甚至變成人們咒罵的對象，這在《詩經》中可以找到很多例證。

　　周代的禮樂教化，集宗教、倫理、政治於一身，其中表現了中華民族「人」的意識、「人文」的意識的凸顯。禮治顯然是人的積極有爲之治，但從本源上講，禮的源頭是「天地」、「先祖」和「君師」。天地是生命的本源，先祖是族類的本源，君長是政治的本源。所以，禮文，在上方事奉天，在下方事奉地，尊敬先祖，尊重君長。這是安定人民之本。而禮、樂之教，當然還有詩教、易教、書教等等，是用來對統治階層、知識階層的人，陶冶身心，端正品行的，繼而用來提升百姓的文化素養、人格境界，調節、滿足人們的物質與精神需求。所謂「禮以道其志，樂以和其聲」❸，以禮節民，以樂和民，就是這個道理。

　　孔子的時代是中國人「人文意識」覺醒的時代。孔子說：「周監於二代，鬱鬱乎文哉，吾從周。」❹孔子把繼承了夏商兩代文明而又有所創新的豐富繁盛的「周文」，作爲我們民族深厚的大傳統。「周文」源於且不脫離原始宗教而又強調了禮樂教化。禮使社會秩序化，樂使社會和諧化。孔子點醒了、拯救了周代禮樂文明的活的精神，並把它提揚了起來，這就是「仁」的精神！「仁」是禮樂的內核，沒有「仁」的禮樂，只是形式軀殼、虛僞的儀節。

　　中國人文精神其實不是別的，就是孔子「仁學」的精神！「仁」是什麼呢？「仁」是人的內在的道德自覺，是人的本質規定性，即孟子所說的人異於禽獸的那麼一點點差別。「爲仁由己」，「我欲

---

❸　《禮記·樂記》。

❹　《論語·八佾》。

仁，斯仁至矣」❺，突顯的是人的主體性，特別是道德的自主性。「仁」又是「天、地、人、物、我」之間的生命的感通，又是「天下一家，中國一人」的價值理想。這種價值理想以「己欲立而立人，己欲達而達人」，「己所不欲，勿施於人」❻等「忠恕」之道作爲主要內涵。這可以推廣爲人與人之間，乃至國家間、民族間、宗教間、文化間的相接相處之道，乃至人類與動植物、人類與自然的普遍的和諧之道。孔子的「仁學」是中華人文精神的內核，是人文主義的價值理想，此不僅是協和萬邦、民族共存、文化交流的指導原則，而且也是「人與天地萬物一體」的智慧。無怪乎《全球倫理宣言》的起草者孔漢斯先生，把孔子的「己所不欲，勿施於人」作爲全球倫理的黃金規則，這是很有見地的。❼

孔子和儒家極大地張揚了人的自強不息、積極有爲的創造精神，特別是人在物質文化、制度文化、精神文化諸層面的積極建構，促進文化的發展與繁榮，肯定道德、知識、智慧、文采、典章制度、禮樂教化等等。但孔子和儒家在極大地肯定人的文化創造的同時，並沒有陷於人類中心主義和人文至上主義的立場，反而謹慎地處理了人文與自然、人文與宗教、人文與科學的關係。

二、儒家人文精神的特點

中國的「人文精神」，不與自然對立，不與宗教對立，不與科

---

❺ 《論語》中的〈顏淵〉、〈述而〉篇。
❻ 《論語》中的〈雍也〉、〈衛靈公〉篇。
❼ 參見孔漢思等：《全球倫理》，臺北：雅歌出版社，1996年11月。

學對立。這是中國的，特別是孔子、儒家的人文精神的特點。錢穆先生非常強調這些特點，我在這裏加以擴充。

特點之一：儒家人文精神不與宗教相對立。

孔子「不語怪、力、亂、神」，「敬鬼神而遠之」❽，即對民間小傳統的信仰，對鬼神迷信不輕易表態，或採取存而不論的態度。但這並不表示他對當時精英文化大傳統的信仰有絲毫的動搖。孔子也運用占卜，強調祭祀的重要和態度的虔誠。孔子特別反復申言對「天」的信仰和對「天命」的敬畏。孔子說：「獲罪於天，無所禱也」；「君子有三畏，畏天命，畏大人，畏聖人之言」；「唯天爲大」❾。孔子保留了對「天」、「天命」的信仰與敬畏，肯定了「天」的超越性、神秘性。孔子讚美《詩經・大雅・烝民》篇的「天生烝民，有物有則，民之秉彝，好是懿德」爲「知道」之詩❿，肯定天生育了眾民，是人的源泉，認爲人所秉執的常道是趨向美好的道德，即天賦予了人以善良的天性。孔子肯定個人所具有的宗教性的要求，又進一步把宗教與道德結合起來。孔子和儒家的積極有爲的弘道精神、擔當意識，超越生死的灑脫態度，朝聞夕死，救民於水火，殺身成仁，捨生取義的品德，均源於這種信仰、信念。或者我們可以說，儒家人文的背後，恰恰是宗教精神信念在支撐著！孔子說：「天生德於予」；「天之將喪斯文也，後死者不得與於斯文也」；

---

❽　《論語》中的〈述而〉、〈雍也〉篇。

❾　《論語》中的〈八佾〉、〈季氏〉、〈泰伯〉篇。

❿　《孟子・告子上》。

「道之將行也與，命也；道之將廢也與，命也。」⓫儒者的理想能否實現，聽之於命運，因為這裏有歷史條件、客觀環境的限制，不必強求，但也不必逃避，主體生命仍然要自覺承擔。儒家把這種宗教精神轉化為道德精神，儒學即是一種道德的宗教。儒家的「天」，是形而上的「天」，是道德法則的「天」，這個「天」和「天命」轉化為人的內在本質，在人的生命內部發出命令。如此，才有千百年來剛健自強的志士仁人們「以天下為己任」的行為和「三軍可奪帥也，匹夫不可奪志也」的氣概，乃至社會文化各層面的創造。足見儒家人文精神不僅不排斥宗教，反而涵蓋了宗教，可以與宗教相融通。這也是我國歷史上很少有像西方那樣的慘烈的宗教戰爭的原因。

特點之二：儒家人文精神不與自然相對立。

儒家的確把人作為天下最貴者。荀子說：「水火有氣而無生，草木有生而無知，禽獸有知而無義，人有氣有生有知亦且有義，故最為天下貴也。」⓬周秦之際的儒家認為：「人者，天地之心也」；「人者，其天地之德，陰陽之交，鬼神之會，五行之秀氣也。」⓭但人並不與自然天地、草木鳥獸相對立。人在天地宇宙間的地位十分重要，但人只是和諧的宇宙的一部分。「唯天下至誠，為能盡其性。能盡其性，則能盡人之性。能盡人之性，則能盡物之性。能盡物之性，則可以贊天地之化育。可以贊天地之化育，則可以與天地

⓫　《論語》中的〈述而〉、〈子罕〉、〈憲問〉篇。

⓬　《荀子・王制》。

⓭　《禮記・禮運》。

參矣。」⑭這是講至誠的聖人,能夠極盡天賦的本性,繼而通過他的影響與教化,啓發眾人也發揮自己的本性,並且進一步讓天地萬物都能夠儘量發揮自己的本性,各安其位,各遂其性,這也就可以贊助天地生成萬物了。既然如此,至誠的聖人及其功用,則可以與天地相媲美,與天地並立爲三。人與天地並立爲三的思想,是在這種語境中表達出來的。

　　儒家人文精神強調天地人「三材之道」並行不悖,並育而不相害,且成就了一個人與宇宙的大系統。「《易》之爲書也,廣大悉備。有天道焉,有人道焉,有地道焉。」⑮《周易》稱天、地、人或天道、地道、人道爲「三材」,其「三材共建」和「三材之道」,就是把宇宙萬物歸納成不同層次而互相制約的三大系統,三大系統構成爲一個統一的整體。也就是說,天、地、人不是各自獨立、相互對峙的,它們彼此之間有著不可分割的聯繫,同處於一個「生生不息」的變化之流中。儒家人文精神是一種創造的精神──「天地之大德曰生」⑯──這種精神來自天地。「盛德大業至矣哉!富有之謂大業,日新之謂盛德,生生之謂易。」⑰天地之道,陰陽大化的作用,即生成長養萬物。生長萬物的富有叫做「大業」,每天都有新的變化叫做「盛德」,生生不停叫做「變易」。人效法宇宙的「生生之德」而不斷創進。「剛柔交錯,天文也。文明以止,人文也。觀乎天文以察時變,觀乎人文以化成天下。」⑱物相雜之謂「文」,

---

⑭　《禮記·中庸》。
⑮　《周易·繫辭下傳》。
⑯　《周易·繫辭下傳》。
⑰　《周易·繫辭上傳》。
⑱　《周易·賁·彖辭》。

陰陽剛柔的交錯是「天文」，或曰自然條理。自然條理是多樣性的統合。依據自然天地之道，在社會人事中採取非武力的形式，叫做「文明以止」。人事條理即是「人文」。人文應效法「天文」。我們觀察天文來考察四時的變化，觀察人文來感化天下的人。足見人事法則應與自然法則相匹配，相照應。

宋代儒者講「人與天地萬物一體」，「不剪窗前草」，講仁愛之心遍及鳥獸、草木、瓦石，講「民吾同胞，物吾與也」，都是十分鮮明的例證。這表明，中國的人文精神不與自然相對立，不會導致一種人類中心主義以及對自然的宰制、佔有或無視動物、植物的存在；相反，它講求的是與自然的協調。「仁」與「生生之德」恰恰是自然宇宙的精神給人之社會文化活動的示範與滲透。

特點之三：儒家人文精神不與科學相對立。

儒家人文精神與價值理念非但不排斥科學，反而包容、促進了科學技術的發展。近百年來，對於中國傳統文化，人們普遍有兩種誤解。第一種誤解，即是認為中國傳統文化是泯滅人的創造性的，是束縛人的自主性和創新精神的。第二種誤解，就是認為中國傳統文化是反科學的，至少是阻礙科學技術之發展的。這兩種誤解都需要予以澄清。當然，具體地辨析中國文化在不同時空的發展過程中的正負面的價值，不是本文的任務，這也不是三言兩語就可以說清楚的。我在上面闡述中華人文精神特點之二時，正面地回應了第一種誤解。這裏，我們借助於正面的闡述來回應第二種誤解。

中國人文精神並不輕視自然，亦不排斥技藝。對於中國古代科技的發展及其獨特的範式的研究，我們應當有獨特的視域，而不宜

以西方近代科學作爲唯一的參照。李約瑟的研究儘管還有不少可以商榷之處，但他的慧識是擺脫了「西方中心論」，正確估價了中國古代的宇宙觀念、思維方式的特異之處，以及中國古代科學技術實際上做出的絕不亞於西方的貢獻。中國人取得了那麼多令世人矚目的發明創造，閃爍著驚人的智慧。「在希臘人和印度人發展機械原子論的時候，中國人則發展了有機宇宙哲學。」⑲普里高津也曾引用李約瑟的觀點，指出與西方向來強調「實體」的看法不同，「中國的自然觀則以『關係』爲基礎，因而是以關於物理世界的更爲『有組織的』觀點爲基礎的。」「中國傳統的學術思想是首重於研究整體性和自然性，研究協調與協和」；「中國思想對於西方科學家來說始終是個啓迪的源泉」。「我相信我們已經走向一個新的綜合，一個新的歸納，它將把強調實驗及定量表述的西方傳統和以『自發的自組織世界』這一觀點爲中心的中國傳統結合起來。」⑳重整體、重系統、重關係的思維範式，重實用、重國計民生的行爲方式，給我國古代自然科學和技術的發展所帶來的成功的一面，我們應當有清醒而充分的認識。當然，我們也不諱言其局限性。

有一種看法，以爲重人生、重道德的儒家人文精神就一定會輕視自然、排斥科學，這也是需要辨析的。以中國宋代最著名的人文學者，也是最遭今人誤會與咒罵的朱熹爲例。朱子的「格物致知」中的「物」，既包含了倫常之事，又包含了自然之物。其「理一分

---

⑲　李約瑟：《中國科學技術史》第3卷，北京：科學出版社，1975年版，第337頁。

⑳　轉引自顏澤賢：《耗散結構與系統演化》，第107－108頁。

殊」的命題，既重視宇宙統一的「理」，又重視部分的「理」和各種具體的「理」及其相互間的關聯。其前提是在「物物上窮其至理」。「上而無極太極，下而至於一草一木一昆蟲之微，亦各有理。一書不讀，則闕了一書道理；一事不窮，則闕了一事道理；一物不格，則闕了一物道理。須著逐一件與他理會過。」㉑朱子的理學既重人倫，又重天道，肯定自然，肯定科技的價值，他自己在天文、地質、農學上都有貢獻，甚至對渾天儀、水力驅動裝置等有濃厚的興趣。㉒

以上概述的儒家人文精神的三個特點又是相輔相成的。

三、儒家人文精神的當代價值

如前所述，中國經典如「六經」，是在天、地、人相互貫通的背景下，重天、重地又特重「人」與「人道」的，與西方思想家所說人類思想的發展，首先重「神」，其次重「自然」，最後才注重「人」的理路並不相一致。西方人文精神的遠源是希臘、羅馬，但真正形成一整套的人文主義，則是在文藝復興時代。文藝復興時代的人文主義主要是針對中世紀宗教的。人文主義確實把人的肉體與精神從宗教權威下解放出來，人們謂之為人性的復甦與人的自覺。歐洲早期的人文主義擺脫了神性的宰制，肯定世俗功利的追求，肯

㉑　《朱子語類》，卷十五。

㉒　朱亞宗、王新榮：《中國古代科學與文化》，長沙：國防科技大學出版社，1992年版。本書作者提出了很多與似是而非的時論頗不相同的觀點，是一部充滿獨到見解的專著。

定人的情欲、情感，肯定物質的自然界。經過十八世紀德國的新人文主義、二十世紀的科學的人文主義、宗教的人文主義、存在主義的人文主義諸思潮的發展㉓，目前西方人文學界的主潮不再是針對「神性」，而是針對「物性」，即針對著科技和商業高度發展所導致的「物」的泛濫和「人」的異化。近代西方思想的發展，從講神而講人，講人而只講純粹理性，講意識、經驗，再以下就講生物本能、生命衝動。人認識到「物」的重要，思想也外化到了極至，物質講到極至，思想和精神要不再墮落，就必須回過頭去找宗教、找神。例如宗教人文主義認為，近代以來的文明社會，帶來了人的精神的世俗化與物化，使人的高級的精神生活、靈性生活的品質日益下降。馬利坦（Maritain）批判文藝復興和啟蒙運動的人類中心主義，使人逐漸離開了神與神聖性，這是人自身的墮落的開始。存在主義反對人類科學（包括社會科學）把人自身客觀化、外在化，反對人們在與物、商品、理性機器等的關係中，在生產物質財富的活動中，喪失了真正的內在的主體性。現代社會視人如物，以駕馭機械的態度對待人。手段變成了目的，而作為目的的人變成了工具，變成了符號、號碼。人被他人和自己抽象化為一個非真實的存在。因此，當代西方的人文學者所講的人性，已不是文藝復興和啟蒙運動時所講的異於神性的人性，而是異於物性的人性。甚至他們中的一些人主張回到人與神的合作，以拯救人的墮落。這就包含了西方宗教精神的再生。這當然不是回到中世紀的宗教的負面，這些負面已經過近

㉓　參見唐君毅：《中華人文與當今世界》（下），《唐君毅全集》卷八，臺北：學生書局，1988年，第44—51頁。

代文化的洗禮，這是要借助宗教精神來避免人的再度淪落（即功利化、工具化、異己化、物化）。西方馬克思主義、文化批判思潮所批評的，正是科技至上導致的「工具理性」的過渡膨脹或「理性的暴虐」對人的奴役。

唐君毅先生曾經指出，現代人所而臨的荒謬處境是「上不在天，下不在地，外不在人，內不在己」。中華人文精神，特別是儒家的人文精神，可以救治現代人的危機。如前所述，它強調用物以「利用厚生」，但不可能導致一種對自然的宰制、控御、破壞；它強調人文建構，批評迷信，但決不消解對於「天」的敬畏和人所具有的宗教精神、終極的信念與信仰。儒家甚至主張人性、物性中均有神性，人必須尊重人、物（乃至草木、鳥獸、瓦石），乃至盡心──知性──知天，存心──養性──事天。至誠如神，體悟此心即天心，即可以達到一種精神的境界。儒家並不脫離生活世界、日用倫常，相反，恰恰在庸常的俗世生活中追尋精神的超越。外王事功，社會政事，科技發展，恰恰是人之精神生命的開展。因此，中華人文精神完全可以與西學、與現代文明相配合，正如我們前面所說的，它不反對宗教，不反對自然，也不反對科技，它可以彌補宗教、科技的偏弊，與自然相和諧，因而求得人文與宗教、與科技、與自然調適上遂地健康發展。

當前的科技革命、電子網路等各方面的發展，使我們面臨著倫理的重建。就生命科學的發展而言，基因工程、復製生命、復製人、代理孕母、安樂死、動物權等等問題迫切地要求我們建設基因倫理、生命倫理。就環境科學和整個社會的可持續發展而言，面對人口爆炸、生態破壞、環境污染所造成的危機，人與自然之間需要有新的

環境倫理。面對目前的現實社會，就社會關係而言，不少層面的人與人的關係被物質至上主義所侵蝕，轉化為赤裸裸的物與物的關係，經濟利害的關係，錢與權的關係，錢、權與色的關係，欲望滿足與否的關係，一切都是「可計算」的，現實功利的。作為社會細胞的家庭亦面臨著危機。家庭裂解、離婚率增長、單親家庭增多，重婚或所謂「包二奶」現象，性產業的火爆，日趨嚴重且腐蝕著整個社會。早戀與墮胎問題，愛滋病、吸毒等，亦非常嚴重。此外，隨著人口的老齡化帶來的老人贍養問題，由於社會保障體系和福利制度不夠健全，已經是老齡的人對超齡老人的贍養問題，已屢見不鮮。「孝」的問題需要重新引起社會的重視並重新加以界定。此外還有同性戀問題等等，均需要我們建設健康的現代的家庭倫理與社群倫理。公司、企業內外的激烈競爭，爾虞我詐，坑蒙拐騙，信用危機，童工問題，打工者的權益問題等等，需要有新的企業倫理。商品經濟尤其需要信譽，因此「信」的問題又被提出來了。由於網路化、電子郵件、電子商務的飛速發展，又帶來網路倫理的問題。國家、民族、種族、宗教間的矛盾衝突，亟需要有新的全球倫理。乃至空間技術的發展，尚需要考慮空間倫理的建構。

儒學為經濟全球化可能提供如下的精神資源和人文智慧：第一，禮樂文明的再創，文化空間的開拓與社會文化資本的積累和人的情愫的培育；第二，儒家核心價值觀念「己所不欲，勿施於人」，「仁、義、禮、智、信」，「敬業樂群」等對於建構現代全球倫理、社群倫理、家庭倫理、工作倫理和新的人與人之關係具有積極的意義；第三，「人與天地萬物一體」「民胞物與」等理念有助於建構新的生態環境倫理和可持續發展的戰略規劃；第四，天命、天道、

神聖、敬畏感與人的終極信念，「極高明而道中庸」所透顯的聖凡關係與現代性問題密切相關。總之，中華人文精神提倡的仁、義、禮、智、信、忠、孝、誠、恕等價值，在剔除其歷史附著的負面性效應之後，完全可以提煉、轉化其合理因素，滲透到今天的社會生活中去，進而作爲價值指導，治療現代社會的病症，恢復人的尊嚴，重建人的意義世界，重建人與「天、地、人、物、我」的良性互動的關係。

「五四」以降，我們中國的知識份子，大多數是戴著「西方中心論」的眼鏡來看待自己的文明的。我們對於自己的歷史文化精神其實還相當陌生，基本上處於「拋卻自家無盡藏，沿門托缽效貧兒」的狀態。所謂「全球化」意味著什麼呢？意味著西方的，特別是美國的話語霸權進一步擴張，乃至於成爲宰制全世界的枷瑣。我們東方人、中國人不能失掉本己性，這決不是煽動民族主義，而是要在精神上站立起來，積極參與文明對話。儒家人文精神正是我們進行廣泛的文明對話的精神依據之一。健康的「全球化」，決不是以一種語言，一個地域的習慣、一種思考方式，甚至一個國家、一個階層的利益來宰制一切。各種文明，各種精神資源，各種宗教，各種語言，各種知識都可能成爲具有全球意義的成素。我們尤其要瞭解東亞地區的內在的能力，沒有必要把西方的，特別是美國的特殊的東西奉爲圭臬，奉爲必須效法的普遍的、絕對的標準。

我們有自己的人文傳統和人文精神，而且非常了不起。只是由於近百年來中國知識份子自己的踐踏，使之闇而不彰。我想，今天中國的知識份子需要重新認識並擁抱自己的文明傳統，從而積極地回應、參與廣泛的文明交流與對話。

　　（本文是一演講詞，曾於2000年上半年在武漢市數所大學演講，後經修改，提交給中華炎黃文化研究會於是年10月在北京舉辦的「經濟全球化與中華文化走向」國際學術研討會（因故未能到會），刊載於會議論文集，香港東方紅書社，2001年5月。）

東亞儒學核心價值觀及其現代意義

　　要論證什麼是東亞儒學的核心價值觀，是一件十分困難的事情。儒學在東亞社會的長期發展中，在殊異的時空環境與民族文化背景下，形成了異彩紛呈的諸多流派、思潮，有著豐富多樣的價值訴求。僅就中國、韓國、日本各國歷代儒學大師而論，其強調的側重面也各各不一。至於在東亞不同地區、不同民族、不同時代的社會生活或文化小傳統中，民間的信仰、信念、價值觀念的差異，更是不可以道里計了。對於這些繁雜的問題，我們很難以偏概全。當然，儒學之爲儒學，儒家價值系統之爲儒家價值系統，固然有不同的特殊表現，然而也有其主旨和一貫之道。時下有很多文章談中韓日道德價值的殊異性，本文則只是試圖探討中韓日儒家精英大致認同的核心價值觀念、普遍性倫理或中心範疇，然後略述其現代意義。

一、中國儒學的中心觀念

　　仁愛、誠敬、忠恕、孝悌、信義，這樣一些思想範疇或德目是

不是中韓日三國儒學史上比較有共同性的內容呢?我們首先從中國儒學談起。從《四書》和《荀子》來看,從漢儒到宋明儒,其共同承認的核心價值,大體上是以仁愛為中心的展開,重要的範疇有如仁、義、禮、智、信、孝、悌、忠、恕、誠、敬等等。

據《論語》所記載,孔子與門生討論的中心話題,主要涉及仁愛、禮樂、信義、孝悌、忠恕、恭敬等等。按楊伯峻先生《論語譯注》統計,《論語》中「仁」字凡109見,其中105次涉及道德標準;「義」字凡24見;「禮」字凡74見;「知」字中含「智」義者凡25見;「信」字凡38見;「孝」字凡19見;「弟」字中含「悌」義者凡4見;「忠」字凡18見;「恕」字凡2見;「恭」字凡13見;「敬」字凡21見;「聖」字凡8見,其中4次為「聖人」。概而言之,孔子的價值觀圍繞「仁」而展開。儒家的主張十分平易合理,例如從親情之愛推己及人。有子說:「君子務本,本立而道生。孝悌也者,其為仁之本與!」(《論語・學而》)行仁從其根本開始,根本則是孝順父母,敬愛兄長。仁愛之心,從愛親人開始,繼而推廣開來。按孔子的看法,仁愛是禮樂文明的內核、主旨。離開了「仁」,禮樂則可能變為形式。孔子的一以貫之之道,按曾子的理解,是「忠」與「恕」:「夫子之道,忠恕而已矣。」(《論語・里仁》)「忠」、「恕」亦即「仁」的一體之兩面。「忠」是盡己之心,「恕」是推己之心。「忠」是「己欲立而立人,己欲達而達人」(《論語・雍也》);「恕」是「己所不欲,勿施於人」(《論語・顏淵》、《論語・衛靈公》)。孔子指出,實踐仁德要從自己做起,從當下最切近的事情一步步做起。圍繞「仁」的範疇、德目,還有:恭、寬、信、敏、惠等。

新近討論的熱門——1993年湖北荊門郭店楚墓出土的竹簡中的

資料表明，孔子、七十子及其後學繼承前哲，創造發揮的聖、智、仁、義、禮、忠、信、敬、慈、孝、悌、反己、修身、慎獨等觀念，至遲在戰國中期已流布並影響到荊楚之地。如〈六德〉以「聖、智、仁、義、忠、信」為根本，〈五行〉強調「仁、義、禮、智、聖」，〈尊德義〉肯定「尊仁、親忠、敬壯、歸禮」，〈忠信之道〉說明忠是「仁之實」，信是「義之期」，〈唐虞之道〉重視「愛親尊賢」，仁義並舉。與後世儒學略有不同的是，〈五行〉的作者提倡「聽德」、「視德」，前者為「聰」，後者為「明」，強調「聖」、「智」二行。所謂「聖」，是聞而且知君子之道。所謂「智」，是見（視）而且知賢人之德。聞知、見知都是體驗之知。不過，這些篇目都強調，「仁愛」是親愛親人的推廣。〈五行〉：「不悅不戚，不戚不親，不親不愛，不愛不仁。」「顏色容貌溫，變也。以其中心與人交，悅也。中心悅〔焉，遷〕於兄弟，戚也。戚而信之，親〔也〕。親而篤之，愛也。愛父，其攸愛人，仁也。」❶「攸」在這裏是「進」或「繼」的意思。

　　原始儒家以愛親為仁，尊賢為義，或者說，仁是「愛親」的推廣，義是「尊賢」的推廣，認為二者可以互補。〈語叢〉中的一些言論重申孔子的教誨，把「仁」規定為「愛人」、「愛善」，又把義規定為「善之方」，「德之進」，事之「宜」。又以喪為仁之端。「喪，仁也。義，宜也。愛，仁也。義處之也，禮行之也。」「愛親則其方愛人。」❷〈唐虞之道〉：「愛親忘賢，仁而未義也。尊賢

---

❶　荊門市博物館：《郭店楚墓竹簡》，北京：文物出版社，1998年5月第1版，第150頁。

❷　同上，第211頁。

遺親，義而未仁也。」❸〈語叢一〉：「〔厚於仁，薄〕於義，親而不尊。厚於義，薄於仁，尊而不親。」❹以上關於「仁、義」關係的界定，既愛親又尊賢，既源於血緣親情，又突破了血緣親情，修訂了親親、尊尊的原則，實為非常值得肯定的儒家倫理價值觀念。

〈六德〉對夫婦、父子、君臣三倫六位的規定，強調各行其職，對內講仁德，對外講義德。「父聖，子仁，夫智，婦信，君義，臣忠。聖生仁，智率信，義使忠。」「仁，內也。義，外也。禮樂，共也。內立父、子、夫也，外立君、臣、婦也。」❺在這裏，「立」字即「位」字。〈語叢一〉視君臣關係為朋友關係。〈語叢三〉認為，臣之於君，「不悅，可去也；不義而加諸己，弗受也。」❻以上可以視為父慈子孝、君義臣忠、夫敬婦順的原型。在君臣關係上，既有很強的血緣情感，又體現了士人的自由精神，不悅可去，不義弗受。

郭店儒家簡在總體傾向上以仁愛為中心，並舉仁義，視仁、義為忠、信的實質與目標，視忠君、愛民為孝、悌之拓展，視敬為禮之內核。孝悌、忠信、禮敬都與仁義有關。只是未能如《中庸》、《孟子》那樣強調「誠」。但郭店簡強調了「信」，「誠」是「信」的發展結晶。

---

❸　同上，第157頁。

❹　同上，第197頁，3—5行。將第77、82、79三簡重排形成此句。《禮記·表記》：「厚於仁者薄於義，親而不尊；厚於義者薄於仁，尊而不親。」又，郭店簡關於仁、義的界定與《中庸》「仁者人也，親親為大；義者宜也，尊賢為大」相一致。

❺　《郭店楚墓竹簡》，第188頁。

❻　同上，第209頁。

　　孟子強調仁義內在，肯定仁義禮智這些道德價值源自本心，而「天」則是人的善性的終極根據。他把心、性、天三者統一了起來。受子思思想的影響，孟子更強調「誠」這個範疇。「誠」是眞實無妄，是天道運行的規律，又是一種道德體驗的狀態，是對本心良知的最終根源──「天」的一種虔誠、敬畏之情。孟子主張啓導人內在的良知，並把它擴充出來。荀子隆禮，主張「化性起僞」，強調通過後天的敎育、學習和社會規範、國家刑罰，改變人的惡性之質而遷於善。荀子認爲，凡是善的、有價值的東西都是人在後天努力的結果；採用導情、化性而起僞的方法，強制性地讓人們以理性支配感性，則可以使天下出於治，合於善。荀子也肯定人有智能，可以向善，可以通過後天的學習、積累，成就自己。「塗之人也，皆有可以知仁、義、法、正之質，皆有可以能仁、義、法、正之具，然則其可以爲禹，明矣。」（《荀子·性惡》）孟子講「性善」，指人之所以爲人的特質是內在的仁義禮智四端之心。荀子講「性惡」，指人並非生來就有禮義，要靠後天的敎化、習得、訓練，方能成功。在社會觀上，荀子主張禮、樂、刑、政的配合；但在價值觀上，荀子仍然極大地肯定了「仁義」。他指出：「君子貧窮而志廣，隆仁也；富貴而體恭，殺勢也」；「體恭敬而心忠信，術禮義而情愛人〔王引之注：『人』，讀爲『仁』〕，橫〔王引之注：『橫』，讀爲『廣』〕行天下，雖困四夷，人莫不貴。勞苦之事，則爭先；饒樂之事，則能讓；端愨誠信，拘守而詳〔『詳』，通『祥』〕；橫〔廣〕行天下，雖困四夷，人莫不任。」（《荀子·修身》）又說：「志意定乎內，禮節修乎朝，法制、度量正乎官，忠、信、愛、利形乎下。行一不義，殺一無罪，而得天下，不爲也。〔……〕故近者歌

謳而樂之，遠者竭蹶而趨之。四海之內若一家，通達之屬，莫不從服，夫是之謂人師。」（《荀子·儒效》）可見，荀子持守了孔子倡導的核心價值觀念，認定禮是由仁義所生，禮治本質上也是仁政，由君子實行。禮義是社會認同的道義原則，禮樂又調節人們的精神需求。儒家通過禮樂教化，提昇每個人的人格境界，陶冶性情，修養身心，使社會人群，既有區分，又相融和。

宋明清儒的價值導向，仍圍繞「仁」而展開。程顥〈識仁篇〉：「學者須先識仁，仁者渾然與物同體，義禮智信皆仁也。識得此理，以誠敬存之而已，不須防檢，不須窮索。」（《二程遺書》卷二上）朱熹〈仁說〉指出：

> 人之爲心，其德亦有四，曰仁義禮智，而仁無不包；其發用焉，則爲愛恭宜別之情，而惻隱之心無所不貫。故論天地之心者，則曰乾元坤元，則四德之體用不待悉數而足；論心之妙者，則曰『仁人心也』，則四德之體用亦不待遍舉而該。蓋仁之爲道，乃天地生物之心即物而在；情之未發而此體已具，情之既發而其用不窮，誠能體而存之，則衆善之源，百行之本，莫不在是。此孔門之教所以必使學者汲汲于求仁也。此心何心也？在天地則塊然生物之心，在人則溫然愛人利物之心，包四德而貫四端者也。（《朱文公文集》卷六七）

朱子在該篇特別以設問設答的方式批評程氏門人「判然離愛而言仁」的錯誤，指出程子所謂「愛情仁性」的意思，應當是「愛是仁之情，仁是愛之性」。又說：「程子之所論，以愛之發而名仁者也；吾之所論，以愛之理而名仁者也。蓋所謂性情者，雖其分域之

不同，然其脈絡之通各有攸屬者，則曷嘗判然離絕而不相管哉！」（同上）朱熹門人陳淳的《北溪字義》薈萃周濂溪、張橫渠、二程的思想，而折衷於朱子，集中闡述了與宋代理學思想體系密切相關的重要範疇，如性、命、誠、敬、仁、義、禮、智、信、忠信、忠恕等等，均為儒家價值系統的重要理念。宋明學術與此前的儒學相比，不僅從人生論上說「仁」，而且從宇宙論上說「仁」，把天地萬物的創造性──生生之仁與人生道德實踐的仁愛之心貫通起來。從二程到陸九淵、王陽明，都講「天地萬物一體之仁」。但朱子反對僅僅說「仁者以天地萬物為一體」，因為仁是體，是愛之理，愛是用，愛自仁出，如果僅僅從體上、理上、根上去說「仁」，則太深太廣，使人難以捉摸。朱子從愛上說仁，使人容易進入。❼

儒家之基本價值在晚明以迄清世，繼續得到思想家們的發揮與發展。尤其值得注意的是，這期間出現的經世致用思潮，開發出儒家原有傳統中的新外王。從顧炎武、王船山、黃宗羲、方以智、傅山、唐甄、顏元等一代巨匠直到戴東原，重新闡發原來就蘊藏在儒家傳統中，尤其是核心價值觀念中的個體主義、抗議傳統、自由精神、重實踐重經驗的作風等等，使之與社會的變化相協調。這些均可以視為儒學內在性的轉進，是儒家學說現代性的先聲。

二、韓國儒學的中心觀念

儒學傳入韓國甚早。韓國儒學至少已有了兩千年的歷史，而且

---

❼ 參見錢穆：《朱子學提綱》，臺北：東大圖書公司，1991年2月第3 版，第75－78頁。

在進入近代以前，一直是社會文化的精神與主潮。西元372年以後，高句麗、百濟、新羅三國相繼設立太學，教授儒學經典。西元918年，高麗王朝建立。高麗朝五百年間，太學課程仍以儒家經典爲主，並定期舉行祭孔活動，開科取士，儒生任文官，民間私人講學之風很盛。❽從元朝引朱子學入高麗的是安珦（號晦軒，1243－1306），時間約在1290年。安珦認爲：「聖人之道，不過日用倫理，爲子當孝，爲臣當忠；禮以齊家，信以交朋；修己必敬，立事必誠而已。」❾高麗末、朝鮮初，性理學家李穡、鄭夢周、鄭道傳、權近等，全面推進儒學，使理學在朝野得到長足發展。李穡（號牧隱，1328－1396）以「忠、孝、中、和」四字概括儒家重要價值：

> 孝於家，忠於國，將何以爲之本乎？予曰：大哉問乎，中焉而已矣。善事父母，其名曰孝。移之於君，其名曰忠。名雖殊而理則一。理之一即所謂中也。何也？夫人之生也，具健順五常之德，所謂性也，曷嘗有忠與孝哉？寂然不動，鑒空衡平性之體也，其名曰中。感而遂通，雲行水流性之用也，其名曰和。中之體立，則天地位；和之用行，則萬物育。聖人忝贊之。妙德性，尊人倫，敍天秩，粲然明白，曰忠、曰孝、曰中、曰和，夫豈異哉？❿

---

❽ 詳見徐遠和：《儒學與東方文化》，北京：人民出版社，1994年5月第1版，第179頁。

❾ 《晦軒集‧諭國子諸生文》，轉引自金忠烈：《高麗儒學思想史》，臺北：東大圖書公司，1992年4月初版，第274頁。

❿ 《牧隱文稿》，大東文化研究院本，卷十，第877頁。

按李穡的看法，「中」爲體，「和」爲用，「中」爲大本，「和」爲流行。忠、孝均「中」之理的實現。

李氏朝鮮朝，朱子學大興，其中著名的有以李滉（號退溪，1501－1570）創立的退溪學派和李珥（號栗谷，1536－1584）創立的栗谷學派，還有曹植（號南冥，1501－1572）、韓元震（號南塘，1682－1751）等學者。在朝鮮時代五百餘年間（1392－1910），性理學成爲「國學」，成爲「政治實踐的理念、公私學校教育的內容、學術探討的對象、社會價值觀的中心」。❶

李退溪對儒家核心價值有全面的論述和創造的發展。在其《聖學十圖》這一天地、社會、人生的龐大系統中，「仁」是貫通天人的精魂。《聖學十圖》的實質是做人，是提昇人格境界。退溪借助朱子的〈仁說圖〉闡明四端與四德，以及仁、義、禮、智四德之間的關係。惻隱貫四端，周流貫徹，無所不通。仁包四德，涵育渾全，無所不統。退溪又推崇張橫渠〈西銘〉，以「民胞物與」爲仁愛思想的擴大。

李退溪的創造，在提出統合性情與理氣的「合理氣、統性情」的命題，主張從理氣與性情一體性觀念，來看待本然之性與氣質之性的關係，理解「理發而氣隨之」的惻隱、辭讓、羞惡、是非的四端與「氣發而理乘之」的喜怒哀懼愛惡欲的七情之間的相互滲透的關係。❷

---

❶ 蔡茂松：《韓國近世思想文化史》，臺北：東大圖書公司，1995年7月初版，第2頁。

❷ 參見張立文主編：《退溪書節要》，北京：中國人民大學出版社，1989年9月第1版，前言，第13－14頁。

這裏我們且不談他的心性論。李退溪的政治倫理論以「仁孝」爲宗綱。他指出：

> 竊謂天地之大德曰生，凡天地之間，含生之類，總總林林，若動若植，若洪若纖，皆天所閟覆而仁愛，而況於吾民之肖像而最靈爲天地之心者乎？〔……〕天之於君所以反復丁寧若是者無他，既以仁愛之責委重於此，自當有仁愛之報惓惓於此也。**⓭**

> 然則所謂道者，何待乎他求哉？即忠恕而盡其理，則忠恕即道；即仁義禮智而盡其理，則仁義禮智即道。今以忠恕則云未盡於道，以仁義禮智則難名於道，乃欲別求他物以爲道，此則尤非淺陋所及也**⓮**

> 故治國本於孝、悌、慈以及於仁讓忠恕之屬。平天下亦本於三者。**⓯**

由此可見，李退溪價值觀念的核心是仁愛，由仁愛統率仁義禮智、忠恕、孝悌等等。他又格外推崇「孝」，認爲「雖然孝爲百行之原，一行有虧，則孝不得爲純孝矣。仁爲萬善之長，一善不備，則仁不得爲全仁矣。」**⓰**「人有孝思，百行之則。苟能竭力，未學謂學。」**⓱**退溪弟子柳西涯甚至認爲「忠孝之外無事業」。

⓭ 李退溪：〈戊辰六條疏〉之六，同上注，第151頁。

⓮ 李退溪：〈答金思儉希禹〉，同上注，第301頁。

⓯ 李退溪：〈答李平叔〉，同上注，第462頁。

⓰ 李退溪：〈戊辰六條疏〉之一，同上注，第123頁。

⓱ 李退溪：〈中訓大夫李公墓碣銘〉，同上注，第515頁。

此外，與朱子以「敬」為聖門第一義一樣，退溪也格外重視「主敬」。持敬是修養工夫，《聖學十圖》在一定意義上又「以敬為主」。李退溪說：「持敬者，又所以兼思學、貫動靜、合內外、一顯微之道也。其為之之法，必也存此心於齋莊精一之中，窮此理於學問思辨之際。不睹不聞之前，所以戒懼者愈嚴愈敬。隱微幽獨之處，所以省察者愈精愈密。」[18]

南冥、栗谷等李朝儒學大師都重視「敬義夾持」，強調敬體義用，敬內義外。「持敬」本是「心」的工夫，即「心體」之用，或「心體」的呈現，因此又成為「義外」之體。按體用不二之說，「持敬」則「義」存，當「義」則「敬」在。[19]按，栗谷極為重視「誠」，認為「敬是用功之要，誠是收功之地。」「誠者，天之實理，心之本體。」[20]受《中庸》思想影響，栗谷主張，以「誠」為心之本體，主宰人心，變化氣質。栗谷認為，《中庸》之「誠」既為本體又是功夫，此「誠」可以貫通《大學》之「明德」、《論語》之「仁」、《孟子》之「心」。栗谷之《聖學輯要》是其主要的思想體系，其主旨即為「誠」。他說：「仁為《論語》之體，而為學者之先務焉。心為七篇之主，而為學者之標的焉。」「仁者，吾心之全德而萬善之長也。心者，吾身之主宰而性情之統也。非誠無以存天理之本然，非敬無以撿一身之主宰」「天有實理，故氣化流行而不息。人有實心，故工夫緝熙而無間。無實心，則悖天理矣。」「志無誠則不立，

---

[18] 李退溪：〈進聖學十圖劄〉，同上注，第4頁。

[19] 參見湯一介：〈讀〈南冥集〉所得〉，載《國際儒學研究》，第四輯，北京：中國社會科學出版社，1998年5月第1版，第77－78頁。

[20] 《栗谷全書》，漢城：成均館大學大東文化研究所，1958年影印本，第479頁。

理無誠則不格，氣質無誠則不能變化。他可推見也。」❷栗谷思想強調以誠實之心論實事、實功、實效，切近社會政治和民生問題，開啓了「實學」思潮。朝鮮中後期的經世實學思想，對朝鮮社會發展起了推動作用。實學思想家丁若鏞（號茶山，1762－1836）返歸孔子、六經、四書，求其古義本旨，認爲君子之學，半爲修身，半爲牧民。他主張，性理之學應爲踐形之學，應重視國計民生、禮樂刑政。❷茶山批評、修正程朱理學，一方面以「天」、「上帝」代替理學的「理」與「太極」，強調儒學的宗教性，另一方面把「仁」解釋爲「爲」，即通過行爲而實現價值目標，使儒學適應新的時代變化。

綜上所述，韓國儒學主流學派對仁愛、誠敬、忠恕、孝悌、信義等價值是相當尊重的。他們對此有全面的領會、發揮並身體力行，尤其對「仁」、「孝」、「敬」、「誠」等德目有所偏重。韓國儒學思想家在對中心觀念進行詮釋的過程中，適應時代變化，賦於新的涵義，其實學的發展具有現代性的萌芽。

三、日本儒學的中心觀念

儒學傳入日本約在五世紀初。❷日本早期儒學的主要內容是「德治」的政治理念。日本系統引進儒教是律令制時代的事。日本於七

---

❷ 同上，第1109－1110頁，464－465頁。

❷ 參見蔡茂松：《韓國近世思想文化史》，第480－486頁。

❷ 這裏採用了王家驊的觀點，見王氏：〈古代日本儒學及其特徵〉，《比較文化：中國與日本》，長春：1996年6月第1版，第2頁。

世紀形成律令制，以隋、唐律令及漢、唐經學爲主要範本。最早將儒學滲透到個人修養和信仰領域的是聖德太子。他於603年12月制定了以儒家德目（德、仁、禮、信、義、智）命名的《冠位十二階》，次年4月又公佈了以儒家思想爲基調的《憲法十七條》。這裏有了「忠於君」、「仁於民」、「以禮爲本」、「背私向公」及「仁政」的內容。日本人以前並無「孝」的觀念。日本統治者倡導「孝」道，是奈良時代（710－784年）的事。奈良、平安時代，「孝」道已被日本人廣泛接受，在社會上層還展開了有關「孝」之意義和「孝」與「忠」之關係的討論。720年，元正天皇下詔：「人稟五常，仁義斯重。士有百行，孝敬爲先。」❷❹

　　律令制時代國家儒學主要以五倫爲內容，特別強調「父子之親」（父子天合）和「君臣之義」（君臣義合）。當時在貴族中間愛好漢文、漢詩蔚然成風，其中流露出忠孝、公私孰爲先後的思想矛盾。《經國集》第二十卷所載主金蘭的回答，已經有了忠爲公、孝爲私、忠先孝後的意識。他說：「別或有背親以殉國，或有棄私以濟公。〔……〕在於父便以孝爲本，在於君乃以忠爲先。探今日之旨，宜以忠爲先，以孝爲後。」❷❺這就爲爾後幕藩國家的儒教思想家的討論埋下了伏筆。

　　到了江戶時代（1603－1867年），日本儒學大盛。朱子學興起，門派甚多，而且逐漸官學化。此外還相繼形成了陽明學派、古學派等。

　　日本朱子學開創者林羅山（1583－1657）在討論忠孝矛盾時說，

---

❷❹　以上參見王家驊文，同上注，第7、17、22頁。

❷❺　轉引自三宅正彥著、陳化北譯：《日本儒學思想史》，濟南：山東大學出版社，1997年9月第1版，第8頁。

「君有重於父母時，父母有重於君時」，但在評論孟子關於舜帝之父瞽叟殺人的處理方法——舜必棄天下背父潛逃時，則認爲「舜雖云孝行而愛父，不可以私恩而破公義」❷⑥。這樣就把「公義」作爲天下國家，而把「私恩」作爲父子關係來加以理解。林羅山把忠孝關係約化爲公私關係，將其對立起來。日本朱子學以「公」爲普遍性道德律，以「私」爲任意性欲望，逐漸發展爲「忠」絕對優於「孝」的觀念，進而成爲主導幕藩國家倫理方向的思想。這比較適合於地域領主型的日本社會。「忠」遂成爲日本武士道的精髓。

日本陽明學開創者中江藤樹（1608－1648）把「孝」則放在「忠」之上，乃至放在一切道德之上。他認爲「孝」是人類根本的良知，如果泯滅了「孝」心，即喪失了良知，失去了精神上安身立命之所。在「公義」與「私恩」的矛盾面前，中江藤樹認爲，感父母養育之恩的「私恩」較「公義」更爲重要。中江藤樹以「私恩優位」來批評以「公義」爲準則的倫理秩序。他還提出依「時、處、位」的變化而變化的「權道」論，在近世日本思想史上第一次提出了變易的歷史觀。他的思想反映了市民階層要求改革社會的價值訴求。❷⑦

朱子學的另一派首領山崎闇齋（1618－1682）強調孔子仁學，彰顯朱子仁說，並著〈仁說〉與〈仁說問答〉。他受到朝鮮李退溪的影響，在〈仁說問答序〉中說：「蓋求仁首先在於理解名義，體認其意義意味，其次在敬、恕上下工夫、致力於克己復禮，則可得矣！

---

❷⑥　同上注，第86頁。

❷⑦　參見盛邦和：《東亞：走向近代的精神歷程》，杭州：浙江人民出版社，1995年10月第1版，第28－30頁。

此爲朱子教人求仁之本意也。〔……〕讀《論語》、《孟子》書並反復熟讀，則仁之慈味親切意思精微處誠可領會也。」❷❸闇齋重視朱子所說的『愛之理』，認爲『愛之理』就是『心之德』的精義和慈味親切處，認爲朱子以後宋、元、明諸儒沒有人理解其中眞意，甚至連退溪的《聖學十圖》也沒有說清楚。程、朱以仁爲理，以內在於人的理爲性，強調性的純粹與尊嚴，因此認爲性、氣之間具有體用關係。闇齋把「仁」解釋爲「生之性」、「未發之愛」，主張生與性一體，仁與愛一源，因此只要能體認仁，仁就充滿慈味親切。與朝鮮朱子學者一樣，闇齋也討論了敬與義的關係問題，批評了程、朱。關於敬義內外說，崎門派展開了激烈的爭論。阿部吉雄在《日本的朱子學與朝鮮》一書中，拿闇齋與李退溪相比較：李退溪重視個人修養，偏重理氣心性的哲學思考，將學問之道歸納爲學、思、敬；闇齋則重視日本人倫秩序社會的建構，積極參與社會，將學問之道歸納爲知、行、敬。（這裏有具體情況的限制，李退溪的時代士禍甚熾。）總之，他們相對重視「敬」。

　　古學派的山鹿素行（1622－1685）、伊藤仁齋（1627－1705）及伊藤東涯（1670－1736）父子等都主張回到孔、孟，強調「仁」與「誠」這兩個重要範疇，當然也重視「義、忠、信」等。日本儒學的古學派是江戶時代重要的一個學派。他們不僅堅持漢唐注釋，由之探討孔、孟眞意，而且也努力從社會現實生活的規範及社會組織中找到孔、孟之正理。這樣，古學派非常重視現實，重視人性修養，重視

---

❷❸　轉引自岡田武彥：《山崎闇齋》，臺北：東大圖書公司，1987年10月初版，第49頁。

經驗知識，重視民間生活與社會制度的變革。㉙

　　山鹿素行批評宋明儒學和日本以「敬」為中心的禁欲主義，指出：「仁者，人之所以為人，克己復禮也。天地以無而行，天下以仁而立。顏子問仁，夫子以綱目答之，仁之全體大用盡。仁者兼五常之言，聖人之教，以仁為極處。漢、唐儒生，以仁作愛字，其說不及；至宋儒以仁為性，太高尚也。共不知聖人之仁。漢、唐之蔽少，宋、明之蔽甚。仁之解，聖人詳之。仁對義而謂，則為愛惡之愛。仁因義而行，義因仁而立，仁義不可支離。人之情愛惡耳，是自然情也。仁義者，愛惡之中節也。」㉚這就對宋明性理之學有所鬆動，而回復到孔子之仁，即不脫離性情的仁愛思想。他把「誠」講成人情之不得已，如好好色，欲美食等。當然他也反對情之過度，此亦為不誠。關於忠信，山鹿素行說：「忠者為人謀而不私於身也，信者愨實而不欺也。忠不私，信不欺。忠就心上說，信就事上說。忠以事君長，信以交朋友。聖人之教在忠信。」㉛這就是他的仁義忠信觀。

　　伊藤仁齋背離朱子而回到孔、孟原典。其《語孟字義》全面復興孔仁孟義。伊藤仁齋的堂號與思想，有一個由「敬」到「仁」的過程，其間經歷了嚴重的心靈搏擊與意義危機。他要把儒家學說拉

㉙　參見張鶴琴：《日本儒學序說》，臺北：明文書局，1987年10月初版，第57－58頁。

㉚　《日本思想大系　32　山鹿素行》，田原嗣郎等校注，東京：岩波書店，1976年8月版，第343頁。

㉛　《日本思想大系　32　山鹿素行》，田原嗣郎等校注，東京：岩波書店，1976年8月版，第344頁。

回到人文世界、世間倫理，這是他由「敬」到「仁」的本旨❸❷。他對
《孟子》的解讀，也抖落其超越性，主張「道在俗中」，從「人事」
中覓「天理」，與晚於他一百年的戴震若合符節❸❸。他說：「聖人之
道，莫大於仁，莫要於義。」「孔門學者，以仁爲其宗旨」。「仁
義二者，實道德之大端，萬善之總腦。」「慈愛之德，遠近內外，
充實通徹，無所不至之謂仁；爲其所當爲，而不爲其所不當爲之謂
義。」❸❹又說：

> 仁者，性情之美德，而人之本心也。蓋天地之大德曰生，人
> 之大德曰仁。而所謂仁者，又得夫天地生生之德，以具於心
> 者也，其本以愛得名。而眾善之所由而生，即所謂不忍人之
> 心，而能充能大者此也。蓋嘗以仁者之心觀之，仁者其心以
> 愛爲體，故能與物同體〔……〕此仁道脈絡相因，而莫不皆
> 從愛出也。〔……〕故仁之為德，一言以蔽之，曰：「愛」
> 而已矣。〔……〕夫渾然與物同體，仁也。施物各有差等，
> 義也。〔……〕是故求聖人之道，莫大於為仁，而為仁莫切
> 於愛人，愛人莫先於孝親，故「強恕而行，求仁莫近焉」，

❸❷ 參見楊儒賓：〈人倫與天理──伊藤仁齋與朱子的求道歷程〉，載黃俊傑
主編：《儒家思想在現代東亞：日本篇》，臺北：中研院文哲所籌備處，
1999年6月。

❸❸ 參見黃俊傑：〈伊藤仁齋對孟子學的解釋：內容、性質與涵義〉，載黃氏
主編之書，同上注。

❸❹ 《日本思想大系　33　伊藤仁齋‧伊藤東涯》，吉川幸次郎等校注，東京：
岩波書店，1979年10月版，第143、130、128頁。

學者其識諸？**㉟**

伊藤仁齋實對先秦、宋明儒之「仁愛」思想作了一個大的綜合，肯定其愛意、生生之德意。他強調仁者以愛為心，這也是一種自然之性情。他也肯定「忠信」，認為這是為學之根本，是學者不可改易的原則。他對智仁勇，對仁義禮智都有發揮。

山鹿素行和伊藤仁齋都強調「誠」。伊藤仁齋認為忠信和誠的意思相近，即「盡己心樸實實行去」。他們都反對雕鑿偽飾，而主張帶有真實無妄、表裡如一的感情之昇華。在江戶時代後期，「誠」逐漸上升為道德的根本，幕末志士更是大講「誠」與「至誠」。

在江戶初期，林羅山與他的老師藤原惺窩（1561－1619）是非常肯定「敬」而且把「敬」與「誠」並提的。他們主張「誠」、「敬」可以合為一體。林羅山甚至把「敬」解釋為「主一」、「不二」之意，即「此心不二」，專主一人，專注一事。這適應了德川家康統一日本，開闢江戶時代的需要。林羅山強調身分、名分、職分、上下定分、君臣父子之分，建立武士階級基於身分觀念的階位制的倫理綱常。然而到了江戶末期，志士們接過古學派的「誠」來代替「敬」，要求外部社會與個體願望相一致，積極參與社會改革。由「敬」至「誠」的變遷，表明了倫理觀念隨時代不斷變化。

當然，我們不能不看到，在日本倫理思想史上，「敬」的觀念，以及「自敬」、「敬人」、「敬事」、「敬業」意識的提倡，而且與「忠」、「信」、「義」、「恥」、「知恥」等等道德觀念相結合，使日本人的文化心理結構中有了適應於自己社會與民族的素

㉟ 同上，第277－278頁。

質，例如武士和國民的忠君敬上精神等，這自然增強了日本民族與政治的凝聚力和整合力。㊱這些心理、精神因素都積澱下來，由此也給亞洲和世界帶來了正負面的後果。

　　日本儒學史上對於「仁愛」思想的重視和新釋，關於「誠」與「敬」、「忠」與「孝」、「公」與「私」的爭論，有著具體的複雜的語言背景、文化場景和思想內涵，需要作具體的分析。美國人類學家本尼迪克特（Ruth Benedict）說日本的倫理體系根本排斥「仁」，從未接受過這一道德觀念㊲，這種說法至少在精英層上是不確當的。我們似不能太過相信本尼迪克特類似的論斷。她當時並未到過日本本土，亦未讀過日本精英的著作。以上粗淺的描述，旨在說明某些價值觀念成為一定時期一定社會的主導觀念，是由多重原因決定的。選汰某些觀念，或者某一觀念內涵的流變，都是正常的。

四、東亞儒學與現代化

　　現代化在東亞各國的發展，不僅是受到西方刺激之後的反應，而且更為主要是自身內在的要求，有自身發展的邏輯。儒學思想史上，例如我們前面說到的中、韓、日三國的經世、實學思潮的發展，即是內在調適的一種表現。這實際上為東亞的現代化做了鋪墊。明

㊱　參見盛邦和書，同注㉗，第66－67、21頁。

㊲　本尼迪克特：《菊花與刀》，孫志民等譯，杭州：浙江人民出版社，1987年，第100頁。

清以來中國商業的發展，與商人的價值理念有關。實際上，例如徽商、晉商等等的商業行為中，都有儒家價值、儒家倫理的滲透與融和。近世以來，東亞三國迎接西方的挑戰，內在思想的資源仍然是儒學。睜眼看世界並鼓動學習西方的人，骨子裏恰恰是入世的，是關切國事民瘼、嚮往大同世界的儒家情結最深的人。他們的為人為學、思想與行為方式，乃至殺身成仁、捨生取義的獻身精神，無一不是儒家式的。儒學思想與現代化的調適，除了我們以上說的這些外，更深層次的即是仁、義、禮、智、信等基本價值的轉化。

東亞儒學的價值理念既有共性，又有個性。所謂共性，指的是仁、義、禮、智、信，或者說仁愛、敬誠、忠恕、孝悌、信義等基本觀念的某些主要內涵是普遍的、穩定的，是東亞各儒學大師的精神追求和信念、信仰，在不同時空環境中對社會文化具有價值導向的功能。所謂個性，指的是儒教倫理在中、日、韓、越各國的不同時代具有不同的表現。同一價值理念的內涵會發生一些變化。特別由於社會結構、文化習俗、民族心理等各方面的差異，導致倫理價值觀各有偏重，有的價值變得更加重要。溝口雄三具體比較了中日「公私」觀的差異，認為日本的「公」與「私」是領域性的和限定性的，中國的「公」與「私」則是原理性的和道德性的。日本人的這種「公」觀念產生出「滅私奉公」的意識，並與盡忠領主的「忠」的觀念相結合，對日本經濟起飛起了支柱性的作用。在日本，「忠」的觀念化為對國家和自己所屬集團的忠誠，加上社會普遍重視的「信」與「義」，超越了宗族血緣倫理，成為資本主義性質的契約關係和商業交易關係的有效倫理。在中國精英層不受重視的勇、武、剛、強、毅等武勇價值，在日本則受到重視，而且較易導入基於弱

肉強食的生存競爭之上的資本主義競爭原理。他認為,日本儒教倫理與江戶時代的世襲階級社會有深刻的聯繫,這種倫理易於適應日本的工業化。❸

儘管如此,我們仍然可以看到中日傳統的「公」、「私」觀有相同的一面,例如山鹿素行就把對國家、天下、人民盡力,視為最大的忠,也就是「公共之忠」──「公」。❹這就與溝口先生所說的中國人追求的道德性與普遍性的「公」的觀念十分相近。中國的「公」的觀念也並非如溝口先生所說,是沒有層次性的。溝口先生又說,日本「忠」強「孝」弱,宗族血緣關係薄於中、韓,亦是契約關係和商業倫理的又一生長點。這當然有一定的說服力。但另一方面,我們又不能不看到,日本其實也有重「孝」派,例如中江藤樹等。特別是,「孝」的意識在韓國和我國的臺灣與香港等地的經濟起飛中,亦成為一種助緣,對家族產業也起過一定作用。此外,傳統中國注重相互扶助而不是競爭,警戒「恃強凌弱」和一定程度的平均主義、均富情結,雖不易導入基於弱肉強食的資本主義競爭原理,但仍然可以作為協調當下和未來社會的利益分配,求得社會公正的一種支援意識。溝口先生在前引論文中正確地指出:新的社會體制往往更加受到以往的倫理觀念的影響;在不同的時期與不同的條件下,過去成功的傳統因素,可能變成衰落的因素,過去不利的傳統

---

❸ 詳見溝口雄三:〈日本的近代化及其傳統因素:與中國比較〉,李明輝主編《儒家思想在現代東亞:總論篇》,臺北:中研院文哲所籌備處,1998年;〈中國與日本「公私」觀念之比較〉,《二十一世紀》,香港,1994年2月號,總第21期。

❹ 參見三宅正彥著、陳化北譯:《日本儒學思想史》,第31-32頁。

因素，可能變成有利的因素。傳統倫理、道德條目、社會觀念對於特定時期、特定條件的適應性和不適應性並不是絕對的，而是活動的、相對的。這些論斷不僅沒有排斥東亞儒學共同的價值理念，反而說明流變、相對、特殊之中仍有其常住、絕對、普遍價值。

羅伯特·貝拉（Robert N.Bellah）關於德川宗教的研究給我們多方面的啓示。他說：「存在於德川時期的中心價值系統在現代依然起著決定作用，也許是以更加強化的、理性化的形式而存在。將作爲各個階級的身份倫理而起作用的中心價值系統應用於現代，證明是十分有利於處理每個階級所承擔的新的經濟責任。」❹貝拉關於中國的整合價值佔首位，日本以重視政治或達到目標爲特徵，中國倫理是普遍主義的，日本倫理是特殊主義的等等論斷，都是值得商榷的。但他具體分析了德川時代的中心價值，預先指出了這些價值在日本現代化道路與過程中的作用，是很有意義的。丸山眞男曾對此作了中肯的評價。❹

我們倒不必以化約主義的方式，簡單地得出「中國重仁、韓國重孝、日本重忠」❹等類似的結論。我想說明的是，在中、日、韓諸國的價值系統中，各種價值固然不是平列的，但也並非沒有整合起來。如前所述，「孝」的價值及忠孝之關係在日本儒學史上就引起過多次討論，「孝」作爲次一級價值，仍然起著作用。

---

❹　羅伯特·貝拉：《德川宗教：現代日本的文化淵源》，北京：三聯書店與牛津大學出版社，1998年8月第1版，第228頁。

❹　丸山真男：〈評貝拉的《德川宗教》〉，同上注，附錄三，第259－296頁。

❹　筆者1996年夏天去漢城出席「東方思想與社會發展」國際會議時，《東亞日報》曾赫然以通欄標題標示出這十二個字。

　　中國大陸和臺灣、香港，以及新加坡、韓國等國家與地區的現代化運動中，民間社會的儒家倫教的積澱起了積極的作用。在文化小傳統中，勤儉、重教、敬業、樂群、和諧、互信、日新、進取的觀念，無疑是經濟起飛的文化資本。這些文化小傳統，與儒家精英、文化大傳統是密不可分的。從長遠的、健康的、高品質的社會目標來看，儒家「仁愛」思想可以純潔世道人心，整合社群利益，調整人與天、地、人、物、我的關係，克治自我中心和極端利己主義。「恕道」對於環境倫理、全球倫理的重建提供了重要的思想基礎，有助於全球持續性地發展。「誠敬」、「忠信」思想有助於整頓商業秩序，增強企業內部的凝聚力並改善外部形象，提高效率，促進人的精神境界的提昇。儒家的價值觀、義利觀和人格修養論，有助於克服拜金主義、享樂主義和坑蒙拐騙的行為。目前，這些價值至少對於中國大陸社會的整合，具有極其重大的現實意義。

　　總之，我認為，東亞儒學的中心價值系統或核心價值觀念是仁愛、敬誠、忠恕、孝悌、信義。仁愛是人性之本然，中、韓、日諸前賢大儒均視為人之所以為人之根本，即人的類特性、類本質，亦與世界各民族各宗教倫理之精核均可以相溝通。己所不欲，勿施於人，己立立人，己達達人，仁民愛物，民胞物與，完全可以成為新的全球倫理的基石，成為化解宗教、民族、國家、文化間諸矛盾衝突的藥方和協調人與自然關係的指南。敬與誠是人面對天、地、人、物、我的一種虔誠、恭敬的態度，一種責任意識和敬業精神，真誠無欺，真情自然。愚忠愚孝已被洗汰，而忠孝之心仍可以存於現代社會，化為孝敬父母，尊重前輩，老吾老以及人之老，幼吾幼以及人之幼的行為，化為對人類、民族、國家、社會、團體的奉獻精神。

持守道義，主持公道，講求信用，言行一致，仍是我們做人的準則。

仁愛、敬誠、忠恕、孝悌、信義等價值在當下和未來中國或東亞社會的發展中，不僅作為普遍性的道德理念，而且作為企業、商業、職業、環境倫理，還將繼續起著作用。傳統倫理經過時代的轉化、洗汰與我們自覺地批判繼承，可以與現代化的新的倫理價值——個性自由、人格獨立、人權意識等等——整合起來。儒家核心價值觀念與現代人權、平等、尊嚴、理性、道義，不乏可以溝通之處。現代倫理缺乏信念的支撐，也缺乏深度、累積的社會資本和文化資本之支撐。

在天道性命貫通的思想背景中，東亞價值潛含有宗教精神，即超越的理據；同時又是聖凡合一的。禮樂倫教在東亞傳統民間社會、民心深處有極大的滲透力。以人的道德責任而不是超越外在的上帝為依憑，對現世的重視，足以顯示「仁學」的力量。限於篇幅，這一方面的思想不可能在此深論。

未來社會的發展仍需要價值指導。面對人與自然、社群、天道諸種複雜關係的調治問題，面對東亞社會的現代化問題，儒家的核心價值有重大意義。在人生的安立、精神的歸屬方面，在社群倫理乃至全球倫理、環境倫理的建設方面，仁義禮智信等核心價值觀仍然是我們重要的精神資源。

（本文曾於1999年7月在臺灣中研院文哲所舉行的「儒家思想在現代東亞」國際學術會議上發表，並於2000年7月刊載於濟南：《孔子研究》第四期。）

中國哲學史上的非實體思想

　　本文認為，中國哲學的基元範疇「五行」、「陰陽」、「氣」、「道」和儒、釋、道三家的形上學，不是西方前現代哲學的實體主義的，而是非實體主義的。

　　實體（Substance），又譯為本體，是西方哲學史上的重要範疇。其含義一般指一個本質上獨立自存和同一不變的存有，作為一切屬性的基礎和萬物本原的東西。亞里士多德認為，實體是獨立存在的東西，是不需要用來表述其他事物而又不存在於其他事物之中的東西。只有個別事物才是第一實體，它在邏輯判斷中永遠是主詞，而其他的東西，如性質、關係、數量等均依附於實體，處於賓詞的地位。亞氏認為，實體的主要特徵是：它是「這個」而不是「如此」，是獨立的，可以分離存在的；實體在保持自身不變的同時，允許「由於自身變化」而產生不同的性質；但變中不變的東西是實體，它是生成變化的基礎。理想的、絕對的實體是不能有變化、不能與其他存有或實體有任何內在的關聯的東西，是沒有活動作用可言的存有，例如巴門尼德的「有」與柏拉圖的「理念」。亞氏認為最高的實體是永恆不動的、無生無滅的，是萬物運動的最後動因，即第一推動者——神。作為基元概念和基本思想，亞氏的實體觀在中世紀和近代西方哲學中頗有影響。

一、從中國哲學的原型觀念談起

反觀中國哲學，大體上沒有上述的「實體」概念。我們不妨討論中國哲學的幾個基元範疇。

第一，「五行」。「五行」學說起源甚早，《史記·曆書》說黃帝「建立五行」。西元前22世紀的禹也說到「五行」。這一範疇在文字上初見於西元前20世紀的《夏書·甘誓》，闡發於西元前12世紀末武王克商後，箕子對武王所講的著名的〈洪範〉這篇文章，又遍見於《左傳》、《國語》、《墨子》、《孫子》、《荀子》、《管子》、《呂氏春秋》、《淮南子》、《黃帝內經》、《春秋繁露》及馬王堆漢墓出土的帛書中。❶近世以來，「五行」被人們解釋為構成世界的五種物質元素（水、火、木、金、土），這其實是一種西方化或泛西方化的解釋。

「五行」之「五」，與上古社會的數術觀念有關，與原始宗教、巫術、占卜、天文、曆算有關。這種數術觀追求一種神聖而和諧、天地人相通、世間萬物各安其位、完美有序的原則❷。亦有多於五數的，如《左傳》引《夏書》「水、火、金、木、土、穀，謂之六府」；亦有少於五數的，如秦有白、青、黃、赤四帝之祠，漢有「仁、義、

---

❶ 「五行」早在夏、商的時代就是一種重要的學說，決不是直到陰陽家鄒衍才發明出來的。請參見樂調甫：〈梁任公五行說的商榷〉，《東方雜誌》，21卷15號。

❷ 參見魏啟鵬撰：《德行校釋》，成都：巴蜀書社，1991年8月版，第177頁。

禮、智」「四行」之說。

「五行」之「行」，從字源學上來說，許慎《說文》解釋爲「人之步趨也」，即如人步行、趨走一樣，一徐一疾。這裏形象地表達了一種活動，一種行爲。其實「五行」是相互作用的五種力量、五種能力、五種活動、五種動因，及彼此間相生相剋、相輔相成的秩序和過程。馮友蘭先生說：「我們切不可將它們看做靜態的，而應當看做五種動態的互相作用的力。漢語的『行』字，意指to act（行動），或to do（做），所以『五行』一詞，從字面上翻譯，似是five activities（五種活動），或five agents（五種動因）。五行又叫『五德』，意指five powers（五種能力）。」❸先民並不把「五行」視作靜態的五種原質，反而非常重視這具有水性、火性、木性、金性、土性的五種力量、動勢的功能和彼此間的關係，以及與其他事物的關係。所以「五行」不是本質上獨立自存、同一不變的五種實體，起初曾被指代爲五種神祇或五種星宿，然最常見的特別指「五氣」和「五德」（即五常，仁義禮智聖）。

我們祖先所重視的是「五氣」的性質、作用，與陰陽、四季、五方、五味、萬物生長收藏的關係，及其相互促進（相生）的原理；推衍到王朝的興替、政治的治亂，則重視數種力量的相互制約（相勝、相克）；運用於人的身體，則強調五氣的相生相剋、協調、平衡，並以此解釋生理、病理。❹五行學說曾被廣泛地應用於天文、人事、生

---

❸　馮友蘭：《中國哲學簡史》，北京：北京大學出版社，1985年2月版，第158頁。

❹　例如，中醫認爲肝木是依靠肺金制約的，金衰不能制木則導致肝火旺，故在治療時應以培土生金爲主，使肺氣宣通，以抑肝木。

理及精神等各方面。「五行」學說的重點不是用來解釋世界的構成，而是用來說明世界的生息變化，指出自然、社會、人身的現實存在和未來趨勢是由顯現或隱態的、性狀各異的「動勢」、「能量」之相互作用所決定的，並隨著多重力量的彼此消長而變化。它不是以靜態構成論的方式說明宇宙，而是以動態的機體論、關係論和過程論的視域觀照世界；它不甚關心世界的原質和規定世界的終極、絕對、永恒不變、無生無滅的本體，而是肯定事物內外力量、功能的多樣性、流動性及能量、資訊相生相剋的網路系統和秩序，轉化的契機、過程，並預卜它的前景，促進事物向好的方向發展。這就是「五行相生」、「五行相勝」、「五德終始」諸命題的要旨。董仲舒《春秋繁露》講「比相生而間相勝」，指出事物生息變化過程受到兩種相互制約的力量的作用，即五行中相鄰者相生（木生火，火生土，土生金，金生水，水生木），相間者相勝（木勝土，土勝水，水勝火，火勝金，金勝木）。我們這裏且不去評論五行學說及其具體運用，但不難看出古代人把自然、社會、人生（包括人身與人心）都看做是連續的、流變的，關注隱伏其間的多重活動、能量及其相互關係。

第二，「陰陽」。這一對範疇是用來表示自然天象和人事中的兩種基本勢力及其相互關係和由此導致的變化發展過程的。伯陽父說：「夫天地之氣，不失其序；若過其序，民亂之也。陽伏而不能出，陰迫而不能烝，於是有地震。」（《國語·周語上》）范蠡說：「陽至而陰，陰至而陽；日困而還，月盈而匡。古之善用兵者，因天地之常，與之俱行。」（《國語·越語》）《老子》：「萬物負陰而抱陽，冲氣以為和。」（第四十一章）《莊子·知北遊》：「陰陽四時運行，各得其序，惛然若忘而存，油然不形而神」；《莊子·田子方》：

「至陰肅肅，至陽赫赫，肅肅出乎天，赫赫發乎地，兩者交通成和，而物生焉。」《管子·四時》：「是故陰陽者，天地之大理也；四時者，陰陽之大經也。」《荀子·天論》：「列星隨旋，日月遞炤，四時代御，陰陽大化。」《荀子·禮論》：「天地合而萬物生，陰陽接而變化起。」《周易·繫辭傳》：「一陰一陽之謂道。繼之者善也，成之者性也。」

綜上所述，「陰陽」範疇表達的是一種宇宙秩序。在自然、社會等一切現象中，莫不有相依相待、對立統一的兩大勢力、活動、能量或資訊；它們的交互作用，使得事物產生種種色色的變化；自然之道，正是二者的統合、和合，相互促進，相互制約，相互克服，相互轉化。任何一方偏勝，不能「交通成和」，則失去了「陰陽大化」的秩序。陰陽失調，就會發生問題，而不能使「物生焉」。因此人們要善於「燮理陰陽」。在《周易》哲學中，陰陽的變化系統非常生動，非常複雜，決非「正——反——合」或「對立統一」等公式所能涵蓋得了的。

「陰陽」初指日照的向背，但上舉先秦資料均指「不形而神」、「若亡而存」的陰陽之氣。陰陽二氣的運動變化孕育萬物，產生萬物，生生不息。正是在這個意義上，人們說陰陽為萬物之根本。但在這裏，陰陽之氣並不能理解為亞里士多德的實體。因為無論是「陰」性的（否定的、潛在的）力量，還是陽性的（肯定的、現實的）力量，或者蘊含有這兩方面的「陰陽一氣」，都不是獨立自存、同一不變的存有。說陰陽之氣是萬物之根本，也不是從「本原」的意義上來說的❺。它自身是有內在張力的，變化的，互動的，互相涵攝的，有作

❺　《黃帝內經》：「夫四時陰陽者，萬物之根本也。所以聖人春夏養陽，秋

用的。「陰陽」範疇較之「五行」範疇更方便地說明了天地萬物內在的矛盾運動和變化發展。《易經》把陰陽變化的複雜性凸顯出來了。

第三，「氣」。五行是氣，陰陽也是氣。陰陽五行學說是中國古人把握宇宙的方式，氣論則更是。「氣」是無形無象、無所不包、彌淪無涯、渾沌絪縕的東西。舉凡自然、社會、人生活動、肉體生命、精神境界、道德意志、藝術審美，無不可以言氣，因而有雲氣、天氣、地氣、陽氣、陰氣、精氣、元氣、五行之氣、人氣、正氣、邪氣、賊氣、治亂之氣、鬼神之氣、浩然之氣、文氣、氣韻、心氣、志氣等等稱謂。氣所表達的是自然生命、文化生命、精神生命之流，是機體變化的連續性和不可分割的整體性。氣依不同存在層次而表現出不同的性狀，如形質、功能、生命力、意識、精神、心靈等都是氣；氣的運動（聚散、屈伸、升降、動靜）展現出事物的變化❻。春秋時醫和提出「天有六氣」「六氣曰：陰、陽、風、雨、晦、明也」（《左傳·昭公元年》）。《莊子·知北遊》：「人之生，氣之聚也。聚則為生，散則為死……通天下一氣耳。」《孟子·公孫丑上》：「氣，體之充也。」《禮記·祭義》：「氣，神之盛也。」《管子·內業》：「精也者，氣之精者也。」《荀子·王制》：「水火有氣

冬養陰，以從其根，故與萬物沉浮於生長之門。逆其根，則伐其本，壞其真矣。」又「黃帝曰：夫自古通天者，生之本，本於陰陽。」這裏所說的「根」、「本」、「根本」，是說生命（生息）與陰陽之氣是一回事，很重要，要注意護持，然並沒有形上實體的意謂。

❻ 成中英特別重視「氣」包涵的動的功能、生命力及精神性等，見成氏〈中國哲學範疇問題初探〉，《中國哲學範疇集》，北京：人民出版社，1985年8月版，第77頁。

而無生……人有氣有生有知，亦且有義」。《淮南子·天文》：「氣有涯垠，清陽者薄靡而爲天，重濁者凝滯而爲地。」

從以上材料可知，「氣」是形神兼備、能質混一的，「氣」很難用「物質實體」來概括。至少亞里士多德的個別實體和形式實體，形式——質料學說，直至笛卡兒精神實體與物質實體的二元論和斯賓諾莎把物質與精神、廣延與思維看做唯一實體之無限屬性的思想，與氣論的路數是格格不入的。實體在斯賓諾莎那裏是唯一的物質，然而「氣」卻不是。即使是引進了「能動的原則」、「活動的力」的萊布尼茨的單子論亦與氣論不同。李約瑟曾就馮友蘭把「理——氣」詮釋成「形式——質料」提出質疑。李氏認爲，儒道兩家「共同闡發的有機自然主義已極具現代氣息，其與現代科學的宇宙觀的合拍之處，比馮友蘭認識到的要多得多。……新儒家的兩個基本範疇是理（自然的普遍形式和特殊形式）和氣（物質——能量）。馮友蘭把這兩個範疇與亞里士多德的形式和質料相對等。此論大謬不然。」李氏認爲，「氣概括了物質的細小精微狀態，其含意比我們使用的物質——能量要豐富得多。」（郭按：氣是物質、精神、能量與資訊的統合）。李氏的結論是：「中國人的永恒哲學從來不是機械論和神學，而是有機論和辯證法。」「西方的有機自然主義之花曾得到過中國哲學的直接滋潤！」❼這啓發我們思考，中西哲學宇宙論框架不同，

---

❼ 李約瑟：〈評馮友蘭《中國哲學史》〉，《中州學刊》，1992年第4期，郭之譯。又，杜布斯（H. D. Dubs）把「氣」譯爲「matter-energy」（物質—能量）；陳榮捷把「氣」譯成「material force」（物質力量），並提醒人們注意，在11世紀宋明儒家出現之前，「氣」原初「指與血氣相聯的一種心理生理交融的力量」，因此應譯爲「vital force」或者「vital power」（生命

對宇宙的觀照方法不同，「實體論」與「道──氣」論恰好是不同的範型。

新近關於氣論的研究都區別了氣論和原子論，並把「氣」與「場」聯繫起來❽。張載所說「太虛無形，氣之本體」，後四個字是說氣的本然狀態。在氣的聚散變化所形成的物質、文化、生命活動、精神現象中，並不孤立存在著任何原始的、恒定不變的、作爲一切物質性基礎的物質特性的「氣」實體本身。

第四，「道」。「一陰一陽之謂道」（《周易·繫辭傳》）。戴震解釋爲：「一陰一陽，流行不已，生生不息。主其流行者，則曰道；主其生生言，則曰德。」（《孟子私淑錄》卷上）又說：「道，猶行也；氣化流行，生生不息，是故謂之道。……行亦道之通稱。」（《孟子字義疏證》卷中）「道」本指人行走的道路，後引申爲道理、過程、規律。天有天之道，地有地之道，人有人之道。儒家之道是「天」這一神秘創造力生養萬物的發展過程。朱熹也把「道」視爲形而上者，把「陰陽之氣」視爲形而下者。道家之「道」更有特點：「有物混成，先天地生。寂兮寥兮，獨立而不改，周行而不殆，可以爲天下母，吾不知其名，字之曰道。」（《老子》第二十五章）「道」是不可以任何名言概念來加以限定或範圍的。魏晉玄學家多把「道」解釋成「無」，也就是無終始，無局限，具有無限的創造性、可能性。

力），詳見陳榮捷：《中國哲學資料書》，第784頁；牟復禮則把「氣」譯爲「有生命力的精神」，見牟氏《中國的思想基礎》，第60頁。

❽ 李存山：〈氣、實體與場有〉，《場與有──中外哲學的比較與融通》（一），東方出版社，1994年8月版，第125頁。又請見李志林：《氣論與傳統思維方式》，上海：學林出版社，1990年9月第1版。

「道」並不是一個靜止不變的實體，而是大化流衍、運動變化的歷程。「道」是由陰陽剛柔等多重力量交互作用而成的由潛在到現實、由否定到肯定、由無到有、由一到多（或者相反）的運動。「道」又涵蓋了事物彼此之間、事物與事物之全體間的多重關係。

「道體」在道家哲學中是深奧的形上本體，包孕有無，尤以玄秘爲特點。故《莊子·大宗師》說：「夫道，有情有信，無爲無形；可傳而不可受，可得而不可見；自本自根，未有天地，自古以固存；神鬼神帝，生天生地……」王弼釋「道」爲「無」，解爲「無不通也，無不由也」，「寂然無體，不可爲象」。可見「道」不是實有層的實事實理，而是作用層的空靈智慧，不可能用理性思考、概念語言來把握，不執定在任何單一的位置上。這啓發人們透過無窮，接納現實世界相依相待、遷流不息、瞬息萬變、複雜多樣的生活，以開放的心靈破除執著，創造生命。從這些特點來看，我們很難把「道體」解釋爲「實體」。毋寧說，「道體」是「無」體、「空」體、「虛」體。這當然是就它的空靈性、包容性、無限性、創造性、流衍性、相對性、整體性等特點而言的。這裏的相對性是說，道正是在一切事物的相對相關中顯現出來的。

以上我們簡略考察了「五行」、「陰陽」、「氣」、「道」等原型觀念，這些都不好拿西方哲學的原型觀念「實體」相比附，因爲它們都不是可以讓人們孤立地來觀察、捕捉、衡量與確立其實在與性質的存有。這些觀念大體上表達了有機自然主義的哲學所強調的化生性、連續性、無形性、功能性、整體性、直觀性、辯證性的特點，表明中國人的宇宙觀，中國人的思維、行動、審美方式走著另一條道路，與西方實體主義的個體性、間斷性、有形性、結構性、

組合性、機械性、思辨性等有明顯差異。

二、儒釋道思想中的非實體論式

西方古希臘、中世紀、近代的形式實體觀或物質實體觀強調主客體之間的分裂與緊張，強調精神實體或物質實體的絕對性和靜止的自立性，以認識主客體的對立作爲尋求世界本體的前提，把人與世界分割開來，把人、人生、生活的意義與目的排斥在這一學說之外。中國儒釋道的思想架構恰恰與此相反。首先，中國哲學始終是在人與世界、主體與客體統合的基礎上考慮問題的，即使對本體的追尋也是如此。其次，中國哲學中的宇宙、世界、自然，不是實體論或本質論意義上的宇宙、世界、自然，而是人與宇宙、世界、自然之無限多樣的關係、意義和可能性等全面而多層次的展開。再次，中國哲學的本體不是固定的精神（或物質）實體，而是永恒運動變化，並貫穿到人的現實存在和生命活動中去的意義世界。以下我們簡略談談儒、釋、道三家思想的非實體論特徵。

第一，儒家。儒家天道、天命流行之體的「生生之仁」學說，是以人與世界的感通性和動態流衍性爲特點的。儒家的「仁」，就是「生」，就是相互感通，亦即天與人、物與我之間的相互依藉、相應變動、交相感通。它們在一定意義上是互體性的。儒家強調人與自然、人與社會、人與人都處於一種動態、生機的關係之中。

如前所述，「五行」之「行」，「陰陽」之「氣」，「天道」或「人道」之「道」，表達的是動態流行的、生生不息的、變化不

已的連續性、整體性的觀照宇宙的方式。《周易》哲學的易道易體，是相對相關、活動作用的本體。「太極──陰陽」的模型，把本體與功用、本體與現象動態地統合在一起。自然、社會、人生，就是一生機的全體，是各種差異的活潑統合。在這裏，「太極」、「乾元」本身是創生性的。此「體」就是一切變化的過程，是持續的創造性，是一切生命的發展，乃至是一切價值理想的完成和實現。易道易體的另一原理，則是有機聯繫、旁通統貫、和諧互動。如此，宇宙、社會、人生並沒有間隔，心物之間、主客之間、天地人我之間，交互感通，彼此不相隔絕。

　　《易》之太極，可以說是本體，但不是西方實體意義的本體。太極是宇宙生命之全體及其流衍過程，是陰陽、剛柔、乾坤相摩相蕩的動態統合。太極、天道流行之體，不是絕對，不是超絕本體，不是如如不動的人格神，而是本然的真實，是無窮的創造力。

　　在西方實體主義的形上學中，「獨立存有」的實體、「獨立不變」的「絕對」是沒有活動作用可言的存有。此說以獨立不變的理想世界爲眞有、實有，以活動作用、變動不居的經驗世界爲假有、爲虛幻。實體主義的存有論的特徵是相對而無相關，有分別有距離而無內在聯繫。其極端──絕對的一元主義，則既無相對又無相關。其終極關懷，是執著一個「邏輯的上帝」❾。

　　儒家哲學之「天」是一切價值的源頭，是具有超越性的、宗教

---

❾　詳見唐力權：〈自由與自律之間：存在主義與當代新儒學的主體性觀念〉，《場與有──中外哲學的比較與融通》（二），北京：中國社會科學出版社，1995年7月版，第13－15頁。

神學意味的、讓人虔敬、敬畏的形上本體，也是人們安身立命的超越理據。但「天」同時又是具有無窮創造力的流行之體，化育了萬物。這一創化力可以範圍天地，生生不息。「天」與「地」與「人」與「物」交相貫通。「天」與人事、物理有密切的關係。天、道、性、命不是隔離的，人與神、人與自然不是隔離的。「天」把它的性份賦予「人」、「物」，人性、物性之中同時也就含有了天性、神性。「天」內在於人、物之中。不同的人、不同的物，因此也有了神秘的創造潛能。孟子說：「盡其心者，知其性也。知其性，則知天矣。」（《孟子·盡心上》）《中庸》講：「唯天下之至誠，爲能盡其性，能盡其性，則能盡人之性；能盡人之性，則能盡物之性；能盡物之性，則可以贊天地之化育；可以贊天地之化育，則可以與天地參矣！」人贊助天地的創化，人與天地鼎足而三，從而有了自身的價值。人通過「天」所稟賦的創造潛能的發揮，通過道德修養的徑路，可以上達天德。人生實踐的目的、意義也就包含於其中了。所以馮友蘭先生以「極高明而道中庸」作爲儒學乃至中國哲學的要旨。超越的理想境界，就在凡俗的日用倫常之現實世界和現實生活之中！這正是中國哲學形上學不同於實體主義形上學的可貴之處。

　　第二，道家。整體的和諧與物我的相通，也是道家形上學的特點。莊子提出的「天地與我並生，而萬物與我爲一」（〈齊物論〉），不僅是莊學、道家，而且也是整個中國哲學的中心觀念之一。道家哲學，更注意把自然與人看成有機的統一體，強調物我之間的同體融和。莊子的「無待」是以「有待」爲前提的，即先肯定萬事萬物的相依相待，然後才能超拔出來。莊子的「齊物」也是以承認現實世界的「不齊」爲前提的。莊子的智慧，就是啓悟人們在眞實的生

活中，在「不齊」、「有待」的世界中，接受現實，面對現實，調整身心，解脫煩惱，求得精神的超脫解放。莊子的相對主義也頗為人所詬病，其實那也是一種空靈的智慧。莊學不強調道是一切事物的源泉和原始，而肯定它是一切事物的整體活動。天下所有的事物都是相待相關的，沒有絕對的事物或宇宙中心。所以莊學反對唯我獨尊，主張容忍各相對的價值系統的意義，決不抹煞他人、他物的生存空間，以使自己的生命從緊張、偏執中超脫出來。莊子要求人們不必執定於地籟、人籟，而要傾聽那自然和諧、無聲之聲的「天籟」，以會悟生命的限制和有限時空、價值、知性、名言、識見及煩、畏的束縛，從而使生命的創造性爆發出來。莊子巧妙地指出人的孤獨的生存處境，人與人、人與動物等等彼此間的隔絕和不理解，然後讓你在生命的體驗中消解隔膜，走出孤獨，而達到與天地萬物的同體融和。這是莊學最高的意境和最終的落腳點。而所謂「見獨」（「見道」），只是層層解脫過程中的某一階段，最終還是要破除無量的執著，方能與道同體，超越生死的繫縛。

老子之道與莊子之道略有區別，它是先天地生又在上帝之先，獨立不改，周行不殆的。但老子之道也是道體與道用的整合，同樣也是離用無體的。老子之道必然貫穿到自然、社會、人身與人心之中，貫穿到現實之中。對於老子之道的會悟，更必須破除有限心智的迷執和有限知識的遮蔽，破除物我的對峙、主客的分裂。道家的超越之道同樣內在於現實世界、現實生活之中。不過它常常用否定、消解的智慧，破除迷惘、困惑，解放心靈，使你更有睿智地面對複雜的大千世界和不同的際遇、坎坷。所以真正的體道者，一定能用大智慧更好地生活著。道家的聖人、真人、至人、神人、天人的人

格境界與儒家聖賢人格常常是相通互補的。山林與廟堂、遺世獨立與積極入世常常是互動的兩面。因此，「道」與人生並不是隔截的，「道」就在人的生命與生活之中而並未懸擱起來。

第三，佛家。緣起論認為，人生與宇宙一切事像都是由各種因緣和合而生，即各種條件和合而成，一切事像都是剎那生滅，永遠變化（即「無常」），因而無實自體，無實自性，沒有永恒不變的實體（即「無我」）。華嚴宗的根本原理是「相待互涵，圓融無礙」。其「理事無礙觀」以諸法（現象）與真如（本體）炳然雙融，理與事、事與事相待而有，交融互攝，相即相入，熔融無礙為主要內容。世間各種現象互為因果，相資相待，彼中有此，此中有彼，此即是彼，彼即是此，相即相入，處於「重重無盡」的聯繫之中，這叫「無盡緣起」。也就是說，一切現象是無限廣大又互相包容，既有區分，又相互貫通為一個整體。整體與部分、同一與差別、生成與壞滅有著辯證的聯結。「華嚴宗佛學乃是一套機體主義之哲學體系，預涵透徹分析，然卻能盡超其一切限制與虛妄，蓋旨在得證一切無上智慧，彰顯一切差別世界，統攝一切完全整體，融合一切真際層面，悉化入無差別之法界總體，宛如天上奇觀，回清倒影，反映於娑婆若全智慧海——而海印三昧，一時炳現！」❿

天臺宗「圓融三諦」說，認為眾生的心通過圓融空、假、中三諦而把握一切現象的實相，也就是把握了真如。實相、真如有本體的意義。眾生的一心與本體相通。空、假、中三諦互相融合，同時成立，每一諦皆同時兼具其他二諦。「空」是諸法當體即空，是抽

---

❿　方東美：《華嚴宗之體系》，見上注，第111頁。

象的眞理層面;「假」是諸法由因緣生,因而是假有幻有,是具體的現象層面;「中」則不執著於空、假二邊,而超越二邊,同時又綜合二邊,以顯中道佛性。此中抽象與具體融合爲一。三諦中任何一諦並不孤立地成一領域,而是三諦互融,三重境界同時顯現;因爲它們同時爲一心所化的三智所觀照。於是,形成即空即假即中的三諦互融境界。天臺、華嚴學說充滿了中國形上學的智慧。

禪宗標榜「不立文字,教外別傳,直指人心,見性成佛」。其「即心即佛」的思想,把現實界與超越界打通了。涅槃境界、成佛理想、彼岸世界,其實就在當下,就在現實之中。寓出世於世間,在現實中求得解脫,正是中國佛教的特點。所謂「運水搬柴,無非妙道」,「平常心是道」,都是此意。禪宗在中國文化的影響下,以現實的人生置換虛幻的未來,創建了以現世的自我精神解脫爲軸心的生命哲學,上求菩提,下化眾生,關懷現世,接近並幫助人民,成爲中國佛教的品格。馬祖道一禪師說:「一切法皆是佛學,諸法即是解脫,解脫者即是眞如。諸法不出於眞如,行、住、坐、臥,悉是不思議用,不待時節。」可見形上本體與現象不二,佛心本性具足,道不在外。人們只要化解迷執,隨順自然,護持眞我,則行住坐臥,無一不是眞如,無一不是解脫。

反觀儒釋道三家,重心都在追求人生的理想境界,眞善美合一的境界,都主張在現實生活中成就理想人格。與這一終極目標的達成相一致,其形上學的智慧,是周遍圓融、即體即用、即現象即本體、即刹那即永恒、 既超越又內在的。要之,他們都沒有執定絕對完滿、永恒不變的獨立實體或邏輯的上帝,而是啓發人們架設許多通向本體理境的橋梁,化神奇於平淡,寓平淡於神奇。

三、餘　論

西方實體主義學說無疑是人類哲學的寶貴財富，值得我們認真吸取。本文的目的不是評價這一學說，而是企圖說明，中國哲學的路數與西方前現代實體主義的路數很不相侔。在一定意義上，我們不妨說它是一種非實體主義的。中國哲學的原型觀念中，中國儒釋道三家的理論中，都有自己豐富的形上學或本體論思考，但它不是實體論式的。❶中國哲學是一種機體主義的存在哲學、生命哲學、人生哲學，有它自己獨到的形上睿智。

這一非實體主義的本體論，啓導人們體悟人的本源的生存方式就是人與天地萬物一體，而不是人與世界、本質與現象、主觀與客觀的分離和隔絕。天與人、體與用、心與物的和合是世界與人最根本的存在狀態，只有從這一根本狀態出發才能更好地會悟或尋求世界的本體。

這一非實體主義的本體論，承認世界是一個大化流行、無窮變化的世界，承認本體與現象、現象與現象、人與天地人我間充滿著重重無盡的聯繫和相依相待的網絡，人生存於這一永恒流動、相互關聯的世界中，沒有絕對至上、靜止自立的「體」，那種「體」對於人生沒有意義。世界存在的意義是隨著人的生存而展開的，而人

---

❶　另請參見郭齊勇〈論傳統形上學的基本特徵〉，上海：《學術月刊》，1991年7月號。

的存在決不是某種實體、某種存在者，而是存在本身。

這一非實體主義的本體論，把關於形上本體的追溯與人生的現實活動和價值目標、理想人格與理想境界之實現結合起來，貫通形上與形下，貫通超越與內在，貫通理想與現實，最終圍繞著「人」而展開，而啓迪人們體驗生活，提昇境界，超越自我，解放心靈，爆發出創造精神。

（此文原爲1995年4月在武漢大學作的一次演講，刊載於《場與有——中外哲學的比較與融通》，武漢大學出版社，1997年6月；又載臺灣輔仁大學《哲學與文化》雜誌第廿六卷第11期，1999年11月。）

附　　錄

就中國哲學的非西方實體性格敬答袁信愛教授

　　感謝《哲學與文化》的編輯先生以拙文〈中國哲學史上的非實體思想〉作爲廿六卷十一期的重點論文，感謝袁信愛教授對拙文的評論。現簡略答復如下：

　　第一、拙文的比較參照座標。西方實體學說雖屢有變化，但典型形態且影響深遠的是亞里士多德的實體學說。拙文很明確地以亞氏爲比較的參照座標，這在「前言」中即以說明。康德以前的形而上學一般都把「存在物的存在」看作是某種普遍存在的實體。亞氏在《形而上學》中指出：「實體是事物的底層、本原的第一原因。」「基質、本質以及兩者的複合物稱爲實體」。亞氏把一般「形式」當作了第一實體，個別事物倒成了第二實體。當然，在亞氏那裏，三種實體即個別實體、物質（質料）實體和形式並不是三種互不相干的東西。但一般說來，在康德以前，西方哲學史上的物質實在論把日月山川等自然現象看作是不依賴於心靈而獨立存在的，而理念實在論則主張表象只是其背後那個更基礎、更本質的原型的模本。大陸理性派實體學說主要是形式實體的學說，特別是上帝作爲最高創造者的學說，其次是低級形式實體即靈魂、精神單子的學說；英國經驗派的物質實體也常具有形式性質。西方實體學說均離不開亞

氏。❶

　　袁教授說我「述及西方實體主義似有混淆柏拉圖的『觀念論』與亞里士多德的『形質論』之嫌」❷。實際上，亞氏實體學說也離不開柏拉圖的共相、理念，毋寧說，其一般形式實體的觀念來源於巴門尼德和柏拉圖的理念論。亞氏批判了柏氏但又回到了柏氏將普遍的東西看作是宇宙的本體這一基本立場，乃至柏拉圖——亞里士多德的本體論成為西方哲學史上最大的傳統。❸

　　第二、拙文絕對不是以漢代思想為標準來理解和詮釋四個原型觀念的。拙文所說的「基元概念」、「基元範疇」、「原型觀念」是一回事，是指在先秦時代產生的「五行」、「陰陽」、「氣」、「道」這四個概念、範疇、觀念極其重要，而且貫穿到中國哲學史的全局與始終。拙文所引的主要是先秦哲學的史料。本意是指出，這些範疇、觀念與古希臘的原型觀念，特別是亞氏的物質實體、個別或一般形式實體的觀念有很大的不同。這還不止是原子論與氣論的差異、實體論與關係論的差異。拙文強調的是，中國哲學之「本體」、「實體」觀念與西方不同。例如「道」、「天」、「天道」「太極」、「乾元」等，當然是深奧的形上本體，但都是具有無限

❶　參見毛怡紅：〈實體、自然及其意義──從胡塞爾、海德格爾的「自然哲學」談非實體主義如何可能〉、鄧曉芒：〈西方哲學史上的實體主義與非實體主義〉，兩文均收入羅嘉昌等主編：《場與有──中外哲學的比較與融通》（二），北京：中國社會科學出版社，1995年7月第一版。

❷　袁信愛質疑文，見《哲學與文化》第二十六卷第11期，1999年11月。

❸　參見鄧曉芒：〈西方傳統本體論的提問方式和形態演化〉，吳根友等主編：《場與有──中外哲學的比較與融通》（四），武漢：武漢大學出版社，1997年6月第一版。

創造性的流行之體，即體即用，即現象即本體，即整體即過程，都不是西方的、特別是亞里士多德的那種實體意義的本體。道家「道體」之「無」的空靈特性，即指其無限的創造性、包容性。拙文第二部分詳細討論了儒釋道三家形上學思想的非亞氏實體論式，是拙文之重心。拙文恰恰強調了儒釋道三家的本體或實體論式與西方不同。非實體不是反實體，而是不同於西式或亞氏實體。這並非否定西方實體學說的優長，也不是說中國哲學關於本體、實體的思考方式一定優於西方，而只是指出中西之殊異。

第三、拙文試圖糾正哲學史教科書的一些泛西方化的說法。例如「五行」，拙文特別指出它不是獨立自存、同一不變的五種實體，而是具有五種特性的力量、動勢、活動、動因、能力及彼此間的聯繫和關係。「五行」學說大體上有三種。第一是《尚書‧洪範》和《國語》之〈魯語〉、〈鄭語〉所說的水、火、木、金、土之「五行」，雖指五物，但很難說是實體，其所說的是五種性能、活動、材質的和合，雜以生成百物。《左傳》還特別指出五行、五味、五色，是「民之行也」，《國語》也說是「地之行五」，可知其強調的是五種行動。❹第二是仁、義、禮、智、聖之「五行」即是思孟五行，見馬王堆帛書〈五行〉、〈德聖〉和郭店楚簡〈五行〉諸出土文獻，這是指五德的關係，是指的心之行和德之行，即德氣的運行，其形之於內謂之德之行，不形於內謂之行，前者說道德的內在性，與形上天道有關，屬天之道，後者是道德實踐活動，屬人之道。思

---

❹　詳見我的原文，又請見陳榮捷：《中國哲學論集》，臺北：中研院文哲所
　　籌備處，1994年8月初版，第119頁。

孟五行學說貫通超越的天道、人的道德的內在性和實踐活動。❺第三是鄒衍等的陰陽五行學說,講五種力量的相生相剋的關係。總之「五行」學說著力說明的不是世界、事物,乃至德行的靜態構成,而是動態變化,氣化流行,肯定自然、社會、人身的現實存在和未來趨勢是由隱態或顯態、性相各異的動勢、能量之相互作用所決定的,並隨著多重力量的彼此消長而變化。這是機體論的、關係論或過程論的方式,與希臘構成論、實體論的方式不類。

總之,拙文的表達是清楚的,主要說明的是中國哲學的特性,袁教授的批評緣於一些誤會,其實細看拙文即知。我非常感謝袁教授的批評,促使我更全面、細緻地認識中西哲學的異同比較。

(原載臺灣《哲學與文化》第二十七卷第4期,2000年4月。)

---

❺　另請見拙文:〈郭店儒家簡與孟子心性論〉,1999年7月臺北政治大學主辦之第11屆國際中國哲學會論文;〈郭店楚簡身心觀發微〉,1999年10月武漢大學主辦之郭店楚簡國際學術研討會論文。

孔孟儒學的人格境界論

　　儒家學問是生命的學問，其精髓是做人的道理，並將這些道理身體力行，落實到日常生活中去。儒學是爲己之學，而不是爲人之學。也就是說，儒者的修養，主要是靠自我覺悟，自我挺立，提升自己，成就自己，實現自己的價值，而不是擺擺樣子，做給別人看的。儒者的身教與言教，如果說可以影響別人，那也不是強加式的，而是引導式的，感通式的。儒者提示、啓悟與他生活在一起的學生或周圍的人，領略、覺識自己生活的目的、意義、價值。儒家教育的目的是成就人格，其向度一是提升境界，二是做修養工夫。所謂人格境界論，就是儒家哲學的形上學，或者叫境界形上學。儒家的境界形上學彰顯了人的終極性，但與生活世界並不隔絕，可以下貫到日常生活中去。反過來說，儒家思想並非如黑格爾在《哲學史講演錄》中所說，只是俗世倫理，它的性與天道的思想含有深刻的哲學形上學的內涵，其日用倫常亦可以提升到形而上的境界層面。形上與形下，境界與工夫，高明與中庸、神聖與凡俗是相互貫通的。儒家的這些哲理在今天仍然有著現實的意義和價值。

一、孔子論君子、聖人、仁人與成人

在儒學的話語系統中，說到人格，是不討論自然人，而只討論道德人的。儒家不排斥功利，但批評僅僅以個人功利作爲生活的總目標的人，並稱之爲小人。君子與小人之辨，是人格與非人格的區分。道德人當然首先是自然人，道德人並非不講功利（在一定的時空場合反而更講族群、整體的功利），但人格境界是從價值上說的。孔子所提示的人格，是君子人格，其最高的境界是「聖」即「聖人」的境界，次高的境界是賢人的境界，然後是君子的境界。孔子繼承先哲所提倡的道義原則、仁愛忠恕原則、仁、義、禮、智、信等價值理想，是中國人安身立命、中國文化可大可久的依據。這些價值理想通過孔子自己踐仁的生命與生活顯示了出來。

先說君子。《論語》多處記載孔子及其高弟討論君子與小人之辨的文字。據〈雍也〉，孔子曾提醒子夏，要做君子儒，不做小人儒。孔子指出，君子的人格境界、修養進路和行爲準則是：「志於道，據於德，依於仁，遊於藝。」（《論語·述而》）「君子義以爲質，禮以行之，遜以出之，信以成之。」（《論語·衛靈公》）君子與百姓是有差別的。作爲管理者的君子與被管理者的百姓的關係是：「君子惠而不費，勞而不怨，欲而不貪，泰而不驕，威而不猛。」「因民之所利而利之，斯不亦惠而不費乎？擇可勞而勞之，又誰怨？欲仁而得仁，又焉貪？君子無眾寡，無大小，無敢慢，斯不亦泰而不驕乎？君子正其衣冠，尊其瞻視，儼然人望而畏之，斯不亦威而不

猛乎？」（《論語·堯曰》）孔子肯定君子的物質利益要求和食色欲望的滿足，只是要求取之有道，節之以禮。「君子喻於義，小人喻於利。」「富與貴，是人之所欲也；不以其道得之，不處也。貧與賤，是人之所惡也；不以其道得之，不去也。君子去仁，惡乎成名？君子無終食之間違仁，造次必於是，顛沛必於是。」（《論語·里仁》）發大財，做大官，這是人人所盼望的；然而不用正當的手段去得到它，君子也不接受。君子沒有吃完一餐飯的時間離開過仁德，就是在倉卒匆忙、顛沛流離的時候，都與仁德同在。❶人生存的價值就在於他能超越自然生命的欲求。「君子食無求飽，居無求安，敏於事而慎於言，就有道而正焉，可謂為學也已。」（《論語·學而》）在這個意義上，「君子謀道不謀食」、「憂道不憂貧」（《論語·衛靈公》）。以上是孔子對君子人格的基本描述，也是君子內在自覺的要求。

再說聖人。歷史上被尊奉為聖或聖人的，都是後死者對前人的追封。孔子說：「聖人，吾不得而見之矣；得見君子者，斯可矣。」（《論語·述而》）有操守的君子是現實人，而聖人則是理想人。郭店楚簡〈五行〉指出，「聖」德，聖與仁、義、禮、智五德之所和，屬於天之道的境界，仁、義、禮、智四德之所和，屬於人之道的範疇。又說：「聞君子道，聰也。聞而知之，聖也。聖人知天道也。」❷按，這裏「聞君子道」的「君子」，實指聖人。現實的人們與理想的聖人有時空的阻隔，二者相接，是通過耳的聽聞，氣的感應，心的溝通。聖字從耳，此不僅凸現聖人的聽德，指能夠容受逆耳之言（耳

---

❶　參見楊伯峻：《論語譯注》，北京：中華書局，1980年第2版，第36頁。
❷　荊門市博物館：《郭店楚墓竹簡》，北京：文物出版社，1998年5月，第150頁。

順），而且表示人們與聖人相感通的路徑——接受音樂、樂教的熏陶，通過耳聞，進入心靈。聽是天賦的能力，胎兒在娘肚裏就有聽覺。

關於仁人。孔子思想的核心範疇是「仁」。「仁」字的內涵有層次的區別，高一層次的「仁」可以統攝與「義」、「禮」、「智」、「信」並列的低一層次的「仁」。就前者而言，《中庸》引述孔子的話說：「仁者，人也。」在儒家看來，「仁」和「仁人」是人的最高精神境界，也是人之所以爲人的最高標準，是最高的道德原則。孔子從不輕許人（包括他自己）爲「仁」：「若聖與仁，則吾豈敢？」（《論語·述而》）在特定的語境中，孔子視「聖」與「仁」爲同一境界。他答子張之問，指出令尹子文只能算是「忠」，陳文子只能算是「清」，尚未達到「仁」之境（見《論語·公冶長》）。對於他的學生，如子路、冉有、公西華，他肯定其才，但未期許爲「仁」（同上），評價他最稱道的顏回亦只到這種程度：「其心三月不違仁」（《論語·雍也》），對於政治家，他只肯定管仲「如其仁」（《論語·憲問》）。他對管仲之違禮有嚴厲的批評，但承認管仲幫助齊桓公「九合諸侯，不以兵車」，避免了生靈塗炭，在這個意義上接近了「仁」，然並不許管子爲仁人。有的論者批評孔子，既提倡「仁」，又說這個人沒有達到「仁」，那個人沒有達到「仁」，那麼「仁」有什麼普遍性和現實性呢？產生這種誤解，是不懂得「仁」在孔子那裏，是有層次區別的。以上所引，是與「聖」等值等價的「仁」。至於「仁」的原則的普遍性和實踐「仁」的現實性，如：「樊遲問仁，子曰：『愛人』」；「爲仁由己，而由人乎哉」（《論語·顏淵》）；「仁遠乎哉？我欲仁，斯仁至矣」（《論語·述而》）等等，都是顯例，茲不贅述。

　　「仁」與「聖」有什麼區別與聯繫呢？仁者的境界以「聖」（聖人、聖王）為最高。「子貢曰：『如有博施於民而能濟眾，何如？可謂仁乎？』子曰：『何事於仁，必也聖乎，堯舜其猶病諸？夫仁者，己欲立而立人，己欲達而達人，能近取譬，可謂仁之方也已！』」（《論語·雍也》）孔子的意思是，廣泛地給百姓以好處，幫助大家，使他們生活得更好，讓他們自己尊重自己，自己挺立自己的生命，這已經達到了聖人的境界了，堯舜恐怕還做不到呢。有的論者不解「立人達人」之意，以為是外在性地施予。孔子強調「為仁由己」，強調儒家的學問是「為己之學」，因此所謂「己欲立而立人，己欲達而達人」，不是外在強加似地使別人立或達起來，而是創造一種氣氛或環境，讓人家自己站立起來，通達起來。我們不能代他人立、為他人達。我們想要通過自己挺立生命、通達人間，也要尊重別人，讓他自己去挺立生命，通達人間。就這一點來說，堯舜都還沒有做到。❸郭店楚簡〈尊德義〉：「民可使道（導）之，而不可使知（智）之。民可道（導）也，而不可強也。」❹由此可以印證孔子所謂「民可使由之，不可使知之」（《論語·泰伯》），也是強調對民眾的引導而不是強迫。龐樸認為，「不可使智之」，是不可強加於人，再好的主張，也只能在人民的理解中慢慢推行。❺這與孔子的外王學主張是一致的。由此可見，就人格境界而言，仁與聖是統一的，聖是仁之極至的境界，仁是聖的內在精神，聖通過仁而下貫。

---

❸　參見王邦雄等著：《論語義理疏解》，臺北：鵝湖出版社，1994年3月第5版，第30頁。

❹　荊門市博物館：《郭店楚墓竹簡》，北京：文物出版社，1998年5月，第174頁。

❺　參見龐樸：〈使由使知解〉，《文史知識》，1999年9月第9期。

所謂「成人」，顧名思義是指完美的人。「子路問成人。子曰：『若臧武仲之知，公綽之不欲，卞莊子之勇，冉求之藝，文之以禮樂，亦可以爲成人矣。』曰：『今之成人者何必然？見利思義，見危授命，久要不忘平生之言，亦可以爲成人矣。』（《論語·憲問》）這是說，智慧像臧武仲，清廉像孟公綽，勇敢如卞莊子，多才多藝如冉求，再以禮樂來成就他的文采，也可以說是全人了。朱熹注：「成人，猶言全人。……言兼此四子之長，則知足以窮理，廉足以養心，勇足以力行，藝足以泛應，而又節之以禮，和之以樂，使德成於內，而文見乎外。則材全德備，渾然不見一善成名之迹；中正和樂，粹然無復偏倚駁雜之蔽，而其爲人也成矣。」（《論語集注》卷七）「成人」是德才技藝兼備、全面發展的人。這是不是至善至美的聖人呢？按朱子的理解，孔子這裏的一個「亦」字是大有文章的。此不是指極至之境，只是對子路因材施教，應機說法，就子路所可達到的人格目標加以點醒。上引文本本身也可以證明。孔子並不把「成人」等同於至上境界的聖人，相反，他提醒子路注意，「成人」是在現實性上通過努力可以達到的賢人人格。由此，孔子把「成人」的標準修訂爲三條：「見利思義，見危授命，久要不忘平生之言」。「要」是「約」的借字，指窮困的意思。由程子和朱子的解釋，可知理想的「成人」，再進一步成爲集大成者，近乎完美無缺的聖人；而現實的「成人」指並不純全完備者，例如「有忠信而不及於禮樂者」（同上）。

我把後者視爲「賢人」。從《論語》中不難看出，「賢人」是富於道德或者才能的人，是人們在現實上可以「見」得到的人格榜樣。所謂「見賢思齊」就是這個意思。孔子表彰顏回與柳下惠，許

之爲「賢」，可知他們即是「聖」的標準之下的「成人」。前面我已說過，聖人是「見」不到的人格典範，人們只能通過「耳」接受傳聞、詩歌、樂教來體認。而賢人則不同，是可以「見」得到的人格典範。郭店楚簡〈五行〉：「見賢人，明也。見而知之，智也。知而安之，仁也。」❻人們可以通過「目」直接接觸賢人的德行，並以此爲榜樣。當然，人們對於聖人，可以聽而不聞，對於賢人，可以視而不見，關鍵就是人的心靈能否感應，是否有覺識、覺解。綜上所述，孔子的人格境界論本是在因材施教中的方便說法，意在啓迪不同談話對象的覺悟，其內涵十分豐富。如果以化約論的方式表達，約略相當於：

理想的至上境界：聖人（超越於賢人人格的、理想的仁人與成人）
　　　　　　　　──天道層

現實的理想境界：賢人（超越於君子人格的、現實的仁人與成人）
　　　　　　　　───人道層

現實的道德境界：君子（超越於自然人的道德人）
　　　　　　　　──人道層

但是聖人並不是遙不可及的，我們可以通過賢人體驗、仿效聖德。凡聖之間並沒有不可逾越之鴻溝。儒家傳統中的「人皆可以爲堯舜」、「途之人皆可以爲禹」，是就凡人也具有聖賢的潛能來說的。只要有覺識覺解，只要有一點仁心，當下即可達到君子、賢人、聖人的境界。故孟子啓導人皆具有的惻隱、羞惡、辭讓、是非等「四

---

❻　荊門市博物館：《郭店楚墓竹簡》，北京：文物出版社，1998年5月，第150頁。

端」之心，或所謂「不忍人」之心，讓人們以「推恩」的方法，「老吾老以及人之老，幼吾幼以及人之幼」，「以其所愛及其所不愛」，擴而充之，足以養育父母妻兒，並且有益於社會，仰無愧於天，俯不怍於人。這其實是十分平實的道理。

二、子思、孟子的理想人格論

近幾十年出土的簡帛資料，尤其是馬王堆漢墓、郭店楚墓出土資料表明，「思孟」學派確實曾經存在過。子思學派「四行」、「五行」、「德聖」學說對於「聖」和聖賢人格的推崇，與孔子接近，本文前節已經涉及。《中庸》的祖本與子思有關，這一點在宋代以前沒有人懷疑，現已爲學界多人所認同，故本文把《中庸》的材料放在《孟子》之前。問題是，《中庸》以「誠」作爲中心範疇和最高境界，那麼，「誠」與「聖」是什麼關係呢？

鄙人以爲，「誠」就是「聖」，二者同屬天道。《中庸》：「誠者，天之道也；誠之者，人之道也。誠者，不勉而中，不思而得，從容中道，聖人也。誠之者，擇善而固執之者也。」「誠」是天道，是聖人之天性本然。對於聖人來說，眞實無妄，由仁義行，均出乎自然，不用勉力下功夫而符合中道，不用思慮而有所得，從容達到中道。賢人和君子則是所謂「誠之者」，他們需要在後天努力追求，用功擇善，堅守不渝。因此，君子需要通過「博學之，審問之，愼思之，明辨之，篤行之」的求誠功夫，反復實踐，知行合一。「自誠明，謂之性。自明誠，謂之教。誠則明矣，明則誠矣。」（《中庸》）

由至誠而有明德，是聖人的自然天性；由明德而到至誠，是賢人經過後天學習才能達到的。所以，前者爲「性」，後者爲「教」。由誠而明，是天道理境；由明而誠，是人道實踐。「唯天下至誠，爲能盡其性。能盡其性，則能盡人之性。能盡人之性，則能盡物之性。能盡物之性，則可以贊天地之化育。可以贊天地之化育，則可以與天地參矣。」（同上）至誠的聖人能極盡天賦的本性，並且儘量發揮別人的本性，發揮萬物的本性，進而贊助天地生成萬物，其功能與天地並列爲三！賢人則需要用心追求善，從細微處，從一件件事或某個方面做起，慢慢達到全面。賢人通過修養功夫，達到內心至誠，則身體、容貌、行止，自然合乎標準，而且能影響、改變他人，化善成俗。從現實性上來說，賢人是由明而誠，即經歷學習、修養的點滴積累，由部分到全體，由盡人道來明天道，最後改善他所處的環境。

足見君子、賢人的求誠功夫做到一定地步，也就達到聖人的「誠」的境界了！《中庸》：「誠者，自成也；而道，自道也。誠者，物之終始，不誠無物。是故君子誠之爲貴。誠者，非自成己而已也，所以成物也。成己，仁也；成物，知也。性之德也，合內外之道也，故時措之宜也。」在這裏，「誠」是天賦道德的內在性，是人格修養的潛質。「道」是自己修養、實踐的過程。「誠」又是萬物的本體，貫通萬物的全體和過程。君子奉「誠」爲珍寶。至誠的人不僅要成就自己，而且還要成就他人和他物。成就自己的人格是內在之「仁」的要求，成就他人的人格，並使他物暢遂其性，是內在之「知」的要求。內在性的「聖」、「誠」、「仁」、「知」都有向外擴展的要求，因此，成就自己和成就他人他物是一致的。只有成就了他

人他物，才能最終成就自己。此即儒家的誠恕之道。換言之，《中庸》的「誠」包含了仁愛忠恕之道。不僅如此，《中庸》的「誠」是天人、內外合一的極境，它包含了兩面的撐開，一面是與天道相聯繫之內在精神的神秘之地，所謂「至誠如神」；另一面則是「成物」、「盡性」，由天向地、人、物下貫。「己立」、「己達」與「立人」、「達人」，「盡己性」與「盡人之性」、「盡物之性」，「明明德」與「新民」，「內聖修己」與「外王事功」都是一體兩面的事。這與前述孔子的人格境界論是統一的。

　　孟子的人格境界論亦以「聖」為至上，以「誠」為中心。據楊伯峻《孟子譯注》稱，《孟子》一書，「聖」字凡47見，「誠」字凡22見。孟子發展了孔子的思想，以「仁」、「義」並舉、「仁義內在」說推進了孔子的「仁」學，尤其強調了天道與人性的貫通。關於「聖」、「神」等範疇，他說：「君子所過者化，所存者神，上下與天地同流，豈曰小補之哉？」（《孟子·盡心上》）這是指聖王經過的地方，人們受到他的精神的感化，他所停留的地方，其精神感召的作用，更加神秘莫測，與天地同時運行。孟子講了四種人：第一是侍奉君主並討人主喜歡的人（這種人是孟子所不齒的），第二是安定國家並以此感到高興的人，第三是「天民」，第四是「大人」。「有天民者，達可行於天下而後行之者也；有大人者，正己而物正者也。」（同上）「天民」和「大人」在這裏就是指的「聖人」，當他們的「道」大行於天下時，努力去實踐，當他們端正了自己時，他人他物也隨之而端正了。孟子又說：「可欲之謂善，有諸己之謂信，充實之謂美，充實而有光輝之謂大，大而化之之謂聖，聖而不可知之之謂神。」（《孟子·盡心下》）這裏肯定了六種人格：善、信、

美、大、聖、神。「聖」有光輝表現且能感化萬眾,「神」是「聖」之神妙不測的境界。孟子肯定了聖人的不同特徵:「伯夷,聖之清者也;伊尹,聖之任者也;柳下惠,聖之和者也;孔子,聖之時者也。」(《孟子·萬章下》)

與子思「至誠如神」的思想一脈相承,孟子也凸現了「誠」的神秘性和終極性。他說:「誠者,天之道也;思誠者,人之道也。」(《孟子·離婁上》)正如蒙培元先生所指出的,「誠」是與天道合一的心靈境界;「思誠」不是以天道為客觀對象的思考,而是返回到自身,使「天之所與我」的道德理性自覺地呈現或實現出來。❼不僅如此,孟子也堅持了內外、物我、誠明等兩行之理的並進與互動。孟子強調「踐形」:「形色,天性也;惟聖人然後可以踐形。」(《孟子·盡心上》)這是指身體容貌與內在心靈的和諧統一。

郭店楚簡〈魯穆公問子思〉載,魯穆公問「何如而可謂忠臣?」子思答曰:「恒稱其君之惡者,可謂忠臣矣。」孟子繼承了子思的批判精神,開啟了中國自由知識份子的抗議傳統,指出:「說大人則藐之,勿視其巍巍然」(《孟子·盡心下》);「聞誅一夫紂矣,未聞弒君也」(《孟子·梁惠王下》)。其「以德抗位」、「天爵人爵」、「浩然之氣」、「大丈夫」、「捨我其誰」、「捨生取義」的人格精神和「民貴君輕」、「制民之產」、「富民」、「善教」等社會

---

❼ 參見蒙培元:《心靈超越與境界》,北京:人民出版社,1998年12月第1版,第153頁。蒙先生這裏的理解是準確的。但蒙書把儒家的仁、誠、樂、天人合一諸境分開來說,似有未妥。按鄙人的理解,以上諸境,究極地說,只是一境,即「聖」境是也。

經濟、政治、教育主張,都有很強的現實性、實踐性。❽

　　論者常常說孟子學使儒家的精神內轉,批評孟子心性論、社會理想和人格修養論與現實脫節。這些批評都是大有問題的。要之,孔孟儒學的人格境界論決不是空疏之論。它一方面確有神聖性、超越性,另一方面又不脫離社會政事、教育師道和日用倫常等生活世界。

三、孔孟人格境界論的特質

　　孔孟儒學的人格境界論有兩個要點,一個是它的終極至上性,即與天道相聯繫的「聖」的境界,另一個是它的經世致用性,即與人道相聯繫的「凡」的現實。前者是最高的理想,後者是理想的實現,兩者之間密切溝通,不可脫離。有的論者只看到儒學的世俗倫理的一面,不承認它的超越性;有的論者又只看到儒學的高明理想的一面,不承認其所具有的普適性、現實性。關鍵的問題是要理解天道與人道、神聖與凡俗的貫通。這是傳統知識份子的人格理想和行為模式。

　　與孔子相比較,思孟學派或心學一系更強調道德的內在性。這非但沒有削弱孔子學說博大的社會實踐性,反而更加強了其外王學。這種「內收」,特別把天道、神性與人的德性相貫通,把聖人

---

❽　關於孟子的心性論、仁政學說和人格修養論,請見拙著《傳統道德與當代人生》,武漢:武漢大學出版社,1998年2月第1版,第54—62頁。

與凡人相聯繫，根本上使得君子的政治行為、社會活動、教育師道、道德勇氣，有了天命、天道等超越理據的支撐，尤其是此超越神性意義的天就在人心人性之中，無疑增強了儒者的擔當意識。這種意識也來自孔子。夫子曰：「道之將行也與，命也；道之將廢也與，命也。公伯寮其如命何！」（《論語·憲問》）「文王既沒，文不在茲乎？天之將喪斯文也，後死者不得與於斯文也；天之未喪斯文也，匡人其如予何！」（《論語·子罕》）孟子把這種當下自我承擔的意識內化為「捨我其誰」、「獨行其道」的膽識氣魄，並以「至大至剛」之氣相養育，使其充塞於天地之間。孟子提出的義與道、志與氣的相互補充論，使「內收」之說亦有了「氣」的烘托。直至宋明理學，有張橫渠之「四句」：「為天地立心，為生民立命，為往聖繼絕學，為萬世開太平。」❾有些西化派人士以為這是傳統知識份子無謂的狂妄自大，他們不理解傳統士人長期以來在儒學浸潤下，其神性意義和客觀化的天道已與個體人格，乃至其心其身其氣其志其形其貌其性其情融為一體，合而為一。在一定意義上，中國傳統思想中，人、物均是具有某種神性的，此與西方傳統不同。傳統士人以天道自命，殺身成仁、為民請命的精神即源於此。這也表明孔孟人格境界論是有其宗教性的內蘊的。

這不僅使君子的個體行為有了天命天道的理據，而且也有了內在的動力、動因。現實性的社會與理想性的社會的差距，現實性的

---

❾ 此「橫渠四句」為宋代至今之通行的說法。據《張子語錄》記載，原文為「為天地立志，為生民立道，為去聖繼絕學，為萬世開太平。」見《張載集》，北京：中華書局，1978年第1版，第320頁。

人與理想人格的張力，使儒生眞實的關切繫於國事民瘼，以匡正社會人生爲目的。儒生之理想人格的達成，決不自外於國計民生。甚至在很多場合，傳統士人正是在外王事功中實現其人格理想的。王陽明就是一個很好的例子。王學在近世東亞的現代化運動中起了相當顯赫的作用，這亦昭示孔孟及其人格境界論仍有強大的生命力。

（原載武漢：《華中師範大學學報》（哲社版），2000年第6期，2000年11月。）

朱熹與王夫之的性情論之比較

　　王夫之（1619－1692）如朱熹（1130－1200）一樣，十分重視《四書》的創造性解讀，亦通過訓釋《四書》發揮自己關於「心性情才」的看法。本文試圖對二者的性情論略作比較，重點圍繞著「四端」是否爲「情」而展開。

一、朱子的「四端皆情」論

　　朱子認爲，「四端」是情，「七情」也是情，均是性之所發。他認爲性是根，情是芽，性是未發，情是已發。有這性便發出這情，因此情而見得此性。朱熹《孟子集注》：「惻隱、羞惡、辭讓、是非，情也。仁、義、禮、智，性也。心，統性情者也。端，緒也。因其情之發，而性之本然可得而見，猶有物在中而緒見於外也。」❶陳淳（1159－1223）《北溪字義》：「情與性相對。情者，性之動也。在心裏面未發動底是性，事物觸著便發動出來是情。寂然不動是性，感而遂通是情。這動底只是就性中發出來，不是別物，其大目則爲

---

❶　朱熹：《四書章句集注》，北京：中華書局，1986年，第238頁。

喜、怒、哀、懼、愛、惡、欲七者。《中庸》只言喜怒哀樂四個，孟子又指惻隱、羞惡、辭遜、是非四端而言，大抵都是情。性中有仁，動出為惻隱；性中有義，動出為羞惡；性中有禮智，動出為辭遜、是非。端是端緒，裏面有這物，其端緒便發出從外來。若內無仁義禮智，則其發也，安得有此四端？大概心是個物，貯此性，發出底便是情。」❷朱子主張，仁、義、禮、智等蘊藏在心裏的德性，發出惻隱、羞惡、辭讓、是非等情緒、情感。

陳淳的《字義》是相當忠實於朱子思想，特別是《集注》之精神的。由此我們不難看出，朱子至少把「情」分為兩部分，一是「七情」，一是「四端」。陳來說，朱子之「情」可以三分，「一是指作為性理直接發見的四端，二是泛指七情，三是更包括某些具體思維在其內。」❸陳說是有根據的。我們這裏主要討論前兩種「情」，尤其是四端之情。朱子說：「四端皆是自人心發出。惻隱本是說愛，愛則是說仁。如見孺子將入井而救之，此心只是愛這孺子。惻隱元在這心裏面，被外面事觸起。羞惡、辭遜、是非亦然。格物便是從此四者推將去，要見裏面是甚底物事。」❹

從以上引文不難發現，第一，朱子把仁、義、禮、智作為天所賦予的，人之所以為人的內在本性、本質或道理，而惻隱、羞惡、辭讓、是非等四端，恰好是上述性、理必然要展示和表現出來的東西，也是人之性、理的外在化、客觀化或實現過程，及其過程之中

---

❷　陳淳：《北溪字義》，北京：中華書局，1983年，第14頁。

❸　陳來：《朱熹哲學研究》，北京：中國社會科學出版社，1988年，第149頁。

❹　黎靖德編：《朱子語類》，北京：中華書局，1994年，第四冊，卷五三，第1287頁。

情感、情緒的伴隨。第二，仁、義、禮、智屬今人所謂道德理性，四端屬今人所謂道德情感，二者相輔相成，相伴而行，皆統屬之於「一心」。

所謂「心統性情」是什麼意思呢？按朱熹對張載（1020－1077）「心統性情」的理解和發揮，就是指「心」主宰、統攝、包含、具有性情。一方面，朱子對心、性、情三者作了區分，尤其指出心與性情的差異；另一方面，他又肯定三者的統合、一致。「然心統性情，只就渾淪一物之中，指其已發、未發而爲言爾；非是性是一個地頭，心是一個地頭，情又是一個地頭，如此懸隔也。」「心，主宰之謂也。動靜皆主宰，非是靜時無所用，及至動時方有主宰也。言主宰，則混然體統自在其中。心統攝性情，非籠統與性情爲一物，而不分別也。」❺三者既渾淪一體，又有區別。朱子強調，心涵蓋了性情，心之未動爲性，已動則爲情。性即是理，情是發用處，心就是管攝性情的。心主乎性而行乎情。心該備通貫，主宰運用。「心統性情」的「心」是「心之體」，是道德本心，不是指人的思慮營爲的自然之心，但又離不開自然之心。這種道德本心未發動、未表現出來時，不過是人心所先驗地具有的一應當如此做的道德律則、命令，這就是「性」或「理」。這種道德本心「隨人心思慮營爲、喜怒哀樂之活動而起用時（已發），它使思慮營爲、喜怒哀樂在在皆合乎天理，在在皆是愛人利物而不是害人殘物。這時，它表現自己爲惻隱、是非、辭讓、羞惡等道德之情」。❻本心中的道德理性與道

---

❺　《朱子語類》，第一冊，卷五，第94頁。
❻　金春峰：《朱熹哲學思想》，臺北：東大圖書公司，1998年，第87頁。

德情感是不離不雜的。道德理性是道德行為的根據，沒有道德理性（性、理），道德情感（情）就無從發生。反之，沒有道德情感，道德理性就沒有掛搭處；沒有道德情感的能動性衝力，道德理性也無從抒發、實踐出來，也就不可能有什麼道德行為。

因此，從程頤（1033－1107）的「仁性愛情」出發，朱子認為「愛是惻隱，惻隱是情，其理則謂之仁。」「仁是愛之理，愛是仁之用。未發時，只喚做仁，仁卻無形影；既發後，方喚做愛，愛卻有形影。未發而言仁，可以包義禮智；既發而言惻隱，可以包恭敬、辭遜、是非。四端者，端如萌芽相似，惻隱方是從仁裏面發出來底端。」❼「舊看五峰說，只將心對性說，一個情字都無下落。」❽「李翱復性則是云滅情以復性，則非。情如何可滅？此乃釋氏之說，陷於其中不自知。」❾

朱子批評李翱（772－841）的「滅情以復性」論，批評胡宏（1105－1155，一作1102－1161）「只將心對性說」，凸顯情，處理心、性、情的關係，說到底，是要在不把性、理混同於、降低為情、氣的前提下，解決性、理的實踐性問題，尤其是解決道德實踐的動力問題，因此，他必須借助於情、氣來啟動性、理，使性、理變死為活。

朱子認為性是體，是形而上者，情是用，是形而下者，又將孟子四端之說分析為三層：惻隱是情，仁是性，惻隱之心是仁之端，不即是仁。正如劉述先先生所說，「朱子則將超越的性理與實然的

---

❼　《朱子語類》，第二冊，卷二十，第465頁。
❽　《朱子語類》，第一冊，卷五，第91頁。
❾　《朱子語類》，第四冊，卷五九，第1381頁。

情氣分解為二。」❿但另一方面,我們又必須看到,朱子仍不忘記超越、應然的性、理,與內在、實然的情、氣的貫通。因此,他才強調「情不是反於性,乃性之發處。」⓫仁是性,惻隱是情,惻隱是仁發出的端芽,程子將其譬如為穀種,穀之生生發展的道理是性,發為萌芽是情。朱子說:「性對情言,心對性情言。合如此是性,動處是情,主宰是心。大抵心與性,似一而二,似二而一,此處最當體認。」「有這性,便發出這情;因這情,便見得這性。因今日有這情,便見得本來有這性。」「性不可言。所以言性善者,只看他惻隱、辭遜四端之善則可以見其性之善,如見水流之清,則知源頭必清矣。四端,情也,性則理也。發者,情也,其本則性也,如見影知形之意。」⓬

　　足見朱子雖然有分析、分解的知識理性,將心、性、情三分,或者把性與情按理與氣、形上與形下、體與用、未發與已發的層次架構加以二分,但實際上在分析之後仍然統合而言之。既然性是心之理,情是性之動,心是性情之主,那麼,我以為,朱子之「心」就不僅僅是一「經驗實然之心」⓭。如果說孟子不講心性之分界,從超越的層面（或立場）講心性情的直接統一的話,那麼,朱子並不僅僅是從經驗實然的層面（或立場）講心性情的分別與統一的。朱子的「心」是一身之主宰,兼攝體用,兼攝超越形上之性、理與實然形

---

❿　劉述先:《朱子哲學思想的發展與完成》,臺北:學生書局,1995年8月增訂三版,第220頁。

⓫　《朱子語類》,第四冊,卷五九,第1381頁。

⓬　《朱子語類》,第一冊,卷五,第89頁。

⓭　劉述先:《朱子哲學思想的發展與完成》,第197頁。

下之情氣。此所謂「一心」，具眾理者乃其體，應萬事者乃其用，寂然不動者乃其體，感而遂通者乃其用。體即所謂性，以其靜者言；用即所謂情，以其動者言。朱子之「一心」實際上涵蓋形上、形下兩層，即此「心」既是超越層面的本然之心，又是經驗層面的實然之心，是二者之統合。「心」本身一體兩面，既存有又活動。實然形下的「心」具有活動作用的能力，由此體現超越形上之「心」，但又不是禪宗的「作用見性」。在朱子的「心」論中，特重「志」的導向。「志」為「心之所之」，使「心」全幅地趨向一個目的，決然必欲得之。故而人必須立志。

二、王夫之的「四端非情」論

現在我們再來看王船山的批評意見。總的說來，船山在「四端七情」的問題上，認定四端是性，七情是情，四端「可以心言而不可謂之情」；以性為道心，情為人心，批評朱子「惻隱是情」、「四端皆情」的主張，反對將惻隱之心屬之於愛，認為惻隱即是仁，非謂惻隱之可以為仁。

王夫之認為，孟子不曾將情、才與性等量齊觀，「言性以行於情、才之中，而非情、才之即性也」。「孟子言『惻隱之心，仁也』云云，明是說性，不是說情。仁義禮智，性之四德也。雖其發也近於情以見端，然性是徹始徹終與生俱有者，不成到情上便沒有性！性感於物而動，則緣於情而為四端；雖緣於情，其實止是性。」「惻隱即仁，豈惻隱之可以為仁乎？（自注：有擴充，無造作。）若云惻隱

可以爲仁，則是惻隱內而仁外矣……故以知惻隱、羞惡、恭敬、是非之心，性也，而非情也。夫情，則喜、怒、哀、樂、愛、惡、欲是已。」❹

　　王夫之嚴格區分「四端」、「七情」，嚴格區別惻隱、羞惡、恭敬、是非之心與喜、怒、哀、樂的界限，指出：「學者切忌將惻隱之心屬之於愛，則與告子將愛弟子之心與食色同爲性一例，在兒女情上言仁……惻隱是仁，愛只是愛，情自情，性自性也。」「情元是變合之幾，性只是一陰一陽之實。情之始有者，則甘食悅色；到後來蕃變流轉，則有喜怒哀樂愛惡欲之種種者。性自行於情之中，而非性之生情，亦非性之感物而動則化而爲情也。」「情便是人心，性便是道心。道心微而不易見，人之不以人心爲吾俱生之本者鮮矣。故普天下人只識得個情，不識得性，卻於情上用工夫，則愈爲之而愈妄。性有自質，情無自質……無自質則無恒體……無質無恒，則亦可云無性矣。甚矣，其逐妄而益狂也！」❺足見王夫之對「情」防範甚嚴，害怕情的泛濫。他把性與情的區別，視爲道心與人心的區別。在關於「情」的界定上，他與朱子有較大的分歧。

　　在《孟子·告子上篇》：「孟子曰：『乃若其情，則可以爲善矣，乃所謂善也。』」朱注：「情者，性之動也。人之情，本但可以爲善而不可以爲惡，則性之本善可知矣。」❻王夫之直接批評朱子：「《集注》謂『情不可以爲惡』，只緣誤以惻隱等心爲情，故一直

❹　王夫之：《讀四書大全說》，《船山全書》，長沙：嶽麓書社，1991年12月，第六冊，第1064－1065頁。

❺　《船山全書》，第六冊，第1066頁。

❻　《四書章句集注》，第328頁。

說煞了。若知惻隱等心乃性之見端於情者而非情，則夫喜怒哀樂者，其可以『不可爲惡』之名許之哉！」「朱子未析得『情』字分明，故添上『不可以爲惡』五字，而與孟子之旨差異。」❶按，朱子認爲，性如水，情如水之流。情既發，則有善有不善。性即理，自無不善，一旦要作爲，則關涉到氣與情，則有善與不善。朱子認爲，天所命於人的理，人生來具有的理，人所受以爲性，其主要方面是仁、義、禮、智四者，本只善而無惡。在先驗、應然的層面，人性爲善。但人有氣稟不同，在經驗、實然的層面有善有惡。至若四端之情，本於仁義禮智發出來，性善則情亦善，性善則才亦善。

在這裏，朱子一方面按孟子的思路，講本然之性善，由此發出的情亦善，才亦無不善。這是從天命之性講的。另一方面，朱子又從氣質之性上講，情既發出，則有善有不善；才本是善，但爲氣所染，故有善有不善。朱子認爲，孟子說情、才，是從本然之性上講的，不如張載、二程講得完備。張、程從氣稟上解釋人在經驗事實層面上的善惡，氣清則才善，氣濁則才惡。從氣質的層面來說，情、才有善、不善之分。孟子是從大本處理會，二程則兼性與氣說，方盡此論。

王夫之批評程子的氣稟說，認爲「情」既由「性」生，則與「性」有離有合，差別甚大。「情之於性」，猶子之於父、竹之於筍。「喜、怒、哀、樂之與性，一合一離者是也。故惻隱、羞惡、辭讓、是非，但可以心言而不可謂之情，以其未發時之所存者，只是一個物事也。性，道心也；情，人心也。惻隱、羞惡、辭讓、是非，道心也；喜、

怒、哀、樂,人心也。」⑱未發時的怵惕惻隱與愛親敬長之心,固然是性;乍見孺子時怵惕惻隱之動於心,也即是性。「發而始有、未發則無者謂之情,乃心之動幾與物相往來者,雖統於心而與性無與。即其統於心者,亦承性之流而相通相成,然終如筍之於竹,父之於子,判然爲兩個物事矣。」「大抵不善之所自來,於情始有而性則無。孟子言『情可以爲善』者,言情之中者可善,其過、不及者亦未嘗不可善,以性固行於情之中也。情以性爲榦,則亦無不善;離性而自爲情,則可以爲不善矣。惻隱、羞惡、辭讓、是非之心,固未嘗不入於喜、怒、哀、樂之中而相爲用,而要非一也。」⑲按,朱子認爲未發是性,已發是情,而王夫之則認爲,已發的道德情感也是性,不能把性與情相混淆。四端之心與喜怒哀樂相互作用,但兩者畢竟不是一回事。船山警惕著離性之情,堅持四端爲性而非情。

三、朱王性情論之分歧

至此我們不難看出船山與程朱在性情論上的分歧。對於人在事實經驗層面的不善,程朱是從氣稟上解釋的,而船山仍然是從情對於性的偏離來立論的。情不偏於性,以性爲中心,性行於情之中,則無不善;離開性而自爲情,則可以爲不善。王船山認爲,朱子所謂「情之中節」爲善,「不中節」便有不善的提法也是有問題的,

---

⑱　《船山全書》,第六冊,第964頁。
⑲　《船山全書》,第六冊,第964－965頁。

因爲「中」、「節」是「性」的功能，非「情」自身有此種功能。「今以怵惕惻隱爲情，則又誤以性爲情，知發皆中節之『和』而不知未發之『中』也。（自注：言『中節』則有節而中之，非一物事矣。性者節也，中之者情也，情中性也。）曰由性善故情善，此一本萬殊之理也，順也。若曰以情之善知性之善，則情固有或不善者，亦將以知性之不善與？此孟子所以於惻隱、羞惡、辭讓、是非之見端於心者言性，而不於喜、怒、哀、樂之中節者徵性也。有中節者，則有不中節者。若惻隱之心，人皆有之，固全乎善而無有不善矣。」「蓋以性知天者，性即理也，天一理也，本無不可合而知也。若以情知性，則性純乎天也，情純乎人也，時位異而撰不合矣，又惡可合而知之哉？故以怵惕惻隱之心爲情者，自《集注》未審之說。觀《朱子語錄》所以答或問者，則固知其不然矣。」[20]今查《朱子語類》，朱子仍主張「四端」爲情，與《集注》一致。

船山認爲，朱子犯了「以性爲情」、「以情知性」的錯誤，而性、情分屬天、人，這種混淆很可能導致「情」的僭越，「情」對「性」的侵蝕。他認爲，如盡其情，則喜怒哀樂愛惡欲熾然充塞，其害甚巨。與王船山對「情」之防範相反，朱子之「性情論」，給「情」以相當之地位。因爲朱子認識到，「情既滅了，性便是個死底性，於我更何用？」[21]朱子借助於「四端」等道德情感作爲道德實踐的動力。

王夫之非常清楚情、才的能動作用，也清楚朱子在對「情」的

---

[20] 《船山全書》，第六冊，第965頁。

[21] 《北溪字義》，第15頁。

控御上有獨到的工夫論。王夫之與朱子一樣，也十分重視「志」和「立志」。但他堅持認爲，「情」是無質、無恒、無節的，由情無法知性知天，所以根本上應強調「盡性」。他說：「告子之流既不足以見吾心固有之性，而但見夫情之乘權以役用夫才，億爲此身之主，遂以性之名加之於情。釋《孟子》者又不察於性之與情有質無質、有恒無恒、有節無節之異，乃以言性善者言情善。夫情苟善，而人之有不善者又何從而生？乃以歸之於物欲，則亦老氏『五色令人目盲，五音令人耳聾』之緒談。抑以歸之於氣，則誣一陰一陽之道以爲不善之具，是將賤二殊，厭五實，其不流於釋氏『海漚』、『陽焰』之說者幾何哉？」「愚於此盡破先儒之說，不賤氣以孤性，而使性托於虛；不寵情以配性，而使性失其節。竊自意可不倍於聖賢，雖或加以好異之罪，不敢辭也。」㉒船山主張德性與德氣的互動，由於氣的參與，道德理性不至於流於虛空，但他不同意情與性的配制，深恐情的波瀾導致道德理性的旁落。

船山認爲，人之不善，不能歸之於物欲，不能歸之於陰陽二氣五行，不善仍是人的「情」之罪。當然，船山對「情」也有兩分法：「不善雖情之罪，而爲善則非情不爲功。蓋道心惟微，須藉此以流行充暢也。（自注：如行仁時，必以喜心助之。）情雖不生於性，而亦兩間自有之幾，發於不容已者。唯其然，則亦但將可以爲善獎之，而不須以可爲不善責之。故曰『乃所謂善也』，言其可以謂情善者此也。（自注：《集注》釋此句未明，蓋謂情也。）」「功罪一歸之情，則見性後亦須在情上用功。《大學》『誠意』章言好惡，正是此理。

<hr>

㉒　《船山全書》，第六冊，第1068頁。

既存養以盡性，亦必省察以治情，使之爲功而免於罪。《集注》云『性雖本善，而不可無省察矯揉之功』，此一語恰合。省察者，省察其情也，豈省察性而省察才也哉！」「若不會此，則情既可以爲不善，何不去情以塞其不善之原，而異端之說由此生矣。乃不知人苟無情，則不能爲惡，亦且不能爲善。便只管堆塌去，如何盡得才，更如何盡得性！」㉓

　　船山並非排情，他批評釋老「去情」的主張，充分肯定「情」在爲善、盡才、盡性中的功勞。「道心」、道德理性，要靠「情」流行充暢，「情」是道德理性的動力。他同意宋儒倡導的修養工夫，即以省察治清，防止「情」的泛濫，避免流於不善。在這兩方面，船山與朱子其實都是一致的。船山之所以批評朱子，乃是認爲孟子「乃若其情，則可以爲善，乃所謂善也」（船山有時斷爲「情則可以爲善，乃所謂善也」），是專就「盡性」而言的，朱注「四端即情」的主張，混淆了性與情的界限，走的是一條「以性爲情」、「以情知性」的路子，否定了「性」是徹始徹終地伴隨、調節、指導「情」的。因爲「性」有自質、恒體、節度，「性」自然行於「情」中，不是「性」生出「情」，「性」感物而化爲「情」。然而「情」則無質無恒無節，蓄變流轉，逐妄而益狂。這樣，把「惻隱」等「四端」釋爲「情」，就十分危險。船山說，孟子性善情善論，是專就盡性而言，他自己所謂「不善者情之罪」，只是專就不善者而言的。孟子「道其常」，而他本人則「盡其變」。他認爲「情之本體」，如杞柳、湍水，居於爲功爲罪之間，無固善固惡，靠人的修養而引導、

㉓　《船山全書》，第六冊，第1069頁。

決定。根本上，他是以「盡性」爲本，主張「奉性窮理」、「奉性盡心」的路線，「盡性」的工夫就是「存養」、「省察」。船山並不把情緒、情感劃分爲道德情感與非道德情感，情就是情，性就是性。

程顥（1032－1085）、程頤都以惻隱、四端爲「情」。朱子認爲，「四端是理之發，七情是氣之發。」問：「看得來如喜怒愛惡欲，卻似近仁義。」曰：「固有相似處。」❷由此看來，程朱都認爲，四端與七情均是情，但是兩種有區分的情。一爲理之發，一爲氣之發。朝鮮李朝的性理學者有所謂「四七之辨」，李退溪（1502－1571）以四端爲純善，而七情則善惡未定，把情分爲本然之情與氣質之情。李栗谷（1536－1584）則認爲，四端之情與七情之情並無不同，均是氣發，氣發則理乘之。❷看來船山與他們都有不同，他否定四端爲「情」，把道德理性的未發、已發都執定爲「性」，由性情之分別來區分四端與七情。他認爲，性行於情之中，惻隱、羞惡之心（性）常常入於喜怒哀樂（情）之中，並以後者爲用。不離性之情爲善，離性之情則爲不善。

四、朱王「情才論」的比較

在朱子看來，情、才與人性的本體有著密切的聯繫，性與情、

---

❷ 《朱子語類》，第四冊，卷五三，第1297頁。
❷ 參見楊祖漢：〈朝鮮儒者關於『四端七情』問題的討論〉，見氏著《儒家的心學傳統》第三章，臺北：文津出版社，1992年。

才亦是不離不雜的。朱子、船山在討論《孟子·告子上篇》的「若夫爲不善，非才之罪也」這句話及相關段落時，均有不少發揮。朱子認爲，才與情一樣，也是性中所出，因而無不善，但爲氣所染，故有善不善。

「問：『情與才何別？』曰：『情只是所發之路陌，才是會恁地去做底。且如惻隱，有懇切者，有不懇切者，是則才之有不同。』又問：『如此，則才與心之用相類？』曰：『才是心之力，是有氣力去做底。心是管攝主宰者，此心之所以爲大也。心譬水也；性，水之理也。性所以立乎水之靜，情所以行乎水之動，欲則水之流而至於濫也。才者，水之氣力所以能流者，然其流有急有緩，則是才之不同。伊川謂『性稟於天，才稟於氣』，是也。只有性是一定。情與心與才，便合著氣了。心本未嘗不同，隨人生得來便別了。」「性者，心之理；情者，心之動。才便是那情之會恁地者。情與才絕相近。但情是遇物而發，路陌曲折恁地去底；才是那會如此底。要之，千頭萬緒，皆是從心上來。」❷⑥

朱子批評了「才出於氣，德出於性」的說法，重申才也是性中出的，德也是有是氣而後有是德。有才能的人出來做事業，也是它性中有了，便出來做得。但溫厚篤實便是德，剛明果敢便是才。他認爲，人的才能與才氣之所稟的多寡有關。他又認爲，能爲善而本善者是才。他不同意「能爲善便是才」的說法，因爲按這種說法，則「能爲惡亦是才」。❷⑦在這裏，朱子不承認偏離道德理性的能力是所謂「才」。那麼，是不是「才」就沒有善惡呢？朱子對這個問題

❷⑥ 《朱子語類》，第一冊，卷五，第97頁。
❷⑦ 同上。

有兩層的分析，其大意是，就天命之性而言，「才」無不善，就氣質之性而言，「才」有善有惡。

「問：『孟子言情才皆美，如何？』曰：『情本自善，其發也未有染污，何嘗不善。才只是資質，亦無不善。譬物之白者，未染時只是白也。』」「孟子言才，不以爲不善。蓋其意謂善，性也，只發出來者是才。若夫就氣質上言，才如何無善惡？」「問：『孟子論才專言善，何也？』曰：『才本是善，但爲氣所染，故有善、不善，亦是人不能盡其才。人皆有許多才，聖人卻做許多事，我不能做得些子出。故孟子謂：或相倍蓰而無算者，不能盡其才者也。』」❷⓼

朱子認爲，孟子言才，正如言性，是本然的，不如程子分理氣來說才。孟子專指出於「性」之「才」，程子兼指其稟於氣者言之。才之初無不善，但人之氣稟有善惡，故其才也有善惡。「孟子自其同者言之，故以爲出於性；程子自其異者言之，故以爲稟於氣。大抵孟子多是專以性言，故以爲性善，才亦無不善。到周子、程子、張子，方始說到氣上。要之，須兼是二者言之方備。」❷⓽

程子以氣之清濁論才之清濁。朱子指出，性、氣雖同出於天，但性是形而上者，氣是形而下者，故性無不善，而才有善有不善。情、才同出於性，同屬於心。情才顯性，即在道德實踐的過程中，情才都具有能動性，使道德本性展示出來。但情是動，才是力，情是感動、發抒，才是才質、才能、能力、氣力。「才」能使「事業」成就出來。

---

❷⓼ 《朱子語類》，第四冊，卷五九，第1381－1382頁。
❷⓽ 同上，第1383頁。

　　就「心」之具性而統性，顯性而統情才而言，就情、才本於性、出於性、顯示性而言，就以上下兩層說明情才之善與不善而言，船山與朱子並沒有什麼分歧。王夫之說：「唯性生情，情以顯性，故人心原以資道心之用。道心之中有人心，非人心之中有道心也。則喜、怒、哀、樂固人心，而其未發者，則雖有四情之根，而實為道心也。」❸

　　「才之所可盡者，盡之於性也。能盡其才者，情之正也；不能盡其才者，受命於情而之於蕩也。惟情可以盡才，故耳之所聽，目之所視，口之所言，體之所動，情苟正而皆可使復於禮。亦惟情能屈其才而不使盡，則耳目之官本無不聰、不明、耽淫聲、嗜美色之咎，而情移於彼，則才以捨所應效而奔命焉。」「蓋惻隱、羞惡、恭敬、是非之心，其體微而其力亦微，故必乘之於喜怒哀樂以導其所發，然後能鼓舞其才以成大用。喜怒哀樂之情雖無自質，而其幾甚速亦甚盛。故非性授以節，則才本形而下之器，蠢不敵靈，靜不勝動，且聽命於情以為作為輟，為攻為取，而大爽乎其受型於性之良能。」❸

　　「情以御才，才以給情。情才同原於性，性原於道，道則一而已矣。一者，保合和同而秩然相節者也。始於道，成於性，動於情，變於才。才以就功，功以致效，功效散著於多而協於一，則又終合於道而以始，是故始於一，中於萬，終於一。」❸

---

❸　《船山全書》，第六冊，第473頁。

❸　《船山全書》，第六冊，第1067頁。

❸　王夫之：《周易外傳》，《船山全書》，長沙：嶽麓書社，1988年12月，第一冊，第980頁。

　　按，船山指出，心包含了情、才，性行於情、才之中。心感於物而動，喜怒哀樂乘機而起，是謂「情」；情起以後，耳目心思效其能，以成乎事者，謂之「才」。人的氣質之應物、顯性的能力是「才」。「由情才顯性，而見氣之載理。氣之載理爲心，理爲性，故情才皆原於性，皆統於心，皆出於氣也。」❸就「性與才」的關係而言：受命於天，靜而無爲的本體是「性」，成之於人，動而有爲的功用是「才」。就「性情才」的關係而言：「才」靠「情」啓動，「情」靠「性」調節；有「才」方能顯性於情；「情正」可以盡才，因而盡性；「情不正」則屈才，因而不能盡性。「情」是「才」與「性」之間的中間環節。「情以御才」，似乎是指人的智力才幹（今人或謂「智熵」）受到情感世界（今人或謂「情熵」）的調控。「才以給情」，似乎是指智力才幹對情感生活的輔助，幫助情感乃至人的本性的達成。「才以就功」，則是「盡才」所取得的「盡性」的功勞、效果。這個公式似乎是：

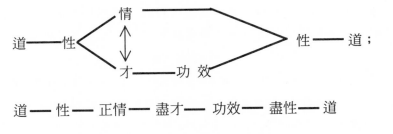

道 ── 性 ── 正情 ── 盡才 ── 功效 ── 盡性 ── 道

　　船山以張載「即氣以言心性」的思路，指出人之不善，原因不

❸　唐君毅：《中國哲學原論》（原教篇），《唐君毅全集》卷十七，臺北：學生書局，1990年9月，第570頁。

在「氣質」或「氣質之性」，而在流乎情、交乎才者之不正。這一點與程朱的思想稍有不同。他認為，「捨氣適足以孤性」，因而重視表現於生命之氣的情、才。但如上所述，船山在「性情論」上，有時顯得比朱子更保守，例如在四端之心的非情說上，恪守「性」的純潔性，不容摻假，認定情是不善的根源，批評朱子「以性為情」、「以情知性」。他不主張「賤氣以孤性」，又肯定喜怒哀樂等「人心」對於仁義禮智等「道心」的輔助作用，但強調見性之後，才能再使用情，絕不能「寵情以配性」。由王船山對李贄（1527－1602）的批判和咒罵，亦可以看出他對「情」之泛濫的深惡痛絕。船山關於正情、盡才而盡性的看法，則與朱子並無大的不同。但在「心、性、情、才」的論說上，船山偏重於以道德理性之「性」為軸心，從「性」、「氣」二本論出發說明問題，而朱子則偏重以「心」、「性」、「情」之一體三分來說明問題。要完整地理解朱子與船山心性論的異同，還必須涉及「氣稟說」與「性習論」，在這些方面，二者分歧較大。船山批評程朱的「氣稟說」，強調「習與性成」，「性日生日成」，以另一種工夫論，對治「寵情」的偏失。然限於篇幅，這些問題只好留待另一篇文章處理。

（本文曾於2000年10月在上海華東師大舉行的朱熹國際學術研討會上發表，又於次月在韓國成均館大學舉行的東亞國際學術會議上發表，刊載於山東大學《文史哲》2001年第3期，紀念該刊創辦50周年專集，2001年5月。其英譯文本刊載於韓國成均館大學《東亞研究》一卷一期，2001年8月。）

朱熹與王夫之在氣稟說與
性習論上的分歧

　　關於人性物性的不同，人之道德善惡、智慧高下的區別，程朱以「氣稟」之說來加以解釋。就人而言，朱子說：「人所稟之氣，雖皆是天地之正氣，但袞來袞去，便有昏明厚薄之異。蓋氣是有形之物。才是有形之物，便自有美有惡也。」❶人所稟之氣有昏明清濁的差別，「故上知生知之資，是氣清明純粹，而無一毫昏濁，所以生知安行，不待學而能，如堯舜是也。其次則亞於生知，必學而後知，必行而後至。又其次者，資稟既偏，又有所蔽，須是痛加工夫，『人一己百，人十己千』，然後方能及亞於生知者。及進而不已，則成功一也。」「有是理而後有是氣，有是氣則必有是理。但稟氣之清者，為聖為賢，如寶珠在清冷水中；稟氣之濁者，為愚為不肖，如珠在濁水中。所謂『明明德』者，是就濁水中揩拭此珠也。」❷

　　「氣質之性」是合理與氣而說的。朱子認為，一說到性，就落

---

❶　黎靖德編：《朱子語類》，北京：中華書局，1994年，第一冊，卷四，第68頁。

❷　同上，第66、73頁。

於氣，就不是本原的「性」了，即不是理想的、本體的「理」了。「天命之性」或「本然之性」指我們今天所說的理想的人，或人的理想狀態；「氣質之性」指我們今天所說的現實的人，或人的現實狀態。人有此形體，有知覺感應，有現實功利的要求。現實中人既因「天命之性」有道德的要求，又因本身即感性物質的存在而有現實的種種需要和欲求，這是混雜在一起的。從本體理境來說，人之理想的、本體的狀態並無不同。但人在現實上的善惡、智愚的區別，在一定意義上是由於人之「氣稟」的不同造成的。朱子指出，氣稟的多樣性、複雜性，尚不是「清濁」二字可以概括的，例如有清而不醇者，有醇而不清者等等。他又說：「『死生有命』之『命』是帶氣言之，氣便有稟得多少厚薄之不同。『天命謂性』之『命』，是純乎理言之。然天之所命，畢竟皆不離乎氣。但《中庸》此句，乃是以理言之。孟子謂『性也，有命焉』，此『性』是兼氣稟食色言之。『命也，有性焉』，此『命』是帶氣言之。性善又是超出氣說。」❸朱子把聖賢愚不肖、貴賤、貧富、死生、壽夭等歸結爲稟氣之不同，不免有「命中注定」的意思，因而遭到王夫之的批評（詳下）。

關於「繼善成性」，朱子說：「才說性時，便有些氣質在裏。若無氣質，則這性亦無安頓處。所以繼之者只說得善，到成之者便是性。」❹關於「性相近也，習相遠也」，朱子說：「此所謂性，兼氣質而言者也。氣質之性，固有美惡之不同矣。然以其初而言，則皆不甚相遠也。但習於善則善，習於惡則惡，於是始相遠耳。」關

---

❸　同上，第77頁。
❹　同上，第66頁。

於「唯上知與下愚不移」，朱子說：「人之氣質相近之中，又有美惡一定，而非習之所能移者。」❺朱子認為，「性相近」，是從氣質之性上說，通言善惡智愚之相近。但「上智、下愚」是指人之中相隔懸絕者說的。如堯舜與桀紂，是不可移者。但程朱都肯定「無不可移」。朱子所謂「氣質相近之中，又有一定而不可易者」，容易造成誤會，門生亦提出懷疑。朱子解釋說：「蓋習與性成而至於相遠，則固有不移之理。然人性本善，雖至惡之人，一日而能從善，則爲一日之善人，夫豈有終不可移之理！當從伊川之說，所謂『雖強戾如商辛之人，亦有可移之理』是也。」❻這就留有一定的餘地，表明朱子並不是把人之氣質之性執定爲初生之頃的。

王船山對程朱的「氣稟」說，特別是對朱子的「有生之初，氣稟一定而不可易者」之論提出異議。他在《讀四書大全說》中指出：「先儒言有氣稟之性。性凝於人，可以氣稟言；命行於天，不可以氣稟言也。如稻之在畝，忽然被風所射，便不成實，豈禾之氣稟有以致之乎？氣有相召之機，氣實召實，氣虛召虛；稟有相受之量，稟大受大，稟小受小。此如稻之或早、或遲，得粟或多、或少，與疾原不相爲類。風不時而粟虛於穗，氣不淑而病中於身，此天之所被，人莫之致而自至，故謂之命，其與氣稟何與哉！謂有生之初，便裁定伯牛必有此疾，必有此不可起之疾，唯相命之說爲然，要歸於妄而已矣。」「天無一日而息其命，人無一日而不承命於天，故曰『凝命』，曰『受命』。若在有生之初，則亦知識未開，人事未

---

❺ 朱熹：《四書章句集注》，北京：中華書局，1986年，第176頁。
❻ 《朱子語類》，第四冊，第1178頁。

起，誰爲凝之，而又何大德之必受哉？」「只此陰變陽合，推盪兩間，自然於易簡之中有許多險阻。化在天，受在人。其德，則及爾出王遊衍而爲性；其福，則化亨生殺而始終爲命。（自注：德屬理，福屬氣。）此有生以後之命，功埒生初，而有生以後之所造爲尤倍也。」「天命無心而不息，豈知此爲人生之初，而盡施以一生之具；此爲人生之後，遂已其事而聽之乎？又豈初生之頃，有可迓命之資；而有生之後，一同於死而不能受耶？一歸之於初生，而術數之小道由此興矣。」❼

船山借《論語·雍也》「伯牛有疾」章，詮釋了如此一大篇文章，直接批評了「氣稟」說、「命定」論的錯誤，指出人或物在自身的發展中，遇到諸多客觀因素的制約，也有一些發展的契機。其中，有偶然的災異的降臨，是人無法預料、抗拒或規避的，這可以稱爲「命」，但這於人、物之初所稟之氣毫無關係。天地之氣變化日新，人受天地之氣的影響，與天地之氣相感通，不僅僅在初生之時，亦在已生之後。人的德性、知識、福命也在不斷變化之中，絕不是固定不變的。

在《尚書引義·太甲二》中，王夫之說：「習與性成者，習成而性與成也。使性而無弗義，則不受不義；不受不義，則習成而性終不成也。使性而有不義，則善與不善，性皆實有之；有善與不善而皆性，氣稟之有，不可謂天命之無。氣者天，氣稟者稟於天也。故言性者，戶異其說。今言習與性成，可以得所折中矣。」

---

❼ 王夫之：《讀四書大全說》，《船山全書》，長沙：嶽麓書社，1991年12月，第六冊，第676－677頁。

「夫性者生理也，日生則日成也。則夫天命者，豈但初生之頃
命之哉！但初生之頃命之，是持一物而予之於一日，俾牢持終身以
不失。天且有心以勞勞於給與人，而人之受之，一受其成形而無可
損益矣。」

「夫天之生物，其化不息。初生之頃，非無所命也。何以知其
有所命？無所命，則仁、義、禮、智無其根也。幼而少，少而壯，
壯而老，亦非無所命也。何以知其有所命？不更有所命，則年逝而
性亦日忘也。」

「形化者化醇也，氣化者化生也。二氣之運，五行之實，始以
爲胎孕，後以爲長養，取精用物，一受於天產地產之精英，無以異
也。形日以養，氣日以滋，理日以成；方生而受之，一日生而一日
受之。受之者有所自授，豈非天哉？故天日命於人，而人日受命於
天。故曰性者生也，日生而日成之也。」

「生之初，人未有權也，不能自取而自用也。惟天所授，則皆
其純粹以精者矣。天用其化以與人，則固謂之命矣。生之後，人既
有權也，能自取而自用也。自取自用，則因乎習之所貫，爲其情之
所歆，於是而純疵莫擇矣。」

「周子曰：『誠無爲。』無爲者誠也，誠者無不善也，故孟子
以謂性善也。誠者無爲也，無爲而足以成，成於幾也。幾，善惡也，
故孔子以謂可移也。」

「有在人之幾，有在天之幾。成之者性，天之幾也。初生之造，
生後之積，俱有之也。取精用物而性與成焉，人之幾也。初生所無，
少壯日增也。苟明乎此，則父母未生以前，今日是已；太極未分以
前，目前是已。懸一性於初生之頃，爲一成不易之形，揣之曰：『無

善無不善』也，『有善有不善』也，『可以爲善可以爲不善』也，嗚呼！豈不妄與！」❽

　　王夫之批評告子、世碩等人的人性論，堅持孟子的性善論，但他是從「氣」與「習」的角度加以論證的。也就是說，他把一個終極性的、形而上的、先驗的、理想的人性問題，坐實在氣化日生、天命流行的宇宙論背景上和現實性的、形而下的社會人生之中，從而對程朱的「氣稟說」提出挑戰。既然氣稟是稟於天的，那麼人的氣質之性也就不斷地接受變化著的天的指令，從而不斷地積累、習行，趨而之善，改惡從善。從這個意義上說，人不斷地接天地氤氳之氣，人性不斷地在後天習行實踐中生成長養，因而突破了初生時的狀態，日生而日成。氣質之性本來就與天命之性相即不離，「變化氣質」也就促成了人性的理想性的不斷實現。

　　王夫之的「習與性成」、「性日生日成」論並未脫離宋明學術的主潮，只是他以一種「尊生」、「明有」、「主動」、「率性」的立場來講存心養性❾，其目的是道德理性的與日俱進，直到至善的境界。所以他說：「天命之謂性，命日受則性日生矣。目日生視，耳日生聽，心日生思，形受以爲器，氣受以爲充，理受以爲德。取之多、用之宏而壯；取之純、用之粹而善；取之駁、用之雜而惡；不知其所自生而生。是以君子自強不息，日乾夕惕，而擇之、守之，

---

❽　王夫之：《尚書引義》，《船山全書》，長沙：嶽麓書社，1988年2月，第二冊，第299－302頁。

❾　參見熊十力：《讀經示要》，上海：正中書局，1949年印本，卷二，第67頁B面。

以養性也。於是有生以後，日生之性益善而無有惡焉。」❿王夫之使程朱的人性論帶來了生機活潑的氣象，而更忠實於儒家自強不息的理念與剛健有爲的精神。

在解釋孟子的「集義」時，王夫之說：「義，日生者也。日生，則一事之義，止了一事之用；必須積集，而後所行之無非義。氣亦日生者也，一段氣止擔當得一事，無以繼之則又餒。集義以養之，則義日充，而氣因以無衰王之間隙，然後成其浩然者以無往而不浩然也。」⓫足見氣的參與，善的積累，後天的實踐，對於人性養育具有莫大的意義。

船山批評程子把人性分作兩截說，把人之有惡，舉而歸之於氣稟。「孟子說性，是天性。程子說性，是己性，故氣稟亦得謂之性。乃抑云『性出於天，才出於氣』，則又謂氣稟爲才，而不謂之性矣。天惟其大，是以一陰一陽皆道，而無不善。氣稟唯小，是以有偏。天之命人，與形俱始。人之有氣稟，則是將此氣稟凝著者性在內。孟子所言，與形始者也。程子所言，氣稟之所凝也。《易》云『成之者性』，語極通貫包括，而其幾則甚微。孟子重看『成之者』一『之』字，將以屬天，然卻沒煞『繼之者善』一層，則未免偏言其所括，而幾有未析也。（自注：孟子英氣包舉，不肯如此細碎分剖。）程子重看一『成』字，謂到成處方是性，則於《易》言『成之者』即道成之，即善成之，其始終一貫處，未得融浹。」⓬王夫之在這裏也

---

❿　《船山全書》，第二冊，第301頁。

⓫　《船山全書》，第六冊，第930頁。

⓬　《船山全書》，第六冊，第959－960頁。

批評了孟子沒有重視「繼之者善」一層。

比較孟子與程子，船山認為，程子把氣稟屬之人，主張人一受成形而莫能或易，而孟子以氣稟歸之天，主張「莫非命也」，由此也可以詮釋爲「終身而莫非命也，莫非性也」，時時處處成性，時時處處繼善。船山指出：「後天之性，亦何得有不善？『習與性成』之謂也。先天之性天成之，後天之性習成之也。乃習之所以能成乎不善者，物也。夫物亦何不善之有哉？（自注：如人不淫，美色不能令之淫。）取物而後受其蔽，此程子之所以歸咎於氣稟也。雖然，氣稟亦何不善之有哉？（自注：如公劉好貨，太王好色，亦是氣稟之偏。）」**❸**

王夫之認爲，「物」、「習」均有正面價值與負面價值。人的後天行爲，如果得其正位，則「物不害習」，「習不害性」，「物」、「習」反而可以促成「性」的養育；如果不得正位，則「物以移習於惡而習以成性於不善」。不善不能歸咎於氣稟，不能歸咎於我之形色，也不能歸咎於外物之形色，而應歸咎於我之形色與物之形色往來相遇的「時」、「地」、「幾」之不當。也就是說，船山重視主客、物我交往的時間、空間、契機之「當」否、「正」否。這就從心性論走向了社會學，考慮到正當性的問題。他的結論是：「故唯聖人爲能知幾。知幾則審位，審位則內有以盡吾形、吾色之才，而外有以正物形、物色之命，因天地自然之化，無不可以得吾心順受之正。如是而後知天命之性無不善，吾形色之性無不善，即吾取夫物而相習以成後天之性者亦無不善矣，故曰『性善』也。嗚呼，

---

❸ 《船山全書》，第六冊，第962頁。

微矣！」❶

在「氣化日新」的論域裏，船山把「性善論」擴而充之爲形上形下兩層：（1）天命之性（天所成就的先天之性，或天所賦予人的道德理性）無不善，這是孟子學的道德形上學的原始意義；（2）形色之性（或氣質之性，即習行所成就的後天之性，或人的實踐理性）無不善，這是在程朱的人性論、工夫論基礎上的一個歧出或飛躍。但由性善言情、才善，是從形上縱貫到形下，由超越層到經驗層；相反，由情、才善，進而由氣善，由形色善而反過來講性善，這在理論上尙值得探討。人的現實性，或經驗事實上的人有善有惡，是孔孟都承認的。孟子也提供了「盡心知性知天」，「存心養性事天」，「志壹則動氣，氣壹則動志」，「存夜氣」，「善養吾浩然之氣」，「踐形」的思路。程朱爲區別告子至韓愈的人性論，並合理地說明人之性善和在現實上的不善，採用「性善」與「氣稟」，或「天命之性」與「氣質之性」的兩層說法，但這些說法，特別是氣稟之說，難以圓融而易流於宿命論。船山的「形色之性無不善」之論亦有理論漏洞，但平心而論，其所張揚的是儒家「日新之謂盛德」、「生生之謂易」的變化日新的精神，在人性論之變革、實踐上具有積極意義。王夫之肯定知幾、審位、踐形，強調人性養成的動態性、歷史性、實踐性，在道德養成與實踐的理論上更具有開放性與可行性。在「性習論」上，他以犀利的、靈光四射的筆觸，刷新了儒家的實踐倫理學，打開了返虛爲實的外王學徑路。

---

❶　《船山全書》，第六冊，第963頁。

　　（本文於2000年10月在福建武夷山舉行的「朱子學與21世紀國際學術研討會」上發表，刊載於福建《朱子研究》，2001年第一期，2001年4月。）

馬祖禪的哲學意蘊

馬祖道一（約709－788年）是南嶽懷讓的弟子，曹溪惠能的第三代傳人之一。惠能南宗至馬祖道一、石頭希遷而大盛。馬祖、石頭都是南禪史上的中心開啓式人物。惠能的生命智慧，禪宗的獨特精神，迨他們而弘揚光大。馬祖主要在洪州（今南昌）傳禪❶，弟子雲集（《祖堂集》說他有88位善知識者，《景德傳燈錄》說他的入室弟子有139人）。洪州宗或江西禪系的佼佼者，有馬祖門下三大士百丈懷海、南泉普願、西堂智藏及大珠慧海、石鞏慧藏、麻谷寶徹、鹽官齊安、五泄靈默、大梅法常、歸宗智常、盤山寶積、龐蘊居士等。馬祖歿後，江西禪師遍及天下。影響巨大的有南泉的弟子趙州從諗，百丈弟子黃檗希運，嗣法於百丈的溈山靈祐與其弟子仰山慧寂開創的溈仰宗，嗣法於黃檗的臨濟義玄開創的臨濟宗。溈仰、臨濟二宗與原於青原行思、石頭希遷系統的曹洞、雲門、法眼三宗，是晚唐至五代時期著名的分燈並弘的五家禪，風靡於全國，在歷史上有著久遠的影響並遠播海外。

---

❶ 據杜繼文、魏道儒云：「道一一生的活動，以洪州爲中心，南抵大庾嶺北，東南越過武夷山脈至福建、浙江境，時間大約自天寶三年（744）到貞元四年（788）的四十餘年中。」見杜、魏合著之《中國禪宗通史》，南京：江蘇古籍出版社，1993年8月版，第229－239頁。

　　熊十力先生平生最服膺馬祖禪，在《新唯識論》、《十力語要》等著作中，多次引用馬祖與百丈懷海、大珠慧海、大梅法常的若干公案，並加以發揮❷。熊氏高度評價了馬祖當機善誘的禪法和當下自識本心的禪觀。筆者受到熊先生的影響才注意到馬祖禪的奧意。本文只是在前賢和時賢的啟悟下，略述馬祖禪的意蘊。不當之處，敬祈方家指教。

一、即心是佛──個體性的凸顯

　　「自心是佛」本是六祖惠能禪學的內核。惠能把外在權威納入自心之中，張大人的自性，促進人的覺醒。馬祖珍視人的主體性與個體性，肯定人的內在自我的價值和能力：

> 汝今各信自心是佛，此心即是佛心。是故達摩大師從南天竺國來，傳上乘一心之法，令汝開悟。又數引《楞伽》經文，以印眾生心地，恐汝顛倒，不自信此一心之法，各各有之。故《楞伽經》云：「佛語心為宗，無門為法門。」又云：「夫求法者應無所求。」心外無別佛，佛外無別心。❸

---

❷　比較集中的在《新唯識論》語體文本的功能上章和明心上章，見《熊十力論著集之一──新唯識論》，北京：中華書局，1985年版，第383－384頁、551－557頁、561－563頁。

❸　《祖堂集》，卷十四，北京：全國圖書館文獻縮微複製中心，1993年12月，第267頁。

　　這裏繼承了達摩以來明心見性的思想，而更加肯定自心清淨，自修自作，自行佛行，自成佛道。「心」與「佛」的統一是禪宗眞髓。這就破除了對外在權威、偶像、經卷、知識、名言、持戒、修證、儀軌的執著，統一「世界」、「佛」與「我」，肯定向內體驗的重要性，自悟內在寶藏，自性自度，不假外求。

　　大珠慧海法師初次參拜馬祖，欲求佛法。馬祖說：「我這裏一物也無，求甚麼佛法？自家寶藏不顧，拋家散走作麼!」慧海問：「阿那個是慧海寶藏?」馬祖說：「即今問我者，是汝寶藏。一切具足，更無欠少，使用自在，何假外求?」大珠慧海從此開悟，「自識本心」。❹馬祖重視自身價值，肯定自家寶藏的圓滿具足，反對「拋卻自家無盡藏」，打破「佛」與「我」之間的時空阻隔，把世界與我融爲一體，當下體驗佛的境界。這是受孟子、莊子之學的影響所致。與孟子「萬物皆備於我」、「反身而誠」的意旨一樣，馬祖所說我具備了一切，不是指外在的事物、功名，而是說道德的根據在自己，元無少欠，一切具備。在道德精神的層面上，探求的對象存在於我本身之內。與莊子「天地與我並生，而萬物與我爲一」、「獨與天地精神往來」的境界一樣，馬祖要化解物形，得到精神的超脫放達，而這種精神自由，是以對最高本體的冥悟契會爲前提的。

　　「即心是佛」的命題，強調內轉、內修，在自心上做工夫，凸顯了道德的主體性與個體性，以更好地成就人格。馬祖因材施教，對向外求佛的人講「即心是佛」，對執著自心的人講「非心非佛」。公案：「問：『和尚爲什麼說即心即佛？』師（按即馬祖）曰：『爲

---

❹　《五燈會元》，卷三，北京：中華書局，1984年10月版，上冊，第154頁。

止小兒啼。』曰：『啼止時如何？』師曰：『非心非佛。』曰：『除
此二種人來，如何指示？』師曰：『向伊道：不是物。』曰：『忽
遇其中人來時如何？』師曰：『且教伊體會大道。』」❺向外覓求者
就好像得不到自己喜歡的東西而啼哭的孩子一樣。這要用「即心是
佛」加以啓導。沒有從深層次理解「即心是佛」，執著其表層意義，
盲目張揚自性者，猶如暫時貪戀自己喜歡的東西的孩子一樣，因此
要以「非心非佛」化解其執。進而，馬祖告訴人們，物不是物，是
道的體現。這是為了避免對於「非心非佛」的執著。真正有悟性的
人，任運而行，應機接物，觸目即道。

　　大梅法常受馬祖道一「即心是佛」啓發，大徹大悟。此後法常
把握住這一宗旨，無論馬祖再說「非心非佛」，他只管「即心是佛」。
馬祖讚揚說：「梅子熟也」。❻足見「非心非佛」云云只是幫助人們
理解「即心是佛」的。法常對此有極深的體驗，不再受各種言教遮
蔽，不限於種種偏執。道德完善、生命體驗，總是個體的事。馬祖
不僅重視內在性的開發，把「佛」與「我」統一起來，而且把修道
貫穿到個人具體的生活之中。

二、平常心是道——生活化的推進

　　馬祖開示眾人：「道不用修，但莫污染。何為污染？但有生死

---

❺　《古尊宿語錄》，卷一，北京：中華書局，1994年5月版，上冊，第5頁。
❻　《五燈會元》，卷三，上冊，第146頁。

心，造作趣向皆是污染。若欲直會其道，平常心是道。謂平常心無造作，無是非，無取捨，無斷常，無凡無聖。經云：非凡夫行，非聖賢行，是菩薩行。只如今行住坐臥，應機接物，盡是道。」❼「平常心是道」，即中國傳統「極高明而道中庸」思想的蛻變。不刻意追求外在超越的理念，而是將其納入日用常行之中。這是在自心做工夫的「即心是佛」之論的發展與補充。前引公案，馬祖對真正有所悟的人，不講佛、心、物，只教他任運而行，應機接物，正是此意。

馬祖提出「隨處任真」的命題。❽「隨處任真」，是人心深處佛性的自然呈現，是人在穿衣吃飯、擔水運柴、待人接物、日常生活之中明瞭禪理，提升意境。這就把禪推進到世俗生活之中！如果說「即心是佛」使成佛的理念向內轉到自心的話；那麼，「平常心是道」則使成佛的道路由記誦佛經、坐禪修行轉向世俗日常生命活動。馬祖門人南泉回答趙州「如何是道」的提問，重申馬祖「平常心是道」的命題。趙州問：「還可趣向也無?」南泉說：「擬向即乖。」趙州曰：「不擬爭知是道?」南泉曰：「道不屬知，不屬不知。知是妄覺，不知是無記。若真達不疑之道，猶如太虛，廓然蕩豁，豈可強是非耶?」趙州於言下悟理。❾這就是說，佛道、佛理不是虛擬、設置的教條，不是知識理性或一般的是是非非，而是寓於日常生活中的，每個人都可以體驗、覺悟到的人生智慧。道不離開真實生活，不離

---

❼　《景德傳燈錄》，卷二十八。

❽　《祖堂集》，卷十四，第270頁。

❾　《五燈會元》，卷四，上冊，第198－199頁。

開個體人生存的具體場境。禪的智慧貫徹到平淡、凡俗的生活中，融成一體，使生活具有了不平淡、不凡俗的價值，使人們斷掉妄念，擺脫煩惱，體驗凡俗中的崇高、愉悅、安適。禪的智慧寓神聖於凡俗，化凡俗爲神聖，不執定於過去，消解物欲追逐等苦緣，當下得到生活的充實和生命的自由。

大珠慧海回答源律師「如何用功」之問，說：「饑來吃飯，困來即眠。」曰：「一切人總如是，同師用功否？」師曰：「不同。」曰：「何故不同？」師曰：「他吃飯時不肯吃飯，百種須索；睡時不肯睡，千般計較。所以不同也。」❿一般人因俗世生活的牽累，功名利祿的追逐，人際關係的照應，總有百種思慮，千般計較，常常被折磨得寢食不安。禪的智慧，讓人們空掉外在的攀援與追逐，解脫妄念、煩惱的繫縛，安於自然平易的生活，在平常之中悟得生命之眞。平常是生命的本眞，平常心是空悟的智慧。否棄平常，視不常爲常，被各種幻想妄念左右，就會失掉自家寶藏。今天我們有很多人把「正常」與「非常」顛倒，孜孜以求現實功利，最終喪失了自我。另一方面，大珠慧海所說「饑來吃飯，困來即眠」，是一種平常心的境界，卻不是簡單的事，不是排斥，毋寧說反而涵蓋了不平常的修持，如此才能眞正達到此境。

禪的智慧，在隨順生活的眞實中，否定分別計較之心，超越庸常，解脫牽累。馬祖的貢獻，即著力於使禪生活化，在隨時著衣吃飯中長養聖胎，不雕鑿於心計，放下過去的罪惡感或榮譽感，解除精神負擔，隨處任眞，觸境皆如。爲此，他推動了禪法的革新。

---

❿　《五燈會元》，卷三，上冊，第157頁。

三、機鋒棒喝——啓悟方式的革命

　　杜繼文、魏道儒《中國禪宗通史》據權德輿於貞元七年後所寫〈唐故洪州開元寺石門道一禪師塔銘并序〉和南唐泉州昭慶寺静、筠法師合撰之《祖堂集》，指出馬祖道一的核心思想是「佛不遠人，即心而證」，「法無所著，觸境皆如」和「隨處任眞」三點。至於啓悟方式，只是消解關於言語經論的泥執。進入宋代，所傳道一的禪法才有了很大變化，如《景德傳燈錄》即是。至《古尊宿語錄》，則更爲放大，使「道一成了一個激烈反對『修道』的人」，「似乎用打、喝等方式悟人，即創始於道一，這距離史實愈遠了」⑪。

　　馬祖在接機方式上是否開後世機鋒棒喝之先河，研究者見仁見智。洪修平《中國禪學思想史綱》認爲，機鋒棒喝的禪法是馬祖所開創；顧偉康《禪宗：文化交融與歷史選擇》則認爲，此接機方式的革新乃洪州宗之特色。⑫我想，就馬祖禪或洪州宗之整體而言，機鋒棒喝無疑是其影響深遠的禪法革命。馬祖本人已開其端，其弟子與再傳、三傳弟子越來越顯，薪火相傳，愈益放大。這種禪法是凸顯個體性、生活化的禪觀的必然要求與落實。

　　《祖堂集》記載，汾州和尚爲座主時，講四十二經論。他向馬

---

⑪　同注❶，第234頁。

⑫　洪修平：《中國禪學思想史綱》，南京：南京大學出版社，1994年9月第1版，第179頁；顧偉康：《禪宗：文化交融與歷史選擇》，上海：知識出版社，1990年6月第1版，第60－61頁。

祖請教：「宗門中意旨如何？」「師（指馬祖）乃顧示云：『左右人多，且去。』汾州出門，腳才跨閾閫，師召座主。汾州回頭應喏。師云：『是什麼？』汾州當時便省，遂禮拜……」❸馬祖通過突然呼喚汾州之名，並問「是什麼」，使汾州當下省悟。自認爲對四十二本經論懂得很多的汾州座主，至此才悟眞意，說：「今天若不遇和尚，泊合空過一生。」以下，《祖堂集》記載，馬祖問百丈懷海以何法示人。「百丈豎起拂子對師云：『只這個，當別更有？』」以上公案中，馬祖以呼喊姓名和突然發問的方式，百丈以豎起拂子的動作接引對方，呼喚出他的自性，促使他洞見眞相，自悟內在精神。類似的例子，在馬祖禪中數不勝數。據《傳燈錄》記載，李翱向西堂打聽馬大師的言教，西堂智藏用直呼其名的方法回答李氏，李氏應諾，西堂讚歎說：「鼓角動也。」李翱對佛學有一定基礎，對馬祖「即心即佛」、「非心非佛」的教法，也有自己的看法。西堂點醒的只是：馬祖的言教，乃是直指自性。❹

　　關於馬祖以野鴨啓導百丈的公案❺，人所盡知，茲不復述。這裏，馬祖用手扭百丈的鼻子，是特殊的手法，又用普通的「是什麼」、「又道飛過去」等問話，啓發百丈覺悟自性，不被外境所奪（跟著野鴨飛走）。百丈以「適來哭，如今笑」，不正面回答師兄弟們的問題，意在不執著於外境。最後，百丈又以「卷卻席」的動作和答非所問來回應馬祖，馬祖即知他已悟道。

---

❸　《祖堂集》，卷十四，第271－272頁。

❹　參見吳怡：《公案禪語》，臺北：東大圖書公司，1984年8月再版本，第58－59頁。

❺　見《古尊宿語錄》，卷一，上冊，第6－7頁。

　　圭峰宗密認爲，作用見性正是洪州宗的特色：「起心動念，彈指聲咳，揚眉瞬目，所作所爲，皆是佛性全體之用，更無第二主宰。如面作多般飲食，一一皆面。佛性亦爾，全體貪嗔癡，造善惡，受苦樂，故一一皆性。」❻可見馬祖禪善於從見聞覺知，從動作、語言，身心活動，生命現象中，通過機鋒棒喝、揚眉瞬目等等方式把不可言傳的內心體驗傳達給受教者，啓悟他人自識本心，見性成佛。這再次表明了佛禪修證的個性化。

四、自識本心──儒、禪引爲同調

　　熊十力指出，禪宗之根本在「自識本心，直沏眞源。（自注：真源，謂宇宙本體。識得自心與萬物同體，真源豈待外求？）」❼在他看來，這也是儒學之根本。他發揮大珠慧海初參馬祖的公案，指出「自家寶藏」即是本心，此是萬化之源，萬物之本。所謂「抛家散走」，是指專恃量智或知識向外追求探索。熊氏認爲，本體不可當做外在的物事來推度，迷者以爲實有佛法可求，實則佛者覺也，只此心是。若離自心，便無佛可得，亦無法可得。關於「使用自在」，熊氏說，這個寶藏是吾人所以生之理，亦即是天地萬物所以成形之理，因吾人與天地萬物同一本源，不可分割。由此應知，此大寶藏具有無窮神化，無邊妙用。就吾人日常生活言之，此大寶藏隨觸即應，無感

---

❻　宗密：《圓覺經大疏抄》，《大正藏續篇》，卷十四，第279頁。
❼　同注❷，第551頁。

不通。熊氏以「本心」與「習心」之辨來解讀這一公案。一般人任習心趣境，將佛法當做物事來追逐，而不自識何者爲自家寶藏或本來的心，自己不認識自己。他指出：「吾人與天地萬物同體的大寶藏，本崇高無上……此崇高無上的，正是平平常常的。若悟得這個，才是我的眞實生命。易言之，這個才是眞的自己，豈不平平常常？又復當知，若認識了眞的自己，便無物我，無對待，乃至無取捨等等。於此何容起一毫執著想，何容作一毫追求想哉……馬祖鑒其妄習未除，於是呵其外逐，令反悟自家寶藏，又示以無物可求。而慧海乃一旦廓然空其胸中伏莽，始躍然興問，誰是自家寶藏？馬祖則直令其反悟當下之心，即此時興問之心，光明純淨，如赤日當空，不容纖毫翳障，此非自家寶藏而何？若時時在在，恒保任得如此時之心，便是藥山所謂皮膚脫落盡，唯有一眞實也。」❽慧海被馬祖提撕，習心偶歇，而本心之明，乍爾呈現。但恐妄習潛存，仍然障蔽本心之明。因此，保任之而勿放失是十分重要的。這正是孟子「求放心」之本意。

　　熊十力平生最服膺馬祖扭百丈鼻孔一公案，認爲其揭示獨體及護持工夫，至爲親切。馬祖在懷海接近成熟之際，見野鴨飛過，因乘機故詰，誘而進之。懷海滯於習心逐境，未能解悟。馬祖再詰，而懷海猶不悟，於是馬祖扭其鼻孔，令其自識獨體。馬祖當機善誘，意義深遠。關於「作用見性」，熊氏界定爲：「夫性者，吾人與天地萬物所同具之本體。但以其爲吾人所以生之理而言，則謂之性。以其主乎吾身而言，亦謂之心。作用者，即凡見聞覺知等等，通名

---

❽　同上，第552－553頁。

作用。」[19]但熊氏強調,嚴格說來,「作用」是本心本體的流行,是本體的力用,依根門而發現,表現爲見聞覺知的。如果根門假心力以自逞,挾習俱行,由此而發爲見聞覺知,這是根與習用事,不是本體流行,不成爲作用。據通常說法,慧海這時內發的見聞覺知,就叫做心。不過,此所謂心,是以作用名心,而不即是本體。熊氏把引生見聞的人、事物或語言稱爲外緣,而將見聞說成是內發的,認爲見聞不只是感攝,而是具有明確的。「馬祖答慧海,只令他反躬體認,當下虛明純淨,不雜一毫倒妄的見聞覺知。就在這裏認識他固有性體,即所謂自家寶藏,可謂易簡眞切之極。蓋見聞覺知,固是當下發生的作用,而此作用不是沒有內在的根源,可以憑空發現的。須知,此作用即是性體之流行,故於作用而見性也。馬祖扭懷海鼻孔一案,則可與答慧海者反以相明。懷海於野鴨子飛過時,而起野鴨子的見。這個見,正是逐物生解。此解只是根與習用事,而不是本體之流行,即不成爲作用,故於此不可見性。」[20]

　　熊氏嚴格本心與習心的區別。就「作用見性」而言,他把心的力用,流行於根門,不爲根所障,習所錮者,叫做「作用」。習也有淨染之分。錮敝其心之習爲染習,常乘權而起.熊氏作出這些分疏,當然是爲了避免流於狂禪。但熊氏肯定馬祖行住坐臥、應機接物之道,與我國儒道諸家之道,只是一道。他更認爲孟子求其放心、保任無失、深造自得、發掘資源、左右逢原之說與馬祖自識本心、即心是佛、河沙妙用、不出法界之說,可以相互發明。

---

[19]　同上,第557頁。
[20]　同上,第562頁。

　　自識本心，才是解脫的本原，但本心容易與習心（向外追逐，計較分別之心）相混淆，習心或無明，成爲發明本心的障蔽。明心見性，就是要空掉或超越這些障蔽。馬祖禪沿著慧能的智慧方向，借助《孟子》、《莊子》等本土資源，返回自身，尋找吾人與天地萬物一體之生命本源，肯定自家寶藏自足圓滿，元無少欠，讓眞心眞性（佛心佛性）眞實地呈現出來。其要旨是創造條件，在凡俗的日用常行之中，凸現生命的意義與價值。這一點，禪宗與儒家是相通的。馬祖禪把佛還原到人的具體生命中，又把人的凡俗生活安頓在佛的境界之中，使有限制的個體透過與佛同體的內在生命的發掘，體悟到心性的空靈與自由，從而超越限制，通向永恒。

　　總之，馬祖禪強調個體人自身即佛，隨時體道，以更簡易直捷的方式當下得到解脫。他彰顯了個體內在的價值，開發自身的資源。他的無修無證、無念無著之禪機，更彰顯了「人」的地位、「個體性」的地位，其靈活啓發的方式，更具有創造性。馬祖及其禪觀、禪法在中國思想史上具有重要地位，成爲宋明心性之學的重要資源，亦爲當代新儒家所珍視。其舉動施爲、語默啼笑中，充滿高峰體悟的創意。其不假外求的方式，截斷眾流的爆發力，借助語言又超越語言限制的佛慧，在今天的思維術、語言哲學和詮釋學上都有極高價值。

　　（本文曾於1999年5月在臺灣南華大學舉行的「海峽兩岸當代禪學學術研討會」上發表，刊載於《兩岸當代禪學論文集》，臺灣南華大學，2000年5月；又刊載於南京：《禪學研究》第4輯，2000年8月。）

三、當代學術發微

形式抽象的哲學與人生意境的哲學

——論馮友蘭哲學及其方法論的內在張力

　　馮友蘭先生的哲學代表作《新理學》等「貞元六書」的傑出貢獻、價值及其在20世紀中國哲學史上的重要地位，自不待言。●本文試圖從另一個側面，探討馮先生重建中國傳統哲學過程中的內在矛盾和方法論疏失。不當之處，敬請方家指教。

一、新理學的「形」——抽繹的共相

　　首先我們要指出的是，在《新理學》中，乃至在整個《貞元六書》之中，「形上」、「形上者」、「形而上」，是指的哲學抽象

● 拙作〈熊馮金賀合論〉(《哲學研究》，1991年第2期)對馮先生哲學作了充分的肯定，請參閱。

後的共相觀念，是形式化與邏輯化的產物。馮先生說：「我們所謂形上、形下，相當於西洋哲學中所謂抽象、具體。上文所說之理是形而上者，是抽象底；其實際底例是形而下者，是具體底。」「照我們的系統，我們說它是形下底，但這不是說它價值低。我們此所說形上、形下之分，純是邏輯底，並不是價值底。」❷他認爲：抽象者是思的對象，具體者是感的對象；哲學中的觀念、命題及其推論，多是形式的、邏輯的，而不是事實的、經驗的；哲學只對於眞際有所肯定，而不特別對於實際有所肯定。有時，他區別了「形上學底」與「形上底」，指出，如宇宙的精神、上帝等，雖是「形上學底」，然而並不是形上底，而是形下底。在他的系統中，形上的，是抽繹出的共相，是不含有具體內容的。如果包含有實際所指或價值導向等等內容，馮先生則認爲是形下的。因此他把含有根源性、終極性、無限性、唯一至上性、有創造作爲等意思的宇宙的精神、上帝等，亦視爲形下的。在他的系統中，形上形下之分不是價值上的高低之分，只是抽象與具體之分，或眞際與實際之分、哲學與科學之分。他指出：「眞際與實際不同，眞際是指凡可稱爲有者，亦可名爲本然；實際是指有事實底存在者，亦可名爲自然。……實際又與實際底事物不同。實際底事物是指事實底存在底事事物物，例如這個桌子，那個椅子等。實際是指所有底有事實底存在者。」❸他認爲哲學對於眞際，只形式地有所肯定，而不事實地有所肯定。對眞際有所

---

❷ 馮友蘭《新理學》，《貞元六書》，上海：華東師範大學出版社，1996年12月第1版，第36—37頁。以下引《貞元六書》，不再另注版本。

❸ 同上，第11頁。

肯定而不特別對於實際有所肯定的,是哲學中之最哲學者。凡對實際有所肯定的哲學派別,即近於科學;對實際肯定得愈多,即愈近於科學。

馮友蘭又說:「形上學的工作,是對於經驗作邏輯底釋義。科學的工作是對於經驗作積極底釋義。所以,形上學及科學,都從實際底事物說起。所謂實際底事物,就是經驗中底事物。這是形上學與邏輯學、算學不同之處。在對於實際事物底釋義中,形上學只作形式底肯定,科學則作積極底肯定,這是形上學與科學不同之處。」❹他把人的知識分為四種,第一種是邏輯學、算學,這種知識是對於命題套子或對於概念分析的知識。第二種是形上學,這種知識是對於經驗作形式的釋義的知識。知識論及倫理學的一部分(例如康德的道德形上學),即屬於此種。第三種是科學,這種知識是對於經驗作積極的釋義的知識。第四種是歷史,是對於經驗作記述的知識。❺他說形上學命題除肯定主辭的存在外,對實際事物不作積極肯定。他把倫理學、道德形上學看作是對於經驗作形式的釋義的知識,是值得商榷的,這很難對人的道德行為作本體論的論證,又不融攝道德實踐與生命體驗,影響了馮氏對中國哲學形上學的探討。

熊十力批評馮友蘭、金岳霖,說「金馮二人把本體當作他思維中所追求的一種境界來想,所以於無極而太極,胡講一頓。」又說:「本體不可作共相觀。作共相觀,便是心上所現似的一種相。此相

---

❹　馮友蘭:《新知言》,《貞元六書》,第873頁。
❺　同上,第874頁。

便已物化，而不是真體顯露。所以說，本體是無可措思的。」❻熊馮分歧是十分明白的，馮認為本體是共相，是有層次的，人之所共由的做人之理、之道，但是一個空套子。熊十力則強調「本體非共相」，意即本體即性即心即理，亦主亦客，即存在即活動，而不是客觀、靜態自立的，只存在不活動的。按熊十力的理解，本體不是理智或知識的對象，不是抽象一般，不可用理智相求，而只能契悟、冥會、親證、實踐、體驗。

二、範疇疏解：形式的邏輯的，還是價值的意義的？

　　運用邏輯分析方法析解、重釋中國傳統哲學範疇，無疑是本世紀中國哲學現代化和世界化的前提。馮先生是這一方面的開山人之一。馮先生哲學體系，亦建立在對傳統範疇作分析的基礎之上。但是，馮先生對某些中國範疇的邏輯化與形式化，割裂了生活背景，將其中寓含的真意或價值與信念加以排除，不利於傳統範疇的解讀。好在他並沒有把這一方法貫徹到底。否則，根本不可能承擔起為道德人生境界作形上學論證的任務。

　　正是在本文第一節所交待的理論前提下，馮先生開始了他對傳統範疇的抽繹及新理學體系的建構。馮先生用他所學到的西方哲學

---

❻　熊十力1938年3月19日致居浩然信札，轉引自居浩然：〈熊十力先生剪影〉，臺北：《傳記文學》，第三卷第1期。

中的柏拉圖、亞里士多德、新實在論的觀點與方法對中國哲學範疇所作的解析，既有成功之處，也有不成功之處。不成功則表現在容易肢解甚或曲解傳統範疇原有的意蘊。

李約瑟曾批評過馮氏把宋代理學家的「理」和「氣」與亞里士多德的「形式」和「質料」相對等的錯誤。李氏指出：「因爲氣概括了物質的細小精微狀態，其含義比我們使用的物質——能量要豐富得多。」「中國人的永恒哲學從來不是機械論和神學，而是有機論和辯證法。」❼李氏認爲，這是中國儒、墨、道、佛諸家共同的宇宙觀念，十七世紀以後西方的有機自然主義曾得到中國宋明新儒家的直接滋潤。李氏認爲，儒道有機自然主義極具現代氣息，其與現代科學宇宙觀的合拍之處，比馮友蘭認識到的要多得多。❽「氣」是無形無象，瀰淪無涯，能質混一的。「氣」在中國哲學中所表達的是自然生命、文化生命、精神生命之流，是機體變化的連續性和不可分割的整體性。「氣」依不同存在層次而表現出不同的性狀，如形質、動能、生命力、意識、精神、心靈等都是氣。氣的運動（聚散、屈伸、升降、動靜）展現出事物的變化。氣論的方式與原子論不類，而更接近於場論。❾由於中西傳統哲學家對宇宙觀照的方式不同，宇宙論框架不同，因此，套用亞里士多德的個別實體和形式實體、形式——質料學說來理解與之路數不同的中國理氣學說，不能不產生誤解。《新理學》把所謂「眞元之氣」理解爲「絕對的料」，認爲「料

❼ 李約瑟：〈評馮友蘭《中國哲學史》〉，郭之譯自 Science and Society，Vol XIX，No·3，P.268—272，《中州學刊》，1992年第4期。

❽ 同上。

❾ 詳見拙作〈中國哲學史上的非實體思想〉，《場與有：中外哲學的比較與融通》（四），武漢：武漢大學出版社，1997年6月版，第40—41頁。

只是料，若無所依照之理，料根本不能爲實際底物」；「氣之依照理者，即成爲實際底事物，依照某理，即成爲某種實際底事物」；它不僅依理而存在，而且依照動之理而動，依照靜之理而靜。❿這就消解了有機性、連續性、生命論背景下，「氣」的能動性和多樣性，而視之爲機械論背景下靜止、被動的「料」。

朱熹的理氣觀，視理爲「形而上之道也，生物之本也」，氣爲「形而下之器也，生物之具也」⓫。但在這裏，氣是產生萬物的憑藉，且必有氣才能產生萬物。朱子認爲理氣不雜不離，不可分開各在一處。「蓋氣則能凝結造作……若理則只是個淨潔空闊底世界，無形迹，他卻不會造作，氣則能醞釀凝聚生物也。」⓬這就肯定了兩氣交感化生萬物的作用。程伊川和朱子主張的「動靜無端，陰陽無始」⓭之說，《易·繫辭傳》的「易有太極，是生兩儀」和周濂溪《通書》的「二氣五行，化生萬物」等中國哲學通行的觀點，被馮先生認爲是事實層面的說法，而不是邏輯層面的說法，加以拒斥。又，朱子並非認爲在氣之外別有一使氣如此之理，在他看來，理、太極不是別爲一物，即陰陽而在陰陽，即五行而在五行，即萬物而在萬物。⓮

關於「理」與「太極」，馮先生強調邏輯概念的抽象性，把理視爲一類物、一種事、某種關係之所以然之故及其當然之則，把太極視爲眾理之全。他在解釋「義理之性」時指出：「義理之性即是

---

❿　馮友蘭：《新理學》，《貞元六書》第55頁、61—62頁。

⓫　《朱子文集·答黃道夫》。

⓬　《朱子語類》卷一。

⓭　《近思錄》卷一，《朱子語類》卷一。

⓮　參見呂思勉：《理學綱要》，上海：上海書店影印本，1988年3月版，第95—96頁。

理，是形上底，某一類事物必依照某理，方可成爲某一類事物，即必依照某義理之性，方可成爲某一類事物。」⓯他舉例說，飛機必依照飛機之理，即其義理之性，方可成爲飛機。他認爲，義理之性是最完全的，因爲它就是理。如方的物的義理之性就是方的理，是絕對的「方」。就道德之理而言，某社會之一分子的行爲合乎其所屬於的社會之理所規定之規律，即是道德的。⓰他對中國道德哲學範疇作出抽象，指出：「所謂仁，如作一德看，是『愛之理』。愛是事，其所依照之理是仁。」⓱又說：「人在某種社會中，如有一某種事，須予處置，在某種情形下，依照某種社會之理所規定之規律，必有一種本然底，最合乎道德底、至當底，處置之辦法。此辦法我們稱之曰道德底本然辦法。此辦法即是義。」⓲這種概括無疑是說得過去的，然而又是可以討論的。上述中國範疇的涵義遠比這種概括豐富得多，生動得多。

例如關於「理」、「天理」、「太極」範疇，除了所以然之故與當然之則等客觀普遍規律之外，更是德性的根源與根據。理的世界同時也是價值世界。程顥指出：「仁者，天下之正理，失正理則無序而不和」；程頤指出：「性即理也，天下之理，原其所自來，未有不善。」⓳朱熹繼承此說，指出：「性即理也。當然之理，無有

⓯　馮友蘭：《新理學》，《貞元六書》，第90頁。

⓰　同上，第91頁、119頁。

⓱　同上，第127頁。

⓲　同上，第128頁。

⓳　《近思錄》卷一。

不善者。故孟子之言性，指性之本而言。」❷又說：「理，只是一個理。理舉著，全無欠闕。且如言著仁，則都在仁上；言著誠，則都在誠上；言著忠恕，則都在忠恕上；言著忠信，則都在忠信上。只爲只是這個道理，自然血脈貫通。」「問：『既是一理，又謂五常，何也？』曰：『謂之一理亦可，五理亦可。以一包之則一，分之則五。』問分爲五之序。曰：『渾然不可分。』」❷

由此可見，理範疇涵括了仁、義、禮、智、信、忠、恕等核心價值觀念，涵括了道德生活的體驗，而且就在生活實踐的當下，不僅僅是客觀認知的結果。成中英說：「理兼爲宇宙論及價值論的解釋及根據範疇。」「道德價值如仁、義、禮、智客觀化了宇宙及本體論的原則，而理的客觀認識內涵也就合客觀的認知經驗與主觀的價值體驗爲一了。」❷但馮先生《新理學》的原則，如我在前面所詳細交待的，必須排除實際內容，包括價值義涵和本體源頭，不能對經驗作積極的肯定或釋義，而只能作抽象的邏輯的釋義，因而就消解了「理」、「太極」等所具有的宇宙論、本體論和價值論的豐富性。馮友蘭明確說過，《易・繫辭傳》的「易有太極，是生兩儀」，周敦頤「分陰分陽，兩儀立焉」等所謂的「太極」，「並不是我們所謂太極，我們所謂太極是不能生者」。❷「生生之謂易」的創生性、能動性，被馮氏視爲「拖泥帶水」或「披枷帶鎖」。

---

❷ 《朱子語類》卷四。

❷ 《朱子語類》卷六。

❷ 成中英：〈中國哲學範疇問題初探〉，載《中國哲學範疇集》，北京：人民出版社，1985年8月第1版，第81頁。

❷ 馮友蘭：《新理學》，《貞元六書》，第65－66頁。

朱子嚴守程頤之說，強調仁的創造性。朱子訓「仁」爲「心之德，愛之理」，亦與馮友蘭不同。陳榮捷先生說：「朱子深知此理即天地之心以生萬物之理。易言之，朱子復將程頤以生生釋仁之義，置於理之基礎上。惟有由於天地以生物爲心之理，始能生愛。此一結論爲儒家倫理予以形而上學之根據。此爲最重要之一步，使儒學成爲新儒學，同時此亦爲最重要之一步，使新儒學得以完成。」❷❹這就不是什麼「拖泥帶水」。相反，如果剔除了生生之德，不承認仁或愛具有生生不已的創生與造化之性，爲宇宙之德的源泉，那麼朱子之「理」眞成了一個空殼子。劉述先說：「朱子的理誠然是一個淨潔空闊的世界。但格物窮理，把握到了理，也就是把握到了價值與存在的根源。這樣的理決不是新實在論者由認識論的觀點推想出來，『現存』背後的『潛存』。」❷❺

在前引關於「義理之性」的疏釋中，馮先生所說的「形上底」，只是形式的、抽象的、邏輯的，因而把道德價值範疇的義理之性與科學原理的飛機之理等量齊觀。這不僅妨礙了從價值合理性上理解「理」、「太極」範疇的內容的豐富性和條理性，尤其忽略了這些道德價值的形而上的根據、形上學的源頭。我們這裏所說的形而上是指的超越理據、終極信念，不是馮先生的「形而上」的涵義。《新理學》的最哲學的哲學將此作爲具體內容予以洗汰。

關於存在論本身有無價值，道德的形上根據本身有無價值，是

---

❷❹ 陳榮捷：《朱學論集》，臺北：學生書局，1982年4月初版，第12頁。

❷❺ 劉述先：《當代中國哲學論：人物篇》，美國八方文化企業公司，1996年12月出版，第113頁。

否中立，那是另一個問題。《詩經·烝民篇》的「天生烝民，有物有則，民之秉彝，好是懿德」，包含了人性及其根據均有善的價值的觀念。「天」、「道」、「仁」、「誠」、「理」、「太極」範疇的終極性、價值性及其與道德體驗、道德直覺的關係，用《新理學》的分析方法是分析不出來的，即使分析出來了也會被拋棄掉。

　　《新理學》在討論心性問題時，試圖用兩種方法來解決人性及孟荀性論的問題，指出，一是形式的、邏輯底，--是實際底、科學的。馮先生認為中國哲學家自孟荀以下，討論此問題多是實際底、科學的，即根據實際事實，證明人之本來是善或是惡。在馮先生看來，先秦哲學家除公孫龍之外，都沒有作形上形下之分別，孟子所說的性與天、道等，都是形下的（非形式化、邏輯化的）。誠然，馮先生說得對，孟子的天、道、性、仁、誠等觀念都不是形式的、邏輯的，具有經驗性，然而卻不能謂之為實際的、科學的。孟子性善論本身又包含了終極依據，具有先驗性、超越性、理想性。孟子之天與《尚書》、《詩經》、孔子之天一樣，蘊含有神性意義，是終極性的概念。否則，我們何以理解孟子的「盡心—知性—知天」、「存心—養性—事天」、「知人必先知天」、「上下與天地同流」、「浩然之氣」、「塞於天地之間」和「萬物皆備於我」諸說呢？

　　馮先生後來在《新原道》中說，孟子的境界可以說是「同天」的境界，儘管用了「可以說是」，然至少糾正了《新理學》對孟子的一些看法，對孟子的理解有所加深。但應注意的是，馮先生在《新原道》中仍說沒有法子斷定孟子所謂「天地」的抽象程度，仍以抽象程度來判定其形上性。馮先生在《新原道》中又說孔子和宋明理學家未能分清道德境界與天地境界，尚未能「經虛涉曠」，在「極

高明」方面，尚未達到最高的標準，這種說法也是有商討餘地的。
究其實質，是馮先生深受柏拉圖類型說和新實在論觀念的影響，沒
有把中國範疇最富有實質內容、最富於實存意義的智慧把握好。經
馮先生邏輯洗汰之後的「理」、「道體」、「大全」等已成為形式
的空套子，失去了中國範疇本身所寓含的價值及根源。

三、空靈虛曠：生存體驗的智慧，還是科學抽象的概念？

　　馮友蘭先生《貞元六書》中所說的玄虛、空靈，尚不是中國哲
學儒釋道三教所說的玄虛、空靈的智慧。馮先生在《新知言》首章
〈論形上學的方法〉的末尾說：「真正形上學底命題，可以說是『一
片空靈』。空是空虛，靈是靈活。與空相對者是實，與靈相對者是
死。」㉖他認為，歷史的命題是實而且死的，科學的命題是靈而不空
的，邏輯學與算學中的命題是空而不靈的，形上學的命題是空而且
靈的。「形上學底命題，對於實際，無所肯定，至少是甚少肯定，
所以是空底。其命題對於一切事實，無不適用，所以是靈底。」㉗
他以空靈的程度來判斷哲學家的形上學是否是真正的形上學，其不
空靈者，即是壞的形上學。馮先生在《新原道》末章〈新統〉中說，
他的「新理學」中的四個觀念：理、氣、道體、大全，是從四組形

㉖　馮友蘭：《新知言》，《貞元六書》，第874、875頁。
㉗　同上。

式的命題推出來的，即是說，「都是用形式主義底方法得來底。所以完全是形式底觀念，其中並沒有積極底成分。」❽它對於實際，無所肯定。

馮先生自詡《貞元六書》「於『極高明』方面，超過先秦儒家及宋明道學。它是接著中國哲學的各方面的最好底傳統，而又經過現代的新邏輯學對於形上學的批評，以成立底形上學。它不著實際，可以說是『空』底。但其空只是其形上學的內容空，並不是其形上學以為人生或世界是空底。所以其空又與道家，玄學，禪宗的『空』不同。它雖是『接著』宋明道學中底理學講底，但它是一個全新底形上學。至少說，它為講形上學底人，開了一個全新底路。」❾馮先生這裏的自我肯定是否太過頭了，是另一個問題。我們所注意的是，第一，馮先生新理學的形上學系統與道家、玄學、禪宗之「空」觀是不同的；第二，馮先生的空靈，其實只是抽象的形式的邏輯套子；第三，馮先生對道家、玄學、禪宗之「空」觀的理解是有問題的。

馮先生批評宋明道學或理學尚有禪宗所謂「拖泥帶水」的毛病。「因此，由他們的哲學所得到底人生，尚不能完全地『經虛涉曠』。」❿他又說，清代漢學家批評宋明道學過於玄虛，而他自己則批評道學還不夠玄虛。這是指宋明道學還是「著於形象」的。如朱子以秩序為理還不夠抽象，抽象之理並不是具體事物間的秩序，而是秩序之所以為秩序者，或某種秩序之所以為某種秩序者。從這裏我們進一

❽　馮友蘭：《新原道》，《貞元六書》，第851頁。

❾　同上，第844頁。

❿　同上，第843頁。

步看出，馮先生把「經虛涉曠」之「虛曠」理解爲抽象思維、科學思維，這當然不能與釋、道、宋明理學的「虛曠」同日而語。

　　道玄佛禪的空靈虛曠，是空掉外在的執著與攀援，是心靈的淨化超升。這是東方人生存體驗的智慧和生命的意境。中國人生哲學和審美情趣，是空靈與充實的統一。而空靈、靜照、心無挂礙，與世務暫時絕緣，呈現著充實的、内在的、自由自得的生命。空靈、虛曠表達的是精神的淡泊寧靜，是道德人格與藝術人格的心襟氣象。它與精力彌滿的生命充實相輔相成，相得益彰。**❸**按佛教的看法，眞正的本體境界是不能用分別智（後得智），即理智、名相、言語加以表詮的，只有在「言忘慮絕」的境地，所謂言語道斷、心行路絕的時候，以無分別智（根本智）的遮詮方式體悟最高的本體，達到最高的境界。

　　馮友蘭先生在《新原人》中有關於「天地境界」的獨到闡發，非常精采，但這與他所謂的「經虛涉曠」、「空靈」，並無直接聯繫。如前所述，馮氏所指的空靈、虛曠，只是邏輯的分析與科學的抽象，而不是生命的體驗。馮先生《新知言》首章關於科學與形上學關係的說明，關於人類進步三階段：宗教——先科學的科學——科學的說明，仍是孔德的模式。以進步——落後的二分法和近代科學爲尺度、標準來衡估前現代宗教、藝術、道德、哲學等資源，仍是有局限的。這是他受到唯科學主義影響的結果。他在本章引用《世說新語》中鍾會與嵇康、《宋元學案》中邵雍與程頤的妙不可言的對話，把言外之意的意會，說成是「形式的答案」，似未搔到癢處。

---

❸　參見宗白華：《美學與意境》，北京：人民出版社，1987年4月版，第228－229頁。

四、六書體系：一以貫之，還是暗渡陳倉？

　　馮友蘭先生的「貞元六書」看似渾成一體，一以貫之，然而仔細品味，仍能發現其內在的矛盾與張力。《新理學》嘗試著重建中國傳統形上學，這種嘗試是有意義的，然而卻是不成功的。其原因乃在於形式的空套子無法寓含價值與信念，無法傳達中國哲學的特殊智慧。馮先生在《新理學》中即已開始為東方體驗的方法保留地位，在《新原人》與《新原道》中，表面上繼續貫徹《新理學》的構設，實際上已有所變易。在闡釋人生意境時，更加體認中國哲學儒釋道的神髓與價值。由於整個「貞元六書」的創制經過了1937年至1946年的歷史跨度，其間作者的哲學思想日臻成熟，因而不斷疏離原預設架構，不斷防止共相觀的局限性。

　　《新理學》首章指出，「大全」（或宇宙、大一、天）是不可言說、不可思議的，又指出，「以物為一類而思之，與以一切物為整個而思之，其所思不同。……此所以大全、大一或宇宙，不是經驗底觀念，而只是邏輯底觀念。」❸❷《新理學》末章〈聖人章〉指出，作者全書所說的「天」（大全）與宋儒不同，不過是一邏輯的觀念而已，但此章似相對認同宋儒以宇宙是道德的，以「天」為道德的根源、根據的看法，承認宋儒所說的「知天事天」可回復到「天地萬物一體之境界」。作者以下一段話泄漏了天機：「如本章所說之天，亦

---

❸❷　馮友蘭：《新理學》，《貞元六書》，第30－31頁。

是宋儒所說之天，則與本書所說之系統不合。如本章所說之天，即本書第一章所說之天，則此所謂天者，不過是一邏輯底觀念而已，知天事天，如何能使人入所謂聖域？」❸從這裏我們就可以看出新理學作者的內在矛盾與緊張。如承認宋儒之「天」，則與作者的體系不合，不承認宋儒之天，堅持自己的邏輯的「大全」觀，則無法透悟終極的境界。作者說他仍堅持自己的看法，以知天爲知大全，以事天爲托於大全，以大全的觀點觀物，並自托於大全，則可得到對於經驗之超脫和對自己的超脫，達到大智大仁的境界。但他又說，這種說法頗有似於道家，「不過道家是以反知入手，而得大全，其對於大全之關係是渾沌底；我們是以致知入手，而得大全，我們對於大全之關係是清楚底。」❸❹從這裏我們就看到了「負的方法」的端倪，雖然作者當時尚未正式提出負的方法。作者實際上對自己單以正的方法（邏輯分析的方法）來論證道德與超道德之境發生了懷疑。在《新理學》末章的最後，我們不難看出作者對窮理盡性、達到超乎經驗、超乎自己的境界，進入聖域，覺解天地萬物與其超乎自己之自己，均爲一體的理解，作者對「我心即天心」與「爲天地立心」的認同，均回復到傳統哲學，而不復再有自己的邏輯的、形式的抽象。因爲那種抽象與達到聖域，相距何止千萬里之遙？！作者要究「天人之際」、闡述「內聖外王之道」，然而以邏輯分析、形式抽象的方式，如何能辦到？

在《新世訓》第九篇〈存、誠、教〉中，作者依據宋儒將「敬」

---

❸　同上，第213頁。

❸❹　同上，第213—214頁。

作為立身處世的方法，又作為超凡入聖的途徑，強調萬物一體的境界與宋明道學家的聖域。作者又依中國精神與方法把「誠」釋為內外合一的境界。這是潛於馮氏心中的中國方法的自然流露。

《新原人》與《新原道》無疑是「貞元六書」中最有價值的兩部著作。這兩部書雖不免仍有《新理學》的套路和印痕，然而真正體悟人生意境、抉發中國哲學精神的精采絕倫之論，都是從《新理學》原架構與方法脫離的結果。例如《新原人》第七章〈天地〉，對超越的宗教的肯定，對孟子之「天民」、「天職」、「天位」、「天爵」的理解，對天地境界中知天、事天、樂天、同天四種境界的闡釋，對張載《西銘》和明道仁說的發揮，對孔顏樂處及宋儒體驗的再體驗，都是以「原湯化原食」的結果，即以中國人自己的思想解釋中國精神，沒有附加外在框架。在關於「與天地參」、「與天地一」、「渾然與物同體」、「與物無對」、「合內外之道」等不可思議的儒釋道最高境界的體驗中，馮先生自身的中國素養克服了西化的釋義所造成的隔障。對中國哲學，不分析不行，但分析所造成的「隔」也不行。

熊十力先生對《新原人》雖也有批評，但對四重境界之說，在總體上給予了肯定。熊先生讀到《新原人》後，曾有一信給馮先生。此信雖已無存，然從馮先生的復書中不難窺見熊先生的評價。熊先生批評馮先生不承認有本體，尤其不承認心為宇宙本體，認為馮先生對「道心」的理解不是其本義。熊先生批評馮先生的四重境界說未能包括佛教的「無相之境」。馮先生辯解說，「無相之境」即《新原人》中的「同天之境」。熊先生講「孔顏之樂不與苦對」，馮先生讚歎「此言極精」。熊先生批評《新原人》第四章對孟子的「由

仁義行，非行仁義也」的解釋錯了，馮先生承認「當時引用，未憶及上下文，致與原意不合。若照原意，由仁義行，是天地境界。此是一時疏忽錯誤，非有意侮聖言也。」在信中，熊先生仍批評《新理學》對理氣的討論「似欠圓融」，仍說新理學用現代的邏輯分析方法是「西洋為骨子」。馮先生承認這一點。馮先生申說：「弟近有取於道家及禪宗者亦以此……弟所得於道家禪宗之啓發耳。」❸❺可見馮先生當時重視道家、禪宗，可視為馮先生「負的方法」正式出臺的背景。

所謂「負的方法」是體驗人生意境的正道，也是東方哲學的神髓。思與覺解不是不能分析，但到最高境界時必須掃除階梯，止息思慮。人生的化境，是不能形式化、邏輯化的，也不是能靠形式化、邏輯化達成的。形式化、邏輯化不能承擔「貞元六書」為人生境界作形上學論證的任務。此任務實是由中國自身的體驗方法完成的。

筆者昔在舊作〈熊馮金賀合論〉中指出：馮友蘭哲學最有生命力的地方並不是枯燥的、略嫌呆板的理、氣、道體、大全的推衍，而是他的人生哲學；不是他的正的（分析）方法，而是他的負的（體認）方法。本文進一步指出：馮氏哲學及其方法不是一個，至少是兩個，一個是新實在論的方法學，一個是中國自身的體道的方法學，其間發生的衝突正是中西文化與哲學之衝突的折射。馮氏成熟的思

---

❸❺　詳見馮友蘭：〈與熊十力論《新原人》書〉，《東方》雜誌1993年創刊號。蔡仲德整理。陳來在跋語中考訂此信寫作時間當在1943年7月至1945年4月之間，因信中提及作者正在寫作《新原道》。由此也可證明作者在《新原道》寫作時更進一步浸潤於中國儒釋道之中，更多地離開了新實在論和《新理學》原架構。

想，不是新實在論與宋明道學的融會、綜合，恰恰相反，是對西學的揚棄，將其放在「技」的層次，而最終皈依中國的正統哲學，提升到「道」的層面，信奉儒釋道融會一體的境界說與體驗、體悟的方法學。

馮友蘭《新理學》的嘗試是有意義的，然而是不成功的。因此，「貞元六書」自身就無法一以貫之，而作者不能不中途易轍轉向。經過馮氏抽象之後的「理」、「道體」等等，已成為形式的空套子，失去了宋明理學乃至中國哲學範疇本身所寓含的價值性與根源性及其生機。馮氏形式、質料二分的邏輯推衍，並沒有為其人生境界說作出本體論的論證或提供形上學的基礎。中國哲學之空靈智慧，是把握了價值與存在根源的智慧，與邏輯命題的空套子不可同日而語。這也反映了運用邏輯分析方法於中國思想、命題、範疇的局限。

《新原人》與《新原道》體認到中國哲學的精髓和真正的價值，悄悄疏離了《新理學》的預設架構，以原湯化原食，因而取得了成功。馮氏兩卷本《中國哲學史》到《新原人》、《新原道》，到隨心所欲、得心應手的晚年定論，是同情理解中國精神資源並創造發揮的具有原創性的成果，是人生意境哲學及其體道方法的成功範例，也是中國原方法的勝利。這些成果將繼續影響後人。至若馮氏以西方思想傅會的新實在論的理學和抗拒日丹諾夫教條不成，不得已以蘇聯教條主義傅會的諸論及在政治高壓下的違心之論等，很快就會被人遺忘。

（本文曾於1997年10月在鄭州、開封舉行的「馮友蘭與中國傳統文化國際學術研討會」上發表，刊載於《中州學刊》1998年第3期，1998年5月。）

論熊十力與唐君毅在劉蕺山「意」與「誠意」觀上的討論與分歧

戊子己丑間，即1948年底至1949年初，熊十力數次致函唐君毅、牟宗三，批評唐對劉宗周（念臺、蕺山，1578－1645）的認同，批評蕺山之「意」與「誠意」觀，捍衛王陽明學。熊與唐、牟間為此事通函八、九封，現僅存熊函五封。本文擬分疏熊、唐對蕺山之學的理解與分歧。

一、戊子己丑良知意念之辨

從文獻上來看，這場討論在《十力語要初續·答唐生》上露出一些痕跡。我在整理《熊十力全集》的過程中，特別是整理過去未發表過的1948－1949年間熊十力給唐君毅、牟宗三諸門人的信札中，才認識到這一討論的嚴重性。

《十力語要初續·答唐生》，是經過刪改、修飾了的熊致唐的

函札，致函時間是1949年1月23日。原函的文字要比《初續》所錄多一些，言辭更尖銳、激烈一些。從原函可知，熊在杭州時聽人說到當時唐發表的文章，唐之意「似因前儒談心，多衹在虛明覺照處或知的方面說，此畢竟靠不住，所以有取於念臺以主宰言『意』」。❶此處所指唐的文章，據我考證即為在《學原》1948年二卷一期上發表的〈泛論陽明學之分流〉一文。牟宗三於1947年8月在《歷史與文化》第三期、1948年3月在《理想歷史文化》第一期發表〈王陽明致良知教〉上下篇，這一長文於1954年在臺北出版單行本。唐、牟四十年代末關於王陽明及其學派的文章是這場討論的先導。

　　1948年底，熊與牟宗三、唐君毅之間已有了好幾函，專門討論陽明學，特別是劉蕺山論「意」與「誠意」問題。我據熊函所提示及唐君毅日記，把這一討論的往來函札的情況排列如下：

　　　　1948年12月26日　　熊十力就良知主宰問題答唐君毅（《熊十力全集》卷八）

　　　　1948年12月29日　　牟宗三致函熊十力

　　　　1948年12月31日　　牟宗三復函熊十力

　　　　1948年12月31日　　熊十力致牟宗三轉唐君毅（《熊十力全集》卷八）

　　　　1949年 1月11日　　唐君毅復函熊十力、牟宗三（各一函）

　　　　1949年 1月13日　　熊十力復牟宗三（《熊十力全集》卷八）

　　　　1949年 1月　　　　熊十力囑牟宗三轉唐君毅（《熊十力全集》

❶　熊十力：〈復唐君毅再論良知主宰〉（1949年元月23日），蕭萐父、郭齊勇等編：《熊十力全集》，武漢：湖北教育出版社，2001年版，第八卷，第523頁。

卷八）

1949年 1月23日　熊十力復唐君毅再論良知主宰（《熊十力全集》卷八）

1949年 2月 3日　唐君毅復函熊十力

　　以上熊氏函札，一般只具月日，未繫年，年代由我考定。熊十力「又囑宗三轉君毅」一函，未具月日，內容與此有關，相信也寫於這一時段。

　　熊、唐、牟討論蕺山學，時值1948年歲末至1949年歲首。其時熊十力避戰亂住在廣州郊外化龍鄉黃艮庸家「觀海樓」❷，牟宗三在杭州浙江大學❸，唐君毅則在南京、無錫、上海間往返❹。其時牟在浙大哲學系執教，唐在中央大學（南京）執教，並在江南大學（無錫）兼課，但因寒假與戰亂，並未正式上課。

　　熊十力以上遺札均存唐君毅處。20世紀80年代，我在搜集、整理《熊十力全集》的過程中，唐先生胞妹唐至中女士將唐先生兄妹處所存熊先生函札數十通的影印件陸續寄我，使我得以最早閱讀以上資料，並加以整理。我們不妨把熊、唐、牟討論蕺山學的故實稱為「戊子己丑良知意念之辨」。在時局危急，居無定所之際，他們

---

❷　郭齊勇：〈熊十力年表〉，《天地間一個讀書人──熊十力傳》，臺北：業強出版社，1994年11月版，第285－286頁。

❸　蔡仁厚：《牟宗三先生學思年譜》，臺北：學生書局，1996年2月版，第15－16頁。

❹　唐君毅：《日記》（上），霍韜晦主編：《唐君毅全集》卷二十七，臺北：學生書局，1988年7月，第18-24頁；唐端正：〈唐君毅先生年譜〉，《唐君毅全集》卷二十九，臺北：學生書局，1990年7月，第67-70頁。

仍能靜下心來爭論明代學術思想史上的「良知」、「意」與「誠意」等問題，眞是現代新儒學史上的一段佳話。惜唐、牟致熊函札數通未見，但唐、牟有關陽明學與劉宗周思想的觀點，可從上述論文及其它唐、牟著作中找到。限於篇幅，本文只談熊、唐，不談牟氏。

二、識本體即是工夫：熊對蕺山學的批判

熊氏批評唐君毅的主要內容，概括起來，有如下一些：

1. 批評唐氏推重劉念臺以「意」爲心之所存，爲良知之主宰之說，指出陽明以「良知」（心）爲內在主宰，不能「離良知而別覓主宰」。批評唐氏認同良知善善惡惡之幾，常能主宰乎念慮之間，肯定良知善善惡惡之幾，常有定向乎善而不容昧者，即是所謂「意」；批評唐氏調和陽明、蕺山二家之說。

2. 批評唐氏謂王龍溪、羅近溪「於良知爛熟」和江右以下以至蕺山之工夫論，「爲王學更進一解，而和會晦庵與陽明，爲宋明之理學作最後之殿軍」論❺，指出：二溪與聶雙江、羅念菴均未注意明物察倫與擴充工夫；劉蕺山思想混亂，其說源於王棟（一菴）；眞正宋明儒學殿軍，「其必以船山、二曲、亭林三位合爲一體而後可耳」。❻

---

❺ 唐君毅：〈泛論陽明學之分流〉，收入唐氏《哲學論集》，《唐君毅全集》卷十八，臺北：學生書局，1990年2月，第194頁。

❻ 熊十力：〈就良知主宰問題答唐君毅〉（1948年12月26日），《熊十力全集》，第八卷，第518-519頁。

熊氏對劉蕺山之批判的主要內容是：

1. 批評蕺山之論，遠離《大學》之「誠意」本旨，指出「誠」與「誠意」只是「毋自欺」，單刀直入，此即順良知主宰而努力推擴。「致良知」之「致」即是「推擴」。「推擴工夫即順良知主宰而著人力。」「若無推擴之人功，主宰只是無爲，將被私欲隔礙，以至善善不能行，惡惡不能去。」❼

2. 以孔子「十五志學」與《孟子》「養氣」章爲根據，特別提揭「志」與「立志」，重申「志」爲天人之間的樞紐，認爲「志」不立，即己物化而失其「天」（「天」指吾人內在之性智或良知，非指外在之上神）。「此樞紐樹不起，則毋自欺不能談。毋自欺作不到，而言涵養操存，其不陷於惡者鮮矣。」❽批評蕺山以忿懥、恐懼、好樂、憂患爲心之體或心最初之幾，以離開了仁體良知之「情」爲心體。「夫善言此心最初之幾者，孟子四端，千的萬當。以其於性之見端處言情，則情爲隨順大明眞體而顯發之情，故此情即性，而非好好色、惡惡臭之情也。好好色、惡惡臭之情，是與形骸俱起之習氣所成，非眞性也。此等好惡，無有大明或良知爲之宰也。」❾熊氏認爲，工夫基於「立志」，「志」未立定，哪有工夫？「志」就是工夫，亦即是本體。

3. 批評蕺山在良知或心體之中，又建一層主宰爲「意」，指出「意」

---

❼ 熊十力：〈答唐生〉，《十力語要初續》，《熊十力全集》，第五卷，第216頁。

❽ 同上，《熊十力全集》，第五卷，第219頁。

❾ 同上，《熊十力全集》，第五卷，第219頁。

是依本心（即良知）之發用而得名。「念臺言意有定向，不悟有定向者，乃良知之發用，自然如是，非可於良知或心體之上，別構一重『意』來，說有定向也。」「良知備萬理，無知無不知，是吾人內在主宰。不可於良知或心體之中，又建一層主宰名『意』。」⑩

4.指出他自己《新唯識論》也有「意」這一名相，乃改造佛家唯識學「心、意、識」三名而成，是隨義異名而實一物，猶如一人有多名。「以其為吾人與天地萬物之統體言，則曰心；就其為吾身之主宰言，則曰意；就其感物而動言，則曰識……念臺並非如此說。他所謂心、虛靈、覺、主等名，並不是我那樣說。我的說，可以說是依方面的異而不同其名。他似是在自心中分了許多層次。」⑪

熊十力指出自己的路數是：「即工夫即本體」，此源於孔子的「人能弘道」、孟子的「擴充」和《易傳》的「聖人成能」。按熊氏的解釋：「良知確要致，他本是身之主（即主宰之謂），但上等人氣質清，可不大費力，一識此本體（即主宰），便不會違他，視明、聽聰，處處是主宰用事。質不美者，如能聞師友啟迪，得識本體，卻要自家努力把他（本體或主宰）推擴出來。誠意工夫全仗此。」⑫這與〈天泉證道記〉所載，陽明回答接人的兩種方式十分近似。對於利根人乃直示識本體即工夫之義，而愚夫愚婦則不能直透本原。

---

⑩　同上，《熊十力全集》，第五卷，第219、220－221頁。
⑪　熊十力：〈致牟宗三轉唐君毅〉（1948年12月31日），《熊十力全集》，第八卷，第520頁。
⑫　同上。

按熊的理解，良知主宰知善當爲，知惡不可爲，而人們常常不順良知爲善止惡，這是習心或私意起來計較利害得失所致。此時，人們常常爲自己找一個理由或藉口，此即自欺。誠意只是無自欺。有了自欺，眞意即被障礙而不能爲善去惡，久而久之，眞意全被障礙，遮蔽，即本體失掉了，主宰不見了。

考察熊氏所謂「即工夫即本體」的路數，我們注意到，熊氏只是強調「自反」、「推擴」，「順汝良心一直推擴去」，「好善如好好色，非做到不可；惡惡如惡惡臭，非拔去不可。此等努力的行動，也即致良知之致。易言之，即推擴工夫。此當就依順良知主宰處說，而非可於好惡之情動時說也。好惡情動時，如動得正必是早已順著良知推擴，常常有主宰在，故好惡不亂。此時自不須於好惡上再著意添個好之眞、惡之眞。」他又說：「主宰不是由人立意去作主之謂，主宰非外鑠非後起，而確是汝之本心，是汝固有之良知或性智，亦即孟子所云『仁義之心』，程朱云『天理之心』，卻要在知善知惡、知是知非之知或智處認識他。陽明教初學，總在此指點，認識了這個面目，卻要自家盡人能，即努力去推擴他。推擴得一段，主宰的作用便顯發一段。推擴得兩段，主宰的作用便顯發兩段。你時時在在順主宰的作用而推擴之，即無所往而不是主宰顯發。於流行見主宰，要於此悟去；即工夫即本體，要於此悟去。一息不推擴即容易失掉主宰，而習心私意將乘機而起變，自欺而不自覺矣。」⓭

熊十力反對朱子、陽明「在意發處求誠」，也批評理學家用「克

治」工夫。綜合以上「推擴」之論，我們可知熊氏與蕺山的分歧：(1)
熊氏批判蕺山混淆了良知的存在與良知的發動，尤警惕「意念發動」
時習心私意的滲入，他不忍心把「良知本心」叫做「意」，也不願
意在「良知本心」之上「頭上安頭」，或在「良知本心」之內，增
加一個中間環節。(2)平心而論，熊氏是「即本體即工夫」的路數，
或「識本體即是工夫」的路數，而不是他所標榜的「即工夫即本體」
的路數。按他的「體用不二」觀，說是「即工夫即本體」也不錯，
因為「即工夫即本體」與「即本體即工夫」本不二。大體上，蕺山
之偏向，乃是由工夫而識本體，而熊氏雖批判二溪、心齋乃至所有
王門近於狂禪，骨子裏卻與他們一樣，仍是當下直接透悟本體，直
指本體，使人識得本體，而識本體亦即是工夫的一路。(3)熊氏堅持
王陽明「識得良知為一頭腦」之論，以良知為主宰，堅持陽明致良
知的工夫正是誠意的理路。按陽明之良知，即是人能知善知惡，而
好善惡惡，為善去惡即是良知的發用。按熊氏對陽明學的把握，識
良知為大頭腦乃能為善去惡。熊氏反對蕺山把「良知」解釋為好善
惡惡、為善去惡的「意」，更反對以「意」為良知之主宰，亦反對
蕺山之「誠意」的工夫論。

三、由工夫以識本體：唐對蕺山學的詮釋

　　熊十力對唐君毅的批評，如前所說，主要針對唐文〈泛論陽明
學之分流〉，尤其是其首段。唐先生此文，特別是首段，對王門後
學作了一個概觀或定位。《明儒學案》以地域分王門為六派，然在

唐氏看來，王學分流主要在兩路：以浙東之龍溪、泰州之心齋、近溪為一路，大體皆直指本體即是工夫；以江右之雙江、念菴為另一路，大體以歸寂主靜之工夫以識本體。前一學派「透闢直截，縱橫自在，專提向上一機，直是霹靂手段」。這一批人自得之深，未必在陽明之下，王學普被之功，亦當歸於他們。「然聞者或承擔太易，忽略修持，故傳至於趙大洲以至管東溟、何心隱、李卓吾、周海門之倫，匪特融釋佛老，亦復時帶遊俠縱橫之習，而儒學亦漸失其本。龍溪、近溪可謂於良知爛熟，而其末流諸人之於良知，則可謂由熟而爛。至於江右之傳，則雙江、念菴、塘南之倫，皆求道甚苦，鞭辟近裏，不敢輕易承擔。歸寂以通感，主靜以凝照，以言高明渾化，誠遠非龍溪、近溪之比。龍溪謂彼等於良知本體，未能真信得及，蓋亦近是。然諸人沈潛淵靜之工夫，則或尤勝於陽明。且正由於彼等於良知未能真信得及，故反能下開一派『意』為心之所存、良知之本之說，為王學更進一解，而和會晦庵與陽明，為宋明之理學作最後之殿軍。心齋與近溪、龍溪近狂，而江右近狷。言自得功深，簡易直截，不可不推龍溪、近溪、心齋之流。若言精微細密，在王學理論上，更能加以推進，以融釋朱子，則當循江右以下至蕺山之一流也。」「江右與泰州龍溪皆特重如何透悟良知本體。二派之不同唯在泰州龍溪皆主直下承擔良知本體，而江右則欲由主靜歸寂以顯良知之本體。」❹

　　以上是唐氏關於王門的概觀或基本分析。唐氏正是把蕺山放在

---

❹　唐君毅：〈泛論陽明學之分流〉，《哲學論集》，《唐君毅全集》卷十八，第194頁。

王門發展的脈絡上加以考察的。一般地說，龍溪、心齋、近溪屬於頓教系統，江右至王塘南、劉蕺山則屬於漸教系統。前者「皆重在使人超善惡之對待，不重在知善知惡、爲善去惡上用功夫，而要在使人由超善惡念，以直透悟本體。然此本體畢竟如何悟入而自信得及，此則並無他妙巧，只在指點一人之當下一念現前之良知靈明，自證其良知靈明。此一自證，便是良知靈明之自信自肯，便透入良知本體。自證便自證了，自信便自信了，自肯便自肯了，便更無其他話可說。」❺與這種以良知爲當下呈露的看法不同，聶雙江、羅念菴以良知爲未顯之先，純爲未發，純爲內在，以良知爲寂體。後者下啓王塘南之說。「塘南不以『意』爲心之所發，而爲心之所存，而『意』爲良知所以爲良知之根據或良知之主宰。劉蕺山尤暢發此義，至喻『意』如良知之定盤針。以『意』爲心之所存，爲良知之主宰，而良知乃有一內在而又超越之根原。」❻

唐氏認爲，由江右至蕺山一脈，重新發現一良知之超越的根源，而近乎朱子之以理爲心之根源，而又沒有朱子之理的外在之嫌，又可以矯泰州、浙東之現成良知、性無善惡、不學不慮之言所滋生之弊端。

「意」有兩種，分屬不同層次。第一種是自然發生的或善或惡的意念，習稱「念」。第二種是主宰此或善或惡的意念之好善惡惡而止於至善的「意」。後一種「意」根源於心體或良知，爲一常存者。唐氏認爲，這是良知之所以爲良知的根據。「良知之所以爲良，

---

❺　同上，第202頁。

❻　同上，第205頁。

唯在其好善惡惡而不在知善知惡也。唯通過此意乃可言吾人道德生活之爲善去惡，乃可言有主宰之者，亦乃眞有所謂良知之流行。則此『意』爲良知有主宰之作用之根據，以至可言爲良知之主宰，此即王塘南、劉蕺山等之所以唯以此心之所存有定向而中涵存發只是一幾者爲『意』，而以起伏無常憧憧往來者爲『念』。『念』皆發而始有，未發即無，亦皆著於物者，與『意』之爲心所存，而存發一幾獨立不倚者異，由是而『意』爲良知之主宰之說生。」❶

依唐君毅的研究，劉蕺山的「知藏於意」、「意爲良知之主宰」和「誠意、愼獨」之教，爲救治王學末流空疏之弊，返虛爲實，作出了極大貢獻。蕺山之「意」，發而爲善善、惡惡，即所謂「一幾而二用」。唯其如此，此「意」才是良知之主宰，而不是一體平鋪的靈明。此「意」既以善善惡惡而得名，故只能說是至善，遂可杜無善無惡之說之流弊，使致良知的工夫不需在無善念惡念上用，而只在誠其好善惡惡之「意」上用。蕺山以「誠意、愼獨」代致良知之教，使陽明致知工夫正在誠意之說，乃可以得其正解。唐氏說：「唯徒以知與靈明爲言，則良知之主宰義不顯，且可流爲玩弄靈明流連光景之弊，並忽視良知之所以爲良。而指出『意』爲良知之主宰，則良知之所以爲良知之根據見，而良知主宰義亦躍然於心目之中。而玩弄靈明流連光景之不足以言致良知，亦昭昭然矣。」❶總之，蕺山承江右而發展，由良知之發爲好善惡惡爲善去惡之「意」爲「知之主宰」，而歸宿於「誠意」，實屬由工夫以釋本體或識得工夫即

---

❶　同上，第208頁。
❶　同上，第208－209頁。

見本體的路數。

　　唐君毅是現代學者中最早、最系統地研究劉蕺山的專家。他早年即對劉蕺山學極有興趣，認爲蕺山學實與朱子學、陽明學鼎足而三。在寫於1935年的〈論中西哲學之本體觀念之一種變遷〉（收入《東西哲學思想之比較研究論集》）和寫於1945年的〈晚明理學論稿〉（收入《哲學論集》）兩篇論文中，唐先生寫成了蕺山學研究之「誠意說」、「慎獨教」、「意者心之所存」三部分。在1956年〈晚明理學論稿〉的改寫稿中，又進一步完成蕺山學研究之後兩部分「心之性情」與「心氣理融貫爲一之說」，並進一步闡釋三足鼎立或三系說之意。⓳唐氏名著《中國哲學原論・原教篇》的第十三至第十九章關於王學論爭與流派、羅念菴、羅近溪、王學之弊及東林、「劉蕺山之誠意、靜存，以立人極之道」（第十八章）及宋明心性論之發展等內容，即源於1945年的〈晚明理學論稿〉及1956年的改寫稿，雖經重寫，但唐氏1973年在自序中說他關於宋明儒學發展的基本看法，三十年無大變。唐氏《中國哲學原論・原性篇》第十五章有關劉蕺山的心性論的內容，亦本於他三十──四十年代的研究。不用說，君毅對蕺山之工夫論給予了極大的同情。

⓳　關於唐君毅一部分著作的考證，特別是涉及宋明理學，包括劉蕺山學的部分，詳見賴賢宗：《體用與心性：當代新儒家哲學新論》，臺北：學生書局，2001年6月初版，第69－70頁、99頁、105頁、109－110頁。參看賴賢宗論文集中〈唐君毅對宋明理學三系的內在發展的新解〉、〈唐君毅的中國哲學史稿之文獻學的考察〉諸文。

四、評　論

　　黃宗羲〈子劉子行狀〉謂劉蕺山於陽明之學，一生凡三變：「始
而疑，中而信，終而辯難不遺餘力，而新建之旨復顯。」⑳按黃宗羲
的說法，蕺山晚年對陽明學的批評、辯難，才眞正光大了陽明學，
顯豁了陽明學之本旨。〈行狀〉曰：「先生以謂新建之流弊，亦新
建之擇焉而不精，語焉而不詳有以啓之也。其駁〈天泉正道記〉曰：
『新建言：「無善無惡者心之體，有善有惡者意之動，知善知惡是
良知，爲善去惡是格物。」如心體果是無善無惡，則有善有惡之意
又從何處來？知善知惡之知又從何處起？爲善去惡之功又從何處
用？無乃語語絕流斷港乎？其駁『良知』說曰：『知善知惡，從有
善有惡而言者也。因有善有惡而後知善知惡，是知爲意奴也，良在
何處？又反無善無惡而言者也，本無善無惡，而又知善知惡，是知
爲心祟也，良在何處？止因新建將意字認壞，固不得不進而求良於
知，仍將知字認粗，故不得不進而求精於心，非《大學》之本旨明
矣。』」㉑蓋君毅對蕺山的評價，沿宗羲而來。宗羲在〈行狀〉中舉
蕺山發先儒所未發之大端四項——「靜存之外無動察」、「意爲心
之所存，非所發」、「已發未發以表裏對待言，不以前後際言」、

---

⑳　戴璉璋、吳光主編：《劉宗周全集》，臺北：中研院文哲所籌備處，1996
　　年版，第五冊，第50頁。

㉑　同上，第49－50頁。

「太極爲萬物之總名」等，俱爲君毅所肯定。

君毅之發展，其所超過宗羲之論者，在於以現代哲學方法詮釋
蕺山學，特別是「意」與「誠意」說。君毅以「絕對的善」的觀念，
發揮蕺山之「獨」與「獨體」學說，指出蕺山改易陽明四句教爲「有
善有惡者心之動，好善惡惡者意之靜，知善知惡者是良知，有善無
惡者是物則（一說爲善去惡者是物則）」，內中含有層次性：一般所自
覺的有善有惡之心之動，爲最低一層次；知善知惡之「知」爲較高
一層次；此「知」又藏於更高一層次的好善惡惡的「意」之中。「至
此『意』之好善惡惡，則本於『意』中自具有善無惡、而體物不遺
之物則，以爲其天理或性；故『意』能爲心之主，而於此有善有惡
之心之動，能知好其善，惡其不善，以定向乎善。」❷那麼，這個「意」
就是「獨體」，就是心之眞體。在工夫論上，蕺山認爲，在心有善
惡念之動後，再加以省察，以知善知惡，爲善去惡，這還是低層次
的；更高一層工夫，是在諸意念未起時，以存養於善惡念未起之先。
也就是「意」永恒自己戒愼恐懼，以自愼其獨，即表現此「意」自
爲主宰以流行。唐君毅認爲，劉蕺山所謂靜存之工夫所呈之本體的
善，是尙未有相對之善惡可統的絕對的或眞正的「絕對善」。

唐君毅指出：「蕺山所言之誠意之工夫，固可說是居於陽明所
言之知善念惡念，而好善惡惡之良知之上一層面，而本此工夫，以
見得之本體之善以言性善，亦即爲眞正絕對之善，而更無一毫之可
疑之性善。」❷唐君毅認爲，這與陽明所說良知於不睹不聞中，恒自

---

❷ 唐君毅：《中國哲學原論・原性篇》，《唐君毅全集》，卷十三，臺北：
　　學生書局，1991年6月版，第497頁。
❷ 同上，第499頁。

戒慎恐懼之旨相通。君毅稱之爲「超越的內在省察」。「此乃屬於良知之本體之自身，而爲其善惡念未起之時，所自具之一戒慎其善惡念之發，而恐懼其發之陷於非是之一本體上的工夫。則蕺山之功，便唯在於此良知之戒慎恐懼中，更見此『意』之自誠而恒定向乎善，以常存常發，以爲此良知之體，而謂此『知』乃藏於『意』者而已。此即蕺山之所以於陽明之言良知，多有所疑，而亦謂『乃信陽明先生所謂戒懼是本體之說，非虛語也。』又自謂其言以誠意爲本，乃『陽明本旨』之故也。」❷❹

這種分析眞正發掘了蕺山對陽明學的發展與貢獻。蕺山說：「獨是虛位，從性體看來，則曰莫見莫顯，是思慮未起，鬼神莫知時也。從心體看來，則曰十目十手，是思慮既起，吾心獨知時也。然性體即在心體中看出。」❷❺在這裏，「意」是具有形上意義的性體與作爲道德主體的心體的合一。

我們再回過頭去看熊十力先生對蕺山的批評。熊先生只承認「意」爲心之所發，而不承認「意」爲心之所存，沒有像唐先生那樣分疏「意」的兩個層面，認爲「意」沒有本體層，亦不必過於剖判良知之心的所存與所發。即使要分別良知之心的所存與所發，熊先生堅持的是朱熹和陽明的立場。朱子訓「意」爲「所發」，陽明曰「有善有惡者意之動」，熊氏承朱、王而以「心」爲所存，「意」爲所發。但蕺山認爲，「如惡惡臭，如好好色」，正見此心之存主有善而無惡，這也就是唐君毅所說的「超越而內在」的「絕對善」。

---

❷❹　同上，第499－500頁。

❷❺　劉宗周：〈學言〉（上），《劉宗周全集》，第二冊，第448頁。

按蕺山說「意無所為善惡，但好善惡惡而已。」「《大學》之言心也，曰『忿懥、恐懼、好樂、憂患』而已。此四者，心之體也。其言『意』也，則曰『好好色，惡惡臭』。好惡者，此心最初之機，即四者之所自來，所謂『意』也。故『意』蘊於心，非心之所發也。又就『意』中指出最初之機，則僅有知好知惡之『知』而已，此即『意』之不可欺者也。故『知』藏於『意』，非『意』之所起也。又就『知』中指出最初之機，則僅有體物不遺之物而已，此所謂『獨』也。」❷⑥熊先生對這段文字最為不滿。實際上，蕺山所指出的，此好惡只是微幾，而非發幾，「微機」便是獨體。在蕺山那裏，「意」即是「誠」，是所存的大本。所謂「意根」、「誠體」，即心即性，根源在天。其思路，正是唐君毅所提揭的，此「意」中有超越性，又是內在的，即超越與內在的統合，心體與性體的統合，亦是蕺山所謂本體與工夫的打合。

熊先生的哲學，亦是超越與內在、心體與性體、本體與工夫的統合。如前所述，熊先生統合的路數是直下地透悟本體，是由本體而工夫的。熊先生一再講自信自肯自證，即良知靈明的自信自肯自證。熊先生並沒有虛懷體察蕺山學對陽明學的改造與推進。

總而言之，「戊子己丑良知意念之辨」之先，唐君毅已形成了自己對宋明學術、明代思想史及蕺山學的一系列看法，牟宗三也形成了自己關於陽明學及其派屬的看法；在此次辯論中，熊以識本體即是工夫的路數批評蕺山有違陽明，因特顯豁良知本體，以為為善去惡之本，由透悟良知本體而識良知，致良知，而為善去惡；唐則

---

❷⑥　同上，第457－459頁。

認爲蕺山學不違陽明、源於陽明又超過了陽明，特別欣賞識工夫即是本體的路數，對其意念之辯、獨體、誠意、愼獨之論作了哲學闡釋。這次討論並沒有什麼具體結果，熊、唐、牟各自持自己的觀念。但從討論的文獻中，我們亦可看出熊對蕺山原始材料的研讀不夠，所用哲學方法也不夠；唐的分析則充分從材料出發，亦有方法學的調整與支持，這亦是第二代新儒家的勝場。

近十年，我國大陸學者有關蕺山學的研究，在熊、唐、牟的基礎上又有了新的進境。❷關於明代理學和蕺山學的討論，還在繼續之中。熊、唐、牟的討論仍能起到啓迪的作用。

（本文於2001年9月在武漢大學主辦的「熊十力與中國傳統文化國際學術研討會」上發表。）

---

❷ 我所見到的有，陳來：《宋明理學》，瀋陽：遼寧教育出版社，1991年12月；袁爾鉅：《蕺山學派哲學思想》，濟南：山東教育出版社，1993年12月；東方朔：《劉蕺山哲學研究》，上海：上海人民出版社，1997年3月；張學智：〈劉宗周的誠意愼獨之學〉，《明代哲學史》，北京：北京大學出版社，2000年11月；李振綱：《證人之境——劉宗周哲學的宗旨》，北京：人民出版社，2000年12月。

當代新儒家對儒學宗教性問題的反思

　　面對西方精神文化的挑戰和某些傳教士直至黑格爾（Hegel）以來西方學界視儒學為一般世俗倫理的誤導，當代新儒家的主要代表人物，無不重視儒學內部所蘊涵的宗教精神的開掘。從一定意義上說，20世紀儒學的一個重要的面相是通過討論儒學的宗教性問題，一方面與西方精神資源相溝通並對話，另一方面由此而深化對於先秦、宋明儒學等五經傳統、四書傳統的認識。揚棄清世漢學，經受五四洗汰之後，始有當代新儒家重新省視東亞精神文明及其價值內核。儒學是一種特殊的人生智慧，是生命的學問。儒學是否是宗教或是否具有宗教性的問題，不僅涉及到對「宗教」的界定和對宗教的價值評價，而且涉及到對中國傳統人文精神的界定與評價。只有超越「絕對他者」的一元神宗教的界定方式，只有超越排斥性的、二分法的寡頭人文主義的「啟蒙心態」，才能真正理解「儒學是什麼」、「儒家的特質是什麼」和「儒學精髓與精義是什麼」的問題。對於儒家道德所具有的宗教性功能的討論，只是這場討論的浮面的前奏，真正有意思的是關於儒家道德實踐、儒家安身立命之道背後

之超越理據的發掘和發揮。因此，圍繞此一問題而展開的「性與天道」、「天人合一」、「超越內在」、「兩行之理」、「自我轉化」等方面的討論，成為當代儒學的中心與重心。本文擬通過對唐君毅、牟宗三、杜維明、劉述先四人關於道德宗教意蘊的研究，展示當代新儒家這一方面的重大貢獻，及其給下一世紀中國精神之繼承與創新的多重啟示。

一、概　述

本世紀曾不斷發生過儒學究竟是不是哲學或是不是宗教的懷疑與爭論，原因蓋在於人們往往以西方思辨哲學或一元宗教作為唯一參照來評釋東方儒家思想。世紀初，唯科學主義盛行，「宗教」在中國近乎成了貶詞，與「迷信」打上等號。蔡元培「以美育代宗教」；胡適以進化論、生存競爭學說的信仰代宗教；章太炎、梁啟超、王國維重佛法而不忍以佛法與宗教等量齊觀；歐陽竟無亦說「佛法非哲學非宗教」。唯有處在廣州、香港中西文化接觸地帶的康南海、陳煥章師徒，面對基督教勢力的擴張，欲化儒家為儒教（孔教），但他們有太強的政治功利心，且對宗教的精神價值並無深層理解。

我國知識精英出於救亡圖存、求富求強的心結，幾乎全都接受了近代西方的啟蒙理性，並使之變成20世紀中國的強勢意識形態。這就包括了對宗教的貶斥，以及人類中心主義、科學至上，乃至以平面化的科學、民主的尺度去衡量前現代文明中無比豐富的宗教、神話、藝術、哲學、民俗等等。其解釋學框架是單線進化論，如孔

德(A.Comte)的「神學——形上學——科學」的三段論，特別是已成
為我們幾代人心靈積習的「進步——落後」的二分法。其「成見」、
「前識」正是以「排斥性」為特徵的（排斥宗教、自然等）寡頭的人文
主義。

當代新儒家的第一代人物梁漱溟、熊十力等，雖承認宗教，特
別是佛法有較高價值，但也受到強勢科學主義氛圍的影響。故梁氏
一面認為佛法能滿足宗教的兩個條件——神秘與超絕，是真宗教，
另一方面又認為宗教是未來人類的人生路向，當今卻應力加排斥。
梁氏肯定西方科學與宗教有不解之緣，著力討論中國文化何以沒有
產生科學與民主的原因。熊氏則力辯儒學不是宗教，嚴格劃清儒學
與宗教、儒學與佛學的界限，批評佛教反科學，強調儒學中包含有
科學、民主等等。蓋因為他們面對的、需要回答的問題是：西學最
有價值的是科學、民主，中國文化或儒學中卻沒有。❶

當代新儒家的第二代人物唐君毅、牟宗三等，亦只是在四十年
代末、五十年代初才開始肯定宗教的價值。❷移居香港後，他們進一

---

❶ 關於本世紀部分華人學者對儒學是否宗教或是否具有宗教性的看法，另請
見拙作：〈儒學：入世的人文的又具有宗教性品格的精神形態〉，《文史
哲》，濟南：山東大學，1998年第3期，第35—37頁。又請見拙作：〈中國
大陸地區近五年來的儒學研究〉，1998年4月3日曾演講於哈佛大學，並刊
載於臺北中研院文哲所籌備處劉述先主編之《儒家思想在現代東亞：中國
大陸與臺灣篇》，2000年。文中詳細介紹了李申的〈儒教、儒學和儒者〉
（《中國社會科學院研究生院學報》1997年第1期）和何光滬的〈中國文化
的根與花——談儒學的「返本」與「開新」〉（《原道》第2輯，團結出版
社，1995年4月）等。

❷ 例如唐君毅說：「直到民三十七年寫〈宗教意識之本性〉一文後，至今五

步認識到西方文化中最有底蘊和深意的不是別的，恰恰是宗教。同時，在西方宗教意識與宗教價值的啓發下，基於與西方文化抗衡與護持中國文化精神的心結，開始以新的視域認識、掘發、詮解儒家、儒學中所蘊含的宗教精神。以1958年元旦唐君毅、牟宗三、徐復觀、張君勱四先生〈中國文化與世界〉宣言❸為代表，標誌新儒家已有成型的一整套關於儒學宗教性的看法。他們認爲，中國沒有像西方那種制度的宗教教會與宗教戰爭和政教分離，中國民族的宗教性的超越感情及宗教精神，與它所重視的倫理道德，乃至政治，是合一而不可分的。「天」的觀念在古代指有人格的上帝，古人對天的宗教信仰貫注於後來思想家關於人的思想中，成爲天人合德、天人合一、天人不二、天人同體的觀念。儒家天人交貫的思想一方使天由上徹下以內在於人，一方使人由下升上而上通於天。氣節之士殺身成仁、捨生取義即含有宗教性的超越信仰。儒家義理之學、心性之學是打通人的生活之內外、上下、天人的樞紐。在一定意義上，唐牟稱儒學爲道德的宗教、人文的宗教或成德之教，充分論證其既超越又內在、既神聖又凡俗的特性。要之，第二代新儒家潛在的背景（或潛臺詞）是：西學最有價值的是宗教，中國卻沒有宗教的傳統。因此他們從強勢的排斥性的啓蒙心態中擺脫出來，掘發儒學資源中的宗教精

六年，我才對宗教之價值有所肯定，同時認識儒家中之宗教精神。」（見唐君毅：〈我對於哲學與宗教之抉擇——《人文精神之重建》後序兼答客問〉，項維新、劉福增主編：《中國哲學思想論集》，臺北：牧童出版社，1978年，第八冊，第186頁。）

❸ 這一宣言的起草者是唐君毅，初發表於《民主評論》，香港，1958年元旦。現收入《唐君毅全集》，卷四，臺北：學生書局。

神價值，分析了儒學與世界上其他大的宗教的同一與差異，並開始試圖與各宗教對話。

當代新儒家的第三代人物杜維明、劉述先等，具有開放寬容心態，對西方宗教有了更全面的理解。他們在唐、牟、徐的基礎上，又借助西方宗教存在主義或其他宗教學家等有關「宗教」的新界定、新詮釋，面對西方讀者或聽眾，積極闡發儒學的價值與意義，主動與基督教、天主教、回教對話。他們對神性與人性、道德精神與宗教精神、終極關懷與現實關懷、內在超越與純粹超越的問題作了進一步探討，尤其闡發宋儒「身心之學」、「自我」觀念與自我實踐過程中的本體論意蘊和倫理宗教的特質。面對兩種西方模式——科學主義模式與絕對外在的上帝模式的夾擊，他們作出了創造性回應，努力與西方神學界溝通，為其提供儒家資源中把超越外在的天道與俗世生活、自我反思連在一起的慧解。

從以上描述不難發現，對儒學內蘊的精神價值各層面的抉發和詮釋，與詮釋者自身對西方精神價值的理解程度（或方面）密切相關。三代現代新儒家對西學的回應由對抗式的，逐漸轉變成理解中的對話，汲取中的發揮。對話亦由被動變為主動。關於儒學是否是儒教，或是否具有宗教性的問題，本來就是從西方文化出發的問題意識。第二代現代新儒家借此闡明中國文化、儒家精神的特質——「內在的超越」的問題。第三代當代新儒家增事踵華，更加主動。總之，當代新儒家不同意把一元宗教的「外在超越」移植過來，而是充分重視儒學在凡俗世界中體現神聖的特點，充分發揮儒學中許多未被認識的珍貴資源。

二、唐君毅：人文涵攝超人文，本心本性即天心天性

　　唐先生是最具有悲憫惻怛之心與存在實感的哲學家。他對世界各大宗教都有相當同情的理解，認爲當今世界、人類，極需宗教、道德與哲學加以救治，主張宗教間的相互寬容、融通，企盼建立中國的新宗教，由傳統宗教精神發展出來，主要由儒家的安身立命之道發展出來。

　　首先，唐主張超人文與人文的和合。宗教精神是超人文的，宗教家追求現實生命以上的另一生命，肯定超現實世界超人文世界的形上實體，有超越的信仰，由此見宗教的神聖與莊嚴。同時，一切宗教事業又與人相關，宗教家一般都從事社會人文事業。❹因此，宗教也是人文的一支。在現當代，超人文的宗教精神對人文爲必需。人文世界中的人，可以相信有神。神靈世界的信仰，可以提升人的精神，使我們不致只以物的世界、自然的世界爲托命之所，可以平衡我們精神的物化、自然化和背離人文的趨向，自覺瞭解人文的價值意義。❺儒家講極高明而道中庸，使超世間與世間不二，而肯定一

---

❹　同注❷，第202頁。

❺　見唐君毅：〈理想的人文世界〉，《中國哲學思想論集》，第八冊，第262頁。唐氏認爲人文包含宗教，也依賴於宗教。他把宗教界定爲人文世界的一個領域，視宗教爲「整個人生或整個人格與宇宙真宰或真如，發生關係之一種文化，亦即是天人之際之一種文化。」見唐著《心物與人生》，臺北：學生書局，1984年2月全集校訂版，第205頁。

切人生人文的價值。儒者不是只有乾枯的神的觀念，而是通過「仁」的流行，通過人與天、人與人的精神感通以見神，體驗神境。儒者的宗教情緒、宗教精神，是通過我們對人倫、人文之愛，通過社會歷史文化活動而生發建立的。唐的思想，肯定自覺能通貫到超人文境界之人文精神，肯定儒家之人重於文，由人文世界，以通超人文世界之天心天理的修養之路。❻

其次，唐主張天知與良知的和合，以良知作爲判斷宗教信仰的標準。宇宙本源是天知或天心或上帝，但我們不能說天知與良知是絕對分離的二物。良知可說只是天知之呈於我，天知只是良知的充極其量。二者爲互相保合關係，而不是因果關係、本體屬性關係、創造者與被創造者的關係。良知是人的一切判斷的自生之原。「依良知爲標準，可以說一切高級宗教中的超越信仰，都出自人之求至善、至眞、完滿、無限、永恒之生命之要求，求拔除一切罪惡與痛苦之要求，賞善罰惡以實現永恒的正義之要求，因而是人所當有的。」❼「依良知的標準，我們可以說，一切高級宗教中所講的上帝、阿拉、梵天，在究竟義上，都不能與人的良知爲二，而相隔離。」❽中國古代實信天爲一絕對的精神生命實在。孔子的時代，有郊祀之禮，人民相信天，故孔孟的精神在繼天的前提下偏重盡心知性立人道，融宗教於道德。宋明時期人們不信天神，故宋明儒重立天道，即道德以爲宗教。前者承天道以開人道，後者由人道以立天道，都講天人

---

❻　見唐君毅：〈中國未來之文化創造〉，《中國哲學思想論集》，第八冊，第220－221頁。

❼　同注❷，第204頁。

❽　同注❷，第204頁。

交貫。❾儒家講性與天道、天心與人心的不二。儒教是以人之本心本性即天心天性的天人合一之教。儒家以良知判斷和反求諸己的精神，不會走入宗教戰爭、宗教對抗、宗教迷狂和盲目崇拜。

第三，唐在儒家思想的信仰中，發現宗教性的安身立命之所，是爲儒家教化的基礎。這是涵宗教性而又超一般宗教的。❿宗教並不必以神爲本，而以求價值的實現過程中的超越、圓滿、悠久爲本。儒家不同於一般宗教在於它的平凡。儒家精神與一切人類高級宗教的共同點，即是重視人生存在自己之求得一確定的安身立命之地的。儒家肯定根據心靈的無限性、超越性形成的種種宗教信仰，而且能回頭見此信仰中的一切莊嚴神聖的價值，都根於吾人之本心本性。儒者在信仰一超越的存在或境界之外，轉而自信能發出此信仰的當下的本心本性。唐氏強調儒家的自我、主體即具有超越性無限性的本心本性。⓫儒家由人自覺其宗教精神，有高層次的自知自信。儒家的信仰中，包含著對道德主體自身的信仰，其「重在能信者之主體之自覺一方面，而不只重在所信之客體之被自覺的一方面」⓬。儒家強調，肫肫之仁種直接蘊藏在吾人的自然生命與身體形骸中，而直接爲其主宰。人之仁德充內形外，顯乎動靜，發乎四肢，而通於人倫庶物、家國天下。盡倫盡制看起來平庸，實際上並不平庸，

---

❾　同注❻，第215頁。

❿　唐君毅：《中國人文精神之發展》，臺北：學生書局，1974年月10月三版，第343頁。

⓫　同上，第348、373－374、377頁。

⓬　唐君毅：《中華人文與當今世界》，臺北：學生書局，1980年月4月三版，下冊，第465頁。

此中之心性、仁種，既超越於此身形骸之上，又貫徹於身體形骸之中，並達之於社會關係中之他人的精神，對他人的心性、仁種加以吹拂。其他宗教缺乏這種自信，遂不免視此身爲情欲、罪惡、苦業的淵藪。儒家則凝攝外向的信仰成自信，自安此身，自立此命，身體力行，由近及遠，把仁心一層層推擴出去，由孝親而敬長，由齊家而治國，而平天下，並及於禽獸草木。仁心的流行，凝聚於具體的人倫關係上，不似基督教、佛教一往平鋪的人類觀念、眾生觀念。人在現實的家庭、社會、國家、人類之道德實踐的層層推進中，透顯了本心本性的超越無限性，並上達一種形上的及宗教性的境界。❸

第四，唐重視發掘「三祭」的宗教意義與宗教價值。中國人對天地、祖宗與聖賢忠烈人物的祭祀涵有宗教性。這不是哲學理論，也不是一般道德心理與行爲。祭祀對象爲超現實存在，祭祀禮儀與宗教禮儀同具有象徵意義。祭祀時，祭祀者所求的是自己生命精神的伸展，以達於超現實的已逝世的祖宗聖賢，及整個天地，而順承、尊戴祖宗聖賢及天地之德。此敬此禮，可以使人超越於其本能習慣的生活。唐主張復興祭天地與對親師聖賢的敬意，對人格世界、宗教精神、宗教聖哲的崇敬。❹通過三祭，報始返本，使吾人的精神回到祖宗、聖賢、天地那裏去，展示人的心靈超越現實的局限，具有超越性與無限性，亦使人的心靈兼具保存與創造兩面。

最後，唐先生晚年有融攝世界各大宗教、哲學的《生命存在與心靈境界》的巨構，即心通九境之說。心靈生命次第超升，從客觀

---

❸　同注❿，第379－381頁。

❹　同上，第383頁；又見注❻，第223頁。

境界的三境到主觀境界的三境再到超主客觀境界的三境。通過升進與跌落的反復，通過超升過程中感覺經驗、理性知識、邏輯思維、道德理想、宗教信仰之正負面作用的揚棄，最終達到「仁者渾然與物同體」的「天人合一」之境。這也就是「天德流行」、「盡性立命」境。在唐氏看來，儒家融攝了西方一神教和佛教，其說最為圓融。達到最終境界的方式是「超越」。「超越」是本體即主體的特質，是主體超越了思維矛盾律的相對相反，超越了主體所表現的活動之用以及一切境物的有限性，達到自我與天道的冥會。當然，在這裏，「超越」主要是指的內在超越，指的心靈的無限性。唐氏所做的是一種廣度式的判教工作，對東西方宗教與哲學的主要傳統，予以包容和定位。❺

總之，唐君毅以儒家的「良知」、「仁心」學說作為涵攝各宗教和判教的根據。唐氏肯定儒家由道德向超道德境界的提升，由盡性知命的道德實踐向「天人合一」或「天德流行」的無上境界的提升。就終極之境而言，此與基督教的「上帝」、佛教的「涅槃」之境相類似。就達成的路徑而言，儒教不走否定現實人生之路，而是走道德實踐的路，以此融通種種超越的信仰，把宗教的價值轉入人的生命之中。生命心靈由「經驗的我」到「理性的我」到「超越的我」，心靈境界由「客觀境」到「主觀境」到「超主客觀境」，次第升進，不斷超越。每一重境界對生命也是一種限制。但生命心靈具有不斷自我超越、自我提升的本性。唐氏進一步把儒家的信仰內

---

❺　另請參見拙著《熊十力思想研究》，天津：天津人民出版社，1993年6月，第339—340頁。

化，肯定人能完善自己，肯定而且張大了「合神聖以為一兼超越而亦內在於人心之神聖之心體」❶。這實際上是對作為價值之源的，積澱了「天心天性」的「無限的仁心」、「本心本性」的完滿性的信仰。

三、牟宗三：內在而超越，道德的宗教

牟先生是最具有思辨智慧的哲學家，他對儒學宗教性的問題亦有一番特別的論說。首先，他對儒佛耶三教作了粗略的比較。他認為，儒家的悲憫，相當於佛教的大悲心和耶教的愛，三者同為一種宇宙的悲情。耶教的恐怖意識，佛教的苦業意識，從人生負面的罪與苦進入；儒家的憂患意識（借用徐復觀的說法），則從人生正面進入。儒家凸顯的是主體性與道德性。「在耶教，恐怖的深淵是原罪，深淵之超拔是救贖，超拔後的皈依為進天堂，靠近上帝。天堂是耶教之罪惡意識所引發的最後歸宿。在佛教……由無常而起的痛苦（苦），由愛欲而生的煩惱（業），構成一個痛苦的深淵，它的超拔就是苦惱的解脫，即是苦惱滅盡無餘之義的滅諦，而超拔苦惱深淵後的皈依就是達到涅槃寂靜的境界。」❶中國人的憂患意識，引發的是一個正面的道德意識，是一種責任感，是敬、敬德、明德與天命等等觀念。

---

❶　唐君毅：《生命存在與心靈境界》，臺北：學生書局，1986年5月全集校訂本，下冊，第292頁。

❶　牟宗三：《中國哲學的特質》，1963年1月始由香港人生出版社印行，此據上海古籍出版社，1997年11月第1版，第13－14、15－16頁。

中國上古「天道」、「天命」等「天」的觀念，雖似西方的上帝，
為宇宙的最高主宰，但天的降命則由人的道德決定。這就與西方宗
教意識中的上帝大異其趣。天命、天道通過憂患意識所生的「敬」
而步步下貫，貫注到人的身上，成為人的主體。在「敬」之中，我
們的主體並未向上投注到上帝那裏去，我們所作的不是自我否定，
而是自我肯定。這個主體不是生物學或心理學上的所謂主體，而是
形而上的、體現價值的、真實無妄的主體。孔子的「仁」，孟子的
「性善」都由此真實主體而導出。⓭

　　其次，牟通過對「性與天道」的闡釋，論述了儒學「超越」而
「內在」的特色。他說，天道一方面高高在上，有超越的意義，另
一方面又貫注於人身，內在於人而為人之性，因而又是內在的。天
道兼具宗教（重超越）與道德（重內在）的意味。在中國古代，由於特
殊的文化背景，天道觀念在內在意義方面有輝煌的發展。孔子以前
就有了性命與天道相貫通的思想傳統。孔子以仁、智、聖來遙契性
與天道。「天道」既有人格神的意義，更是「生生不息」的「創生
不已之真幾」。天命、天道可以說是「創造性本身」。（然而，「創
造性的本身」在西方只有宗教上的神或上帝才是。「本身」就是不依附於有限
物的意思。）「天道」是從客觀上講的，「性」是從主觀上講的。這
個「性」是人的獨特處，是人之所以為人的本質，是人的本體，是
創造性本身，而不是生物本能、生理結構、心理情緒所顯者。「成
聖」是從應然而非實然的層面講的，意思是正視自己的精神生命，
保持生命不「物化」，以與宇宙生命相融和，相契接。「仁」就是

⓭　同上，第16－18頁。

精神生命的感通、潤澤，層層擴大，以與宇宙萬物爲一體爲終極。「仁」代表了眞實的生命，是眞實的本體，又是眞正的主體。孔子講「下學而上達」，意即人只須努力踐仁，便可遙契天道。古人訓「學」爲「覺」，即德性的開啓或悟發。孔子之「天」仍保持著它的超越性，爲人所敬畏。孔子對天的超越遙契，有嚴肅、渾沌、神聖的宗教意味。

《中庸》、《易傳》一系和《孟子》一系，都講內在的遙契，有親切、明朗的哲學意味。所謂內在的遙契，即不再要求向上攀援天道，反把天道拉下來，收進自己內心，使天道內在化爲自己的德性，把人的地位，通過參天地而爲三的過程，與天地並列而爲三位一體。故天命、天道觀念發展的歸屬，是主體意義的「誠」、「仁」觀念的同一化，由重客體性到重主體性，凸顯了「創造性自己」的創造原理、生化原理。❿

再次，牟論證了作爲宗教的儒教。他說，瞭解西方文化，不能只通過科學與民主政治來瞭解，還要通過西方文化的基本動力——基督教來瞭解；同樣，瞭解中國文化也要通過其動力——儒教來瞭解。㈠儒教首先盡了「日常生活軌道」的責任。周公制禮作樂，替民眾定倫常制度，既是「聖人立教」，又是「化民成俗」。倫常在傳統社會是鄭重而嚴肅的，背後有永恒的意義，有道德價值，有天理爲根據，不僅僅是社會學、生物學的概念。如父慈子孝、兄友弟

---

❿ 同上，第21—22、29-31、37—40頁。又，關於《中庸》、《易傳》與《論語》、《孟子》之關係的看法，牟先生日後有所修訂，詳見《心體與性體》之〈綜論〉部。但就性命天道相貫通，就踐仁體道的道德實踐而蘊涵的宗教意識和宗教精神而言，《心體與性體》非但沒有改易，反而更有所發展。

恭，是天理合當如此的。㈡儒教之所以爲教，與其他宗教一樣，還
爲民眾開闢了「精神生活的途徑」。它一方面指導人生，成就人格，
調節個人內心世界，另一方面在客觀層擔負著創造歷史文化的責
任，此與一切宗教無異。㈢儒教的特點，其注意力沒有使客觀的天
道轉爲上帝，使其形式地站立起來，由之而展開其教義，也沒有把
主觀呼求之情形式化爲宗教儀式的祈禱；其重心與中心落在「人『如
何』體現天道」上。因此，道德實踐成爲中心，視人生爲成德過程，
終極目的在成聖成賢。因此，就宗教之「事」方面看，儒學將宗教
儀式轉化爲日常生活之禮樂，就宗教之「理」方面看，儒學有高度
的宗教性，有極圓成的宗教精神。孔子的「踐仁成仁者」，孟子的
「盡心知性知天」，都是要恢復、弘大天賦予我們人的創造性本身，
即精神生命的眞幾。一般人說基督教以神爲本，儒家以人爲本。這
是不中肯的。儒家並不以現實有限的人爲本，而隔絕了天。人通過
覺悟和成德過程，擴充本性，體現天道，成就人文價值世界。儒家
並不是盲目樂觀，不把人的能力看得太高，不認爲人能把握天道的
全幅意義、無限神秘，也不肯定人能克服全部罪惡；相反，儒家重
視修養功夫，在無窮的成德過程中，一步步克服罪惡，趨向超越的
天道。❷⓿

第四，牟就儒教的特點，闡發了「道德的宗教」說。從前節我
們可知，唐君毅先生並不抹煞道德與宗教的界限，主張通過道德實
踐走向超越的「天德流行」之境。通過此節，我們亦可知牟與唐都
把天道的超越性與仁心的無限性貫通了起來。牟更進一步，直接把

---

❷⓿　參見牟宗三：〈作爲宗教的儒教〉，同注❶⓻，第93－106頁。

儒教界定為道德教、成德之教、人文教。他認為，道家之「玄理」、佛家之「空理」、儒家之「性理」，「當屬於道德宗教者。宋明儒所講者即『性理之學』也。此亦道德亦宗教，即道德即宗教，道德宗教通而一之者也。」❷牟宗三先生指出，宋明儒之中點與重點落在道德的本心與道德創造之性能（道德實踐所以可能之先天根據）上。這種「本心即性」的「心性之學」又叫「內聖之學」，意即內而在於個人自己，自覺地作道德實踐（即聖賢功夫），以發展完成其德性人格。一方面，它與一般宗教不同，其道德的心願不能與政治事功完全隔開，只退縮於以個人成德為滿足。另一方面，此「內聖之學」亦曰「成德之教」。『成德』之最高目標是聖、是仁者、是大人，而其真實意義則在於個人有限之生命中取得一無限而圓滿之意義。此則即道德即宗教，而為人類建立一『道德的宗教』也。」❷牟氏指出，這既與佛教之以捨離為中心的滅度宗教不同，亦與基督教之以神為中心的救贖宗教不同。在儒家，道德不是停留在有限的範圍內，不像西方某些學者那樣，以道德與宗教為對立的兩階段。牟認為「道德即通無限」。意思是說，儘管道德行為有限，但道德行為所依據之實體以成其為道德行為者則無限。「人而隨時隨處體現此實體以成其道德行為之『純亦不已』，則其個人生命雖有限，其道德行為亦有限，然而有限即無限，此即其宗教境界。體現實體以成德（所謂盡心或盡性），此成德之過程是無窮無盡的。要說不圓滿，永遠不圓

---

❷　牟宗三：《心體與性體》，臺北：正中書局，1968年5月初版，此據1981年10月四版，第一冊，第一部〈綜論〉，第4頁。

❷　同上，第6頁。

滿，無人敢以聖自居。然而要說圓滿，則當體即圓滿，聖亦隨時可至。要說解脫，此即是解脫；要說得救，此即是得救。要說信仰，此即是信仰，此是內信內仰，而非外信外仰以假祈禱以賴救恩者也。聖不聖且無所謂，要者是在自覺地作道德實踐，本其本心性體以澈底清澈其生命。此將是一無窮無盡之工作。一切道德宗教性之奧義盡在其中，一切關於內聖之學之義理盡由此展開。」㉓

最後，牟進一步提出圓教與圓善學說，指出真正的圓教在儒家。牟先生在《智的直覺與中國哲學》、《現象與物自身》、《圓善論》等巨著中，消化康德，創造性發展儒釋道三教。他分疏了兩層存有論。他認為，康德所說的超越的區分，應當是一存有上的區分（現象界的存有論與本體界的存有論的區分），而不是一般形上學所說的本體與現象的區分。牟又指出，康德不肯承認人有「智的直覺」，把「智的直覺」看成上帝的專利，因此他只能就知性的存有論（即「執的存有論」）的性格成就現象界的存有論即內在的形上學，而不能成就超絕的形上學，即本體界的存有論（「無執的存有論」）。中國儒、釋、道大都肯定人有智的直覺，以此改造康德哲學，可以完成康德無法完成的超絕的形上學與基本的存有論。此兩層存有論是在成聖、成佛、成真人的實踐中帶出來的。就終極言，是成聖、成佛、成真人：人雖有限而可無限。

牟先生發揮佛教天臺宗判教而顯之圓教觀來會通康德的圓善論，重釋中國儒釋道的精神方向。他指出，基督教認為人有限而不能無限，上帝無限而不能有限，人神之間睽隔不通，因此可稱之為

㉓　同上，第6頁。

「離教」（隔離之教）。佛家的「般若智心」，道家的「道心」，儒家的道德意義的「知體明覺」，都是「無限心」。儒釋道三教都承認人雖有限而可無限，都把握了「慎獨」（在佛家是「修止觀」，在道家是「致虛守靜」）這一樞紐，都認為人可通過自己的實踐朗現無限心，故稱之為「盈教」（圓盈之教）。❷牟論述了儒釋道三教的圓教與圓善，指出佛家的圓教是由「解心無染」入，道家的圓教是由「無為無執」入，而儒家則直接從道德意識入。儒家的圓教自孔子踐仁知天始，經孟子、《中庸》、《易傳》直至宋明儒，得到大的發展。相比較而言，佛道兩家缺乏創生義，不能直貫於萬物。儒家「預設一道德性的無限智心，此無限智心通過其創造性的意志之作用或通過其感通遍潤性的仁之作用，而能肇始一切物而使之有存在者也。」❷牟認為，儒教具有道德創造的意義，縱貫於存在界，十字打開，是大中至正的圓教。道德主體使圓教成為可能，只有在此圓實教中，德福一致的圓善才真正可能。在康德那裏，德福一致的實現需要上帝作保證，在儒教這裏，按牟氏的說法，是以自由無限心（道德主體）取代了康德的上帝。自由無限心本身就是德福一致之機。上帝對象化為人格神，成為情識所崇拜祈禱的對象。然而，儒教的道德主體（無限智心、自由無限心）卻能落實而為人所體現，在道德實踐中達到圓聖理境。「圓聖依無限智心之自律天理而行即是德，此為目的王國；無限智心於神感神應中潤物、生物，使物之存在隨心轉，此即是福，

---

❷　參見牟宗三：《現象與物自身》，臺北：學生書局，1975年8月初版，此據1976年9月再版本，第453-455頁。

❷　牟宗三：《圓善論》，臺北：學生書局，1985年7月初版，第328頁。

此為自然王國（此自然是物自身層之自然，非現象層之自然……）。兩王國『同體相即』即為圓善。圓教使圓善為可能；圓聖體現之使圓善為真實的可能。因此，依儒聖智慧之方向，儒家判教是始乎為士，終乎聖神。……由士而賢，由賢而聖，由聖而神，士賢聖神一體而轉。人之實踐之造詣，隨根器之不同以及種種特殊境況之限制，而有各種等級之差別，然而聖賢立教則成始而成終矣。至聖神位，則圓教成。圓教成則圓善明。圓聖者體現圓善於天下者也。此為人極之極則矣。」❷❻在這裏，有士、賢、聖、神四位教。士位教有「尚志」、「特立獨行」或《禮記·儒行篇》等。賢位教以「可欲之謂善（此可欲指理義言），……充實之謂美，充實而有光輝之謂大」為代表。聖位教以「大而化之（大無大相）之謂聖」乃至「與天地合其德，與日月合其明」，「以天地萬物為一體」為標誌。神位教以「聖而不可知之之謂神」，「君子所過者化，所存者神，上下與天地同流」為內容。四位教亦可以說是四重境界。

　　總之，牟宗三關於儒學即「道德宗教」的反思，打通了性與天道、道德與宗教、超越與內在、圓教與圓善，明確提出了儒學即是宗教的看法，奠定了理論基礎，是迄今為止，當代新儒家關於此一問題尚未逾越的里程碑。

---

❷❻　同上，第332－334頁。另請參見顏炳罡著：《整合與重鑄——當代大儒牟宗三先生思想研究》，臺北：學生書局，1995年2月初版，第350－352頁；楊祖漢：〈牟宗三先生的圓善論與真美善說〉，1997年7月第10屆國際中國哲學會（漢城）會議論文。

四、杜維明：作為群體行為的終極的自我轉化

　　杜先生為儒學的源頭活水流向世界而不　陳辭，是目前最活躍的新儒家代表。在主動與世界主要宗教對話的過程中，在新詮儒家傳統的過程中，他對儒學的宗教性問題作出了多方面的揭示。

　　首先，他不同意以一元宗教（超越外在上帝）作為衡量是否「宗教」的普遍標準。他在70年代初就提出不要把西方文明的特殊性作為人類文化的普遍性。以希臘的哲學思辨、基督的宗教體驗作為範式，或以「哲學」、「宗教」的抽象觀念來分析儒家，可能會犯削足適履的謬誤。他主張把作為哲學或宗教的儒家的問題轉化為儒家的哲學性與宗教性問題。在哲學與宗教的交匯處與共通處理解儒家的學術或體驗的特徵，它恰恰是體驗式哲學或智性的宗教。要之，哲學與宗教在西方是兩個傳統，但在中國乃至東方只是指向同一傳統之兩面。❷❼80年代，杜批評了馬克斯·韋伯（Max Weber）關於儒家只是對世界的適應的說法，認為此說「嚴重地貶抑了儒家的心理整合和宗教超越的能力」❷❽。90年代，他反駁了中國文化的缺失是沒有上

---

❷❼　參見杜維明：〈儒家心性之學──論中國哲學和宗教的途徑問題〉，原發表於紐約《聯合》雜誌，1970年11月，後收入《人文心靈的震蕩》，臺北：時報出版公司，1976年，第29、33－34頁。

❷❽　杜維明：〈儒家論做人〉，《儒家思想──以創造轉化為自我認同》（以下簡稱《儒家思想》），臺北：東大圖書公司，1997年11月版，第57頁。

帝等說法。他認為，五四時以為缺科學民主，現在又認為缺宗教傳統，都是從西方文化出發的問題意識。前者從啓蒙思潮，後者從一元宗教。杜既不接受從工具理性的角度來宣揚儒家的所謂無神論，也不贊成以基督教或其他一元宗教的「超越外在」來補救儒家傳統的「超越內在」的不足。他對時下一些華人學者一廂情願地把西方特殊形態的宗教移植過來，或為了開拓一種宗教領域，而把自家文化中還相當有說服力和生命力的價值資源，在沒有深入研究之前就消解、遺棄的作法，提出了善意的勸告和批評。㉙凡此種種，都是要自立權衡，善待或正視自家資源的特色，避免西方中心論的影響。這都具有方法論的啓迪。

其次，在儒家及其心性之學具有宗教性的思考方面，杜受到多方面的影響，其中主要有四個方面：第一，他直承唐、牟、徐的傳統，可謂「接著講」。第二，他深受宗教存在主義者馬丁·布伯（Martin Buber）、保羅·田力克（Paul Tillich）、戈伯·馬賽爾（Gabriel Marcel）等人的影響，齊克果（Kirkegaard）也是杜感到親切的人，這對心性之學內蘊的宗教體驗層面的發揮不無啓發。第三，他受到美國宗教學家史密斯（W. C. Smith）關於宗教的界定及宗教意義、目的研究的影響。史密斯區分了「宗教」與「宗教性」，前者指靜態結構、客觀制度，後者指傳統、信仰，特別是某一信仰群體中的成員在精神上的自我認同。後者對作為一種精神傳統的宋明儒學的內在層面的揭示頗有補益。第四，他在與當代神學家、宗教學家對話的過程

㉙　周勤：〈儒學的超越性及其宗教向度──杜維明教授訪談〉，《中國文化》
　　第12期，1995年秋季號。

中亦得到啓發。

　　再次，杜揭示了「爲己之學」的倫理宗教涵義，界定了宋明儒學的宗教性。對於韋伯關於儒學缺乏一個超越的支撐點的說法，杜反駁道：這實際上是把一種基督教的，從而是外來的解釋強加在儒學之上。在儒家，雖並不相信有位超越的人格化的上帝，但相信人性最終是善的，而且有包容萬物的神性。這種人性是天命所賜，必須通過心的有意識的、致良知的活動才能充分實現。杜把這稱爲「存有的連續性」。天的實體對人決不是陌生的，能爲人的意志、感情和認知功能所領悟。通過心靈的培育和修養，人可以察覺到神發出的最幾微的聲音，領悟天運作的奧妙。同任何神學證明不同，宋明儒堅持古代「天視自我民視，天聽自我民聽」的天人互動觀念，這規定了宋明儒的宗教性。❸⓿人的自我在其自身的眞實存在中體現著最高的超越，這不能理解爲孤立的個體與上帝之間的關係。「儒家對人的固有意義的『信仰』，是對活生生的人的自我超越的眞實可能性的信仰。一個有生命的人的身、心、魂、靈都充滿著深刻的倫理宗教意義。具有宗教情操在儒家意義上，就是進行作爲群體行爲的終極的自我轉化。而『得救』則意味著我們的人性中所固有的既屬天又屬人的眞實得到充分實現。」❸⓵作爲知識群體或旨趣相近的求道者的終極依據，不是一個作爲「全然他者」的超越力量。儒家深信超越作爲存在狀況之自我，超越現實經驗的轉化，此轉化的界限是

---

❸⓿　參見杜維明：〈宋明儒學的宗教性和人際關係〉，《儒家思想》，第155、149頁。

❸⓵　同❷⓼，第67頁。

使人與天所賦予的本性相符。這種終極自我轉化的承諾即包含著某種超越層面。杜把宋明儒的宗教性表述爲：「它是由人的主體性的不斷深化和人的感受性連續擴展的雙重過程構成的。在這種情況下，作爲群體行爲的終極的自我轉化必然產生一系列的弔詭：如對自我的培育採取了對自我的主宰的形式；自我爲了實現其本性就必須改變它的以自我爲中心的結構……」❸❷又界定爲：一種終極的自我轉化，這種轉化可以視爲作爲一種群體行爲，以及作爲對於超越者的一種忠誠的對話式的回應。簡言之，就是在學做人的過程中，把天賦人的自我超越的無限潛力全面發揮出來。❸❸

杜維明指出：「儒教作爲宗教性哲學，它所追求的是『立人極』。它主要的關懷是研究人的獨特性從而去理解他的道德性、社會性和宗教性……它的主要任務是在探究怎樣成爲最眞實的人或成爲聖人的問題。」「儒家的成聖之道是以一個信念爲基礎的，就是人經由自己的努力，是可以臻於至善的。這樣，作爲自我修養形式的自我認識，也就同時被認作是一個內在自我轉化的行動。事實上，自我認識、自我轉化不僅密切相聯，而且也是完全結合成一體的。」❸❹

最後，我們綜合一下杜維明在儒學宗教性論說中的三項重點與貢獻。㈠「自我」——是一個具有深遠的宇宙論和本體論含意的倫理宗教觀念。倫理宗教領域創造活動的中心是人的主體性。自我是

❸❷ 同❸❶，第155－156頁。

❸❸ 詳見杜維明：《中與庸：論儒學的宗教性》之第五章〈論儒學的宗教性〉紐約州立大學出版社，1989年版。

❸❹ 杜維明：〈從宋明儒學的觀點看「知行合一」〉，《人性與自我修養》，臺北：聯經出版公司，第116－117頁。

開放的,是各種有機關係網絡的動態的中心,是一個具體的人通向整體人類群體的過程。在自我的可完善性中,它不斷深化,不斷擴展,在修、齊、治、平過程中經歷了與一系列不斷擴展的社會群體相融和的具體道路。修身的每一階段都是結構上的限制和程式上的自由之間的辯證關係。自我處境、社會角色的限制亦是自我發展的助緣。在前述過程中不斷超越人類學的限制,體現著我們每個人之中的聖性。㉟㈡「聖凡關係」——儒學宗教性的特點是在現實、凡俗的世界裏體現價值、神聖,把現實的限制轉化成個人乃至群體超升的助緣。在軸心時代,中國凸顯的是儒家爲代表的對人本身的反思,即把一個具體活生生的人,作爲一個不可消解的存在進行反思。其所涉及的四大層面是:自我、個人與群體、人與自然、人與天。儒家不從自我中心、社會中心、人類中心來定義人,又肯定天地之間人爲貴。儒家把凡俗的世界當作神聖的,實然中有應然,高明寓於凡庸之中。這可以爲世界各大宗教的現代化提供精神資糧。㊱㈢「體知」——這不是認知領域中的理智邏輯之知,而是修身過程中的德性之知,是一種生命體驗,自證自知。人與天、地、人、我的感通是動態的過程而非靜態的結構,不可能脫離天人合一的宏觀背景而成爲隔絕的認識論。㊲杜進一步把「體知」疏理爲感性的、理性的、智性的、神性的四層次,認爲此四層體知交互滋養,是具備靈覺而

㉟　參見杜維明:《儒家思想》,第55、59－60、151－153頁。

㊱　同㉙。

㊲　參見杜維明:〈論儒家的「體知」——德性之知的涵義〉,見劉述先主編:《儒家倫理研討會論文集》,新加坡東亞哲學研究所出版,1987年1月;杜維明:〈身體與體知〉,臺北:《當代》月刊,1989年3月,第35期。

又可以溝通神明的人的特性。❸總之，杜關於身心性命、修養之學的倫理宗教性質的闡釋，特別是以上三點，為儒學的現代化和世界化提供了創造性的生長點，值得重視和發揮。

五、劉述先：兩行之理與理一分殊

劉述先無疑是當代新儒家陣營在現時代最有哲學修養的學者之一。他代表儒家，積極推動儒學與天主教、基督教、回教等方面的對話，努力參與世界宗教與倫理方面的交流互動。他有關儒學宗教性問題的中英文論文，最早發表於1970－1971年間❸，基本論旨至今未有大變，然關於孔孟思想的宗教義蘊，近年來的論著顯然有更深入的發掘。

首先，劉注重現代神學的成果及面對現代化的儒耶溝通。他取基督教神學家田立克（Paul Tillich）的見解，把宗教信仰重新定義為人對終極的關懷。這顯然是對「宗教」取一種寬泛的界定方式，因

---

❸ 參見杜維明：〈從「體知」看人的尊嚴〉，1998年6月，北京「儒學的人論」國際學術研討會論文。另請參見杜維明與馮耀明有關體知問題的論戰，見杜維明：〈宏願、體知和儒家論說——回應馮耀明批評「儒學三期論」〉和馮耀明：〈「儒學三期論」問題——回應杜維明教授〉，分別見臺北：《當代》月刊，1993年11月第91期和1994年1月第93期。

❸ 劉述先：〈儒家宗教哲學的現代意義〉，原載臺北《中國學人》，1970年3月，第1期。此文後收入著者《生命情調的抉擇》，臺北：志文出版社，1974年3月初版。英文論文發表於夏威夷《東西哲學》，1971年第2期（總第21期）。

爲在田立克看來，人的宗教的祈向是普遍的，每個人都有自己的神，自己的信仰，自己的終極的關懷。當然，問題在於什麼樣的終極關懷才是眞正的終極關懷。劉又借鑒現代神學家蒲爾脫曼（Rudolf Bultmann）、巴特(Karl Barth)、魏曼(Henry Nelson Wieman)、赫桑(Charles Hartshorne)、龐豁夫(Dietrich Bonhoeffer)、哈維‧柯克斯(Harvey Cox)和孔漢思（Hans Kung）等人的思想，例如消解神化、象徵語言的進路、經驗神學、過程神學或宗教徹底俗世化的努力等等，進而從當代宗教的角度審視儒家傳統的宗教意涵。現代神學揚棄中世紀的宇宙論等形式架構，一面堅持基督資訊在現代的相干性，一面接受現代文明的挑戰。本來，以傳統基督教爲模型的宗教觀念，根本就不適用來討論世界宗教（例如無神的佛教）。從宗教現象學的觀點看，宗教的定義必須重新加以修正，必須捐棄傳統以神觀念（特別是一神教）爲中心的宗教定義。上帝可以死亡，但宗教意義的問題不會死亡。對於「他世」的祈向並不是宗教的必要條件，對於「超越」的祈向乃是任何眞實宗教不可缺少的要素，對現世精神的注重未必一定違反宗教超越的祈向。劉述先從這一視域出發，判定孔子雖然不信傳統西方式的上帝，並不表示孔子一定缺乏深刻的宗教情懷，中國傳統對於「超越」的祈向有它自己的獨特的方式。❹劉認爲：「由孔子反對流俗宗教向鬼神祈福的態度，並不能夠推出

---

❹　詳見（A）劉述先：〈儒家宗教哲學的現代意義〉，《生命情調的抉擇》，臺北：志文出版社，1975年5月二版，第47—48頁；（B）劉述先：〈由當代西方宗教思想如何面對現代化問題的角度論儒家傳統的宗教意涵〉，《當代中國哲學論：問題篇》，美國八方文化企業公司，1996年第12月初版，第85—93頁。

孔子主張一種寡頭的人文主義的思想。事實上不只在他的許多誓言如『天喪予』之類還保留了傳統人格神信仰的遺跡，他對超越的天始終存有極高的敬意。」❹通過對孔子「天何言哉」等「無言之教」和「三畏」的詮釋，劉進一步肯定孔子徹底突破了傳統：「天在這裏已經完全沒有人格神的特徵，但卻又不可以把天道化約成為自然運行的規律……孔子一生對天敬畏，保持了天的超越的性格。故我們不能不把天看作無時無刻不以默運的方式在宇宙之中不斷創生的精神力量，也正是一切存在的價值的終極根源。」❷劉注意到孔子思想中「聖」與「天」的密切關聯及孔子對祭祀的虔誠態度，指出孔子從未懷疑過超越的天的存在，從未把人事隔絕於天。但孔子強調天道之默運，實現天道有賴於人的努力，人事與天道有不可分割的關係。這與當代西方神學思想所謂上帝（天道）與人之間的夥伴關係相類似。人自覺承擔起弘道的責任，在天人之際扮演了一個樞紐性的角色。但這與西方無神論不同，沒有與宗教信仰完全決裂。孔子所提倡的儒家思想兼顧天人的一貫之道，一方面把聖王之道往下去應用，另一方面反身向上去探求超越的根源。

　　劉認為，進入現代，面臨科技商業文明的挑戰，儒耶兩大傳統所面臨的共同危機是「超越」的失墜與意義的失落。新時代的宗教需要尋找新的方式來傳達「超越」的資訊。就現代神學思潮企圖消解神化，採用象徵語言進路，重視經驗與過程，並日益俗世化，由

---

❹　同上（B），第94頁。

❷　劉述先：〈論孔子思想中隱涵的「天人合一」一貫之道──一個當代新儒學的闡釋〉，臺北：《中國文哲研究集刊》，第10期，1997年3月，第7頁。

他世性格轉變爲現世性格來說，儒耶二者的距離明顯縮短。儒家本來就缺少神化的傳統，至聖先師孔子始終只有人格，不具備神格，陰陽五行一類的宇宙觀是漢儒後來附益上去的，比較容易解構。中國語言對於道體的表述本就是使用象徵語言的手法。中國從來缺少超世與現世的二元分裂，儒家自古就是現世品格。儒家有一個更注重實踐與實存的體證的傳統。面對現代化挑戰，在現代多元文化架構下，宗教傳統必須與時推移作出相應的變化，才能打動現代人的心弦，解決現代人的問題，既落實在人間，又保住超越的層面，使人們保持內心的宗教信仰與終極關懷。在這些方面，儒教比基督教反有著一定的優勢，有豐富的睿識與資源可以運用。❹❸

其次，劉發展「超越內在」說，充分重視二者的張力，提出「超越內在兩行兼顧」的理論。劉在〈「兩行之理」與安身立命〉的長文中詳細疏理了儒、釋、道三家關於「超越」與「內在」及其關係的理論。關於儒家，他指出，儒家有超越的一面，「天」是孔子的超越嚮往，《論語》所展示的是一種既內在而又超越的形態。劉指出，孟子從不否認人在現實上爲惡，孟子只認定人爲善是有心性的根據，而根本的超越根源則在天。我們能夠知天，也正因爲我們發揮了心性稟賦的良知和良能。孟子雖傾向在「內在」一方面，但孟子論道德、政事同樣有一個不可磨滅的「超越」的背景，由此發展出一套超越的性論。「只不過儒家把握超越的方式與基督教完全不同：基督教一定要把宗教的活動與俗世的活動分開，儒家卻認爲俗世的活動就充滿了神聖性；基督教要仰仗對於基督的信仰、通過他

力才能夠得到救贖，儒家的聖人則只是以身教來形成一種啟發，令人通過自力就可以找到自我的實現。既然民之秉彝有法有則，自然不難理解萬物皆備於我，反身而誠，樂莫大焉的境界；而君子所過者化，所存者神，上下與天地同流。《中庸》講天地參，與孟子的精神也是完全一致的。」❹劉認為，孟子與孔子一樣清楚地瞭解人的有限性，接受「命」的觀念，但強調人必須把握自己的「正命」。如此一方面我們盡心、知性、知天，對於天並不是完全缺乏瞭解；另一方面，天意仍不可測，士君子雖有所擔負，仍不能不心存謙卑，只有盡我們的努力，等候命運的降臨。

劉指出，由孟子始，儒家認為仁心的擴充是無封限的，這一點與田立克之肯定人的生命有一不斷自我超越的構造若合符節。儒家這一路的思想到王陽明的《大學問》，發揮得淋漓盡致。大人的終極關懷乃以天地萬物為一體，不能局限在形骸之私和家、國等有限的東西上。在陽明那裏，人對於無限的祈向實根植於吾人的本心本性，良知的發用與《中庸》所謂「天命之謂性」的本質性的關連是不可以互相割裂的。「儒家沒有在現世與他世之間劃下一道不可跨越的鴻溝，所體現的是一既內在又超越之旨。由這一條線索追溯下去，乃可以通過既尊重內在又尊重超越的兩行之理的體證，而找到安身立命之道。」❺

劉肯定「仁」是既超越又內在的道，同時強調即使是在孟子至

---

❹ 劉述先：〈「兩行之理」與安身立命〉，《理想與現實的糾結》，臺北：學生書局，1993年8月初版，第220－221頁。

❺ 同上，第226－227頁。

陽明的思想中，天與人之間也是有差距的，並非過分著重講天人的感通。「孟子既說形色天性，又說盡心、知性、知天，可見通過踐行、知性一類的途徑，就可以上達於天。這是典型的中國式的內在的超越的思想，無須離開日用常行去找宗教信仰的安慰。但有限之通於無限不可以滑轉成爲了取消有限無限之間的差距。儒家思想中命的觀念正是凸出了生命的有限性，具體的生命之中常常有太多的無奈不是人力可以轉移的。」❹ 人的生命的終極來源是來自天，但既生而爲人就有了氣質的限定而有了命限，然而人還是可以就自己的秉賦發揮自己的創造性，自覺以天爲楷模，即所謂「正命」、「立命」。天道是一「生生不已」之道，這一生道之內在於人即爲人道。儒家「生生」之說體現的是個體與天地的融合。劉認爲，自中國的傳統看，宇宙間的創造乃是一個辯證的歷程。創造要落實則必具形，有形就有限制。宋儒分疏「天地之性」與「氣質之性」。後者講的是創造過程落實到具體人的結果，說明人的創造受到形器的、個體生命的、外在條件的制約。但「氣質之性」只有返回到創造的根源，才能夠體現到「天地之性」的存在。只有體證到性分內的「生生之仁」，才能由有限通於無限。儒家強調，吾人接受與生俱來的種種現實上的限制，但又不委之於命，不把眼光局限在現實利害上，努力發揮自己的創造性，不計成敗，知其不可而爲之，支撐的力量來自自我對於道的終極託付。如此，超越與內在、無限與有限、天與人、天地之性與氣質之性、道與器，都是有差別有張力的，兩者的統一不是絕對的同一。劉氏認爲，光只顧超越而不顧內在，未免有

---

❹　同上，第228－229頁。

體而無用。「而超越的理想要具體落實，就不能不經歷一個『坎陷』的歷程，由無限的嚮往回歸到當下的肯定。而良知的坎陷乃不能不與見聞發生本質性的關連。超越與內在的兩行兼顧，使我有雙重的認同：我既認同於超越的道，也認同於當下的我。我是有限的，道是無限的。道的創造結穴於我，而我的創造使我復歸於道的無窮。是在超越到內在、內在到超越的回環之中，我找到了自己真正的安身立命之所。」❹

再次，劉強調超越理境的具體落實，重新解釋「理一分殊」，以示儒家宗教哲學的現代性與開放性。劉認為，超越境界是無限，是「理一」，然其具體實現必通過致曲的過程。後者即是有限，是「內在」，是「分殊」。「理一」與「分殊」不可以直接打上等號，不可以偏愛一方，而是必須兼顧的「兩行」。兼顧「理一」與「分殊」兩行，才合乎道的流行的妙諦。

劉氏重新詮釋「理一分殊」有三方面的意義：

㈠避免執著於具體時空條件下的分殊，陷入教條僵化。他指出，超越的理雖有一個指向，但不可聽任其僵化固著。例如當代人沒有理由放棄他們對於「仁」、「生」、「理」的終極關懷，但必須放棄傳統天人感應的思想模式、中世紀的宇宙觀、儒家價值在漢代被形式化的「三綱」及專制、父權、男權等。「把有限的分殊無限上綱就會產生僵固的效果……徒具形式，失去精神，甚至墮落成為了違反人性的吃人禮教……如果能夠貫徹理一分殊的精神，就會明白一元與多元並不必然矛盾衝突。到了現代，我們有必要放棄傳統一

---

❹　同上，第239頁。

元化的架構。今天我們不可能像傳統那樣講由天地君親師一貫而下的道統；終極的關懷變成了個人的宗教信仰的實存的選擇。」**❹**這有助於批判傳統的限制，揚棄傳統的負面，打破傳統的窠臼。

㈡鼓勵超越理想的落實，接通傳統與現代。劉指出，今日我們所面臨的時勢已完全不同於孔孟所面臨的時勢，同時我們也瞭解，理想與事實之間有巨大的差距。我們要在現時代找到生命發展的多重可能性，採取間接曲折的方式，擴大生命的領域，「容許乃至鼓勵人們去追求對於生、仁、理的間接曲折的表現方式，這樣才能更進一步使得生生不已的天道實現於人間。」**❹**如此，以更新穎、更豐富的現代方式體現傳統的理念。超越境界（理一），好比「廓然而大公」、「寂然不動」、「至誠無息」；具體實現的過程（分殊），好比「物來而順應」、「感而遂通」、「致曲」（形、著、明、動、變、化）。「生生不已的天道要表現它的創造的力量，就必須具現在特殊的材質以內而有它的局限性。未來的創造自必須超越這樣的局限性，但當下的創造性卻必須通過當下的時空條件來表現。這樣，有限（內在）與無限（超越）有著一種互相對立而又統一的辯證關係。我們的責任就是要通過現代的特殊的條件去表現無窮不可測的天道。這樣，當我們賦與『理一分殊』以一全新的解釋，就可以找到一條接通傳統與現代的道路。」**❺**

㈢肯定儒家傳統智慧、中心理念與未來世界的相關性。劉通過

---

❹　同上，第236頁。

❹　劉述先：〈「理一分殊」的現代解釋〉，《理想與現實的糾結》，第170頁。

❺　劉述先：〈「理一分殊」的現代解釋〉，《理想與現實的糾結》，第172－173頁。

對朱熹的深入研究指出，「仁」、「生」、「理」的三位一體是朱子秉承儒家傳統所把握的中心理念，這些理念並不因朱子的宇宙觀的過時而在現時代完全失去意義。朱子吸納他的時代的宇宙論以及科學的成就，對於他所把握的儒家的中心理念（理一），給予了適合於他的時代的闡釋（分殊），獲致了超特的成就。❺今天，我們完全可以打開一個全新的境界，以適合於現代的情勢。劉述先把儒家的本質概括爲孔孟的仁心以及宋儒進一步發揮出來的生生不已的精神，倡導選擇此作爲我們的終極關懷，並以之爲規約理想的原則，同時對傳統與現代均有所批判。劉認爲：「儒家思想的內容不斷在變化之中……仁心與生生的規約原則，在每一個時代的表現都有它的局限性，所謂『理一而分殊』，這並不妨害他們在精神上有互相貫通之處。」❺每一時代的表現，都是有血有肉的。儒家的本質原來就富有一種開放的精神，當然可以作出新的解釋，開創出前人無法想像的新局面。這當然只是適合於這個時代的有局限性的表徵而已，不能視爲唯一或最終的表現。後人可以去追求更新的、超越現代的仁心與生生的後現代的表現。

劉氏指出，培養哈貝瑪斯（J.Habermas）所說的交往理性，求同存異，嚮往一個眞正全球性的社團，同時要反對相對主義，肯定無形的理一是指導我們行爲的超越規約原則。我們所要成就的不是一種實質的統一性，而是卡西勒（E.Cassirer）所謂的「功能的統一性」。

---

❺ 劉述先：〈「理一分殊」的現代解釋〉，《理想與現實的糾結》，第167頁。
❺ 劉述先：〈有關儒家的理想與實踐的一些反省〉，《當代中國哲學論：問題篇》，第237頁。

「通過現代的詮釋，對於超越的理一終極託付並無須造成抹煞分殊的不良的後果。但是對於分殊的肯定也並不會使我們必然墮入相對主義的陷阱。這是因為我們並不是為了分殊而分殊，人人都以自己的方式去追求理性的具體落實與表現，雖然這樣的表現是有限的，不能不排斥了其他的可能性，然而彼此的精神是可以互相呼應的。宋儒月印萬川之喻很可以充分表現出這樣的理想境界的情致。」**❺❸**

總之，劉述先沿著牟宗三、方東美等人的思路，強調儒家仁心與生生精神可以作為現代人的宗教信念與終極關懷，通過對傳統與現代的多維批判，肯定儒家思想的宗教意涵有著極高的價值與現代的意義。他著力論證、開拓並辯護了「超越內在」說**❺❹**，並通過「兩行之理」、「理一分殊」的新釋，注入了新的資訊，使之更有現代性和現實性，肯定超越與內在、理想與現實的有張力的統一。

六、結 語

唐、牟、杜、劉關於儒學宗教性問題的反思，深化、豐富了我們對儒家精神特質的認識，這本身已成為貢獻給現代世界的、極有

❺❸ 同**❹❹**，第237頁。

❺❹ 馮耀明對「內在的超越」提出質疑，見馮文：〈當代新儒家的「超越內在」說〉，臺北：《當代》，1993年4月，第84期。劉述先作文回應：〈關於「超越內在」問題的省思〉，臺北：《當代》，1994年4月，第96期。另請見李明輝著：《儒家與康德》，臺北：聯經出版公司，1990年；李明輝著：《儒學與現代意識》，臺北：文津出版社，1991年。

價值的精神資源。在人的安身立命與終極關懷問題日益凸顯而科技又無法替代的今天，這些論說就更加有意義。

他們反思的共同點是承認儒學資源中飽含有超越的理念和宗教精神，尤其肯定了其特點是「內在的超越」，即相對於基督教的他在的上帝及其創世說，儒家的「天」與「天道」既是超越的，卻又流行於世間，並未把超越與內在打成兩橛。基督教相信一個超越的人格神，失樂園之後的人有原罪，需要通過對耶穌基督的他力得到救贖，超世與俗世形成強烈的對比。傳統儒家體證的道在日用行常中實現。儒家相信無人格性的道，肯定性善，自己做修養工夫以變化氣質，體現天人合一的境界。

他們的反思也各有特色。總體上是唐、牟打基礎，杜、劉循此繼進，有所發展。但相比較而言，唐、杜偏重從中國人文精神，從人文學或哲學的人學的角度涵攝宗教；牟、劉則偏重從存有論，從宗教哲學的角度闡明儒學之宗教之旨。唐注意宗教與道德的分別，牟直接指陳儒家即宗教即道德，為「道德宗教」。牟不重視倫理學，杜重視倫理學，更接近徐。杜只肯定到儒學具有「宗教性」的程度為止，即先秦、特別是宋明儒學觀念中有著信奉精神自我認同的宗教傾向，在超越自我的精神修養中含有本體論和宇宙論的道德信仰。劉則把宗教定義為終極關懷，在此前提下，肯定儒學有極其深遠的宗教意蘊。雖然在牟那裏，天人也不是絕對同一的，但牟不太注重超越、內在之間的距離，劉則突出了這一點，強調「超越」、「內在」的並行不悖。唐、牟注重儒耶之異，其比較還停留在一般水平上。對耶教等，唐、牟以判教的姿態出現，杜、劉則放棄判教，轉向吸收神學新成果，在理解中對話。這看起來似乎是把儒家拉下

來了，但卻不是消極退縮，而是積極參與，爲世界各大宗教的現代化提供儒教的智慧。杜、劉比唐、牟更重視《論語》。杜、劉的批判性、現實性較強。

唐的貢獻在從存在實感上奠定了儒學所具有的宗教精神的基礎，開拓了儒學宗教性研究之領域，揭示了仁心良知、本心本性即宗教性的安身立命之所，發掘了包括「三祭」在內的儒家的宗教價值，設置了「天德流行」、「盡性立命」等超主客觀境界。牟的貢獻在奠定了儒家道德宗教學說的主要理論基礎，特別是從宗教哲學的高度創造性地解讀了「性與天道」和相關的內聖、心性學說，融攝康德，架構了「內在的超越」、「有限通無限」、「圓教與圓善」論，凸顯了道德的主體性。杜的貢獻是在英語世界開闢了儒家論說領域，進一步揭示了「爲己之學」的倫理宗教意義，並在儒家的「自我轉化」觀、「聖凡關係」論和「體知」問題上有全新的發展。劉的貢獻在進一步推進了「內在超越」學說，爲儒家宗教精神的現代化和落實化，重新解讀「理一分殊」，積極倡導「兩行之理」，發展了「仁」與「生生」之旨。所有這些，對儒家學說乃至中國傳統精神的現代轉化都有多方面的啓迪。

我覺得還有一些尚待思考的問題需要提出來作進一步研究。㈠在學理上，當代新儒家主要關心的是心性之學和知識精英士大夫的信仰，而禮樂倫教是傳統社會的制度性生活，對儒教設施、組織、祭祀活動、政教關係，特別是歷史上民間社會、民心深處的宗教性問題卻疏於探討。在儒家倫範制度中體現了臨近終極的強烈情緒和信仰，也滲透了對生死問題的最後意義的解答。不僅在士大夫中，而且在民間，人們並非憑藉超自然的力量，而憑藉人的道德責任。

足見儒家體制對現世的重視，儒家宗教精神對民間的滲透。但小傳統中的民間鬼神信仰與儒學信仰畢竟有很大差別。❺❺對這些問題，尚需作全面的研討。㈡對儒學宗教性的負面效應，包括倫教之負面，還要作出進一步的檢討與批判。㈢無需諱言，儒學超越性不及，而內在性偏勝。如何從宗教現象學、比較宗教學和儒教史的角度，解答超越性不足所帶來的中國文化中的諸多問題。㈣在詮釋儒學的宗教意涵上，需要並重經學資源與理學資源。目前特別要加強考古新發現的簡帛中的先秦儒學資料的研究。㈤在比較康德與儒學時，充分注意康德的近代知識學與理性主義的背景，此與仁心良知的體驗實踐路數有著重大區別。㈥本心仁體、自由無限心及知體明覺活動的限制問題，即道德的主體性的限制問題（此還不是「命」之限制性問題），道德的主體性與個體性不能互相替代的問題，作為生命存在的個體全面發展的問題，具體的人作為特殊的人本身才是目的而不是手段的問題，尚需作進一步的疏理。㈦儒家、儒學、儒教之精義能否或在什麼意義、什麼層次上重返現實社會，並為當代人安身立命的現實可能性的問題，還需要從理論與實踐的結合上作出探討。

（本文曾於1998年4月1日發表於美國哈佛大學儒學研討會，刊載於北京：《中國哲學史》（季刊），1999年第1期，1999年2月。）

---

❺❺　參見鄭志明：〈當代儒學與民間信仰的宗教對談〉，收入林安梧主編《當代儒學發展之新契機》，臺北：文津出版社，1997年。

殷海光晚年的思想轉向及
其文化意蘊

　　殷海光先生（1919—1969）是本世紀中國不可多得的自由主義鬥士，風骨嶙峋的知識份子，一位充滿著道德熱情和道德勇氣的理想主義者。他不畏強權，不避橫逆，爲弘揚五四精神和在中國實現自由、民主奮鬥了一生，終因六十年代臺灣國民黨政府的政治迫害，抑鬱患癌，過早謝世。

　　殷先生說他自己是「五四後期人物」❶，沒有機緣享受五四人物

---

❶　殷海光最後的話語，見陳鼓應編：《春蠶吐絲》增訂版，臺北：遠景出版
　　社，1979年2月再版本，第69頁。另見殷海光致張灝（1967年3月8日）。在
　　這一信中，殷先生把自己定位爲「五四後期人物」，說這種人堅持特立獨
　　行，不屬任何黨派團體，繼承五四觀念、精神、銳氣和浪漫主義色彩。他
　　自謂爲「五四的兒子」，與褪了色的、淺薄的「五四的父親」無法溝通；
　　又與下一輩人有著不同的價值取向、澈底溝結。保守人物視之爲禍根。這
　　種人物像斷了線的風箏，注定要孤獨。（見盧蒼編：《殷海光書信集》，
　　香港：文藝書屋，1975年9月16日第1版，第67－68頁。）自1960年9月雷震
　　案發生後，殷先生的處境就更加困難。雷被下獄，判刑10年，《自由中國》
　　被迫停刊。殷海光與雷震同是該刊創辦者，並兼主筆、編委和撰稿人，因
　　此被暗地監控。殷於1966年暑假被趕出臺大。同年8月，他的《中國文化的
　　展望》一書遭查禁。

的聲華，卻遭受著寂寞、淒涼和困厄。他一生沿著五四啓蒙主義的道路，對中國傳統積弊與現實負面作無情的鞭笞和批判，晚年尤能以今是而昨非的精神，勇敢地否定自己，修正與檢討自己對傳統文化的片面理解，轉而認同民族文化的優長與價值，批評西方現代化的弊病。他在臨終前說：「我的思想剛剛成熟，就在跑道的起跑點上倒下來，對於青年，我的責任未了，對於苦難的中國，我沒有交待！」❷「我現在才發現，我對中國文化的熱愛，希望能再活十五年，爲中國文化盡力。」❸可惜天不假年，齎志而歿。

本文擬討論殷先生晚年的思想轉變及其原因和意義，並以此爲切入點，通過對他轉變前後的思想比較，討論自由主義思想的資源缺失及其與中國傳統思想溝通之可能。

一、轉變的內因與外緣

殷海光由一個激烈的「反傳統主義者」轉變成爲一個「非傳統主義者」❹，由對「西洋文化的熱愛遠超過中國文化」轉至「反而對

---

❷　《春蠶吐絲》增訂版，第87頁。

❸　同上，第76頁。

❹　殷海光致林毓生（1968年10月9日）：「直到五年以前，我一直是一個反傳統主義者。現在呢？我只能自稱爲一個非傳統主義者。雖然，我現在仍然受著中國文化的許多扼制，但是我已跳出過去的局格，而對它作客觀的體察。」見《殷海光林毓生書信錄》，臺北：獅谷出版有限公司，1981年12月初版，第154頁。

中國文化有極大的好感」❺，原因何在呢？以下我透過殷海光自己、徐復觀先生及殷先生弟子林毓生、陳鼓應的解釋脈絡，進一步加以探索。

殷先生對張尙德的回答是「人的思想是有階段的，而且是會轉變的。我之所以轉而喜歡中國文化，有四個原因：㈠從思考反省中所得的瞭解：中國文化對於生命層域的透視，對於人生活動的安排，我漸漸地有較深的認識；㈡從生活的經驗中體會出來的：回味以前的鄉居生活，這種生活給人帶來清新、寧靜、幽美、安然、自在——這才是人的生活，才是人所應過的生活，這種生活是產生中國文化的根源；㈢我受了Eisenstadt, Parsons等人影響；㈣最近受了張灝和徐先生的刺激，引起我對於中國文化的一番思考。」❻在這四個原因中，前兩條對中國人生意境的回歸是內因；後兩條，在林毓生等人的介紹下受西方社會學家艾森斯塔德、柏森斯及受新儒家徐復觀和學生張灝的影響爲外緣。艾森斯塔德等人感到西洋文化已走向窮途末路，轉向東方古典文化中尋求出路。殷先生認爲，文化現代化是一項極艱苦的工作，必須將東西文化作一番比較研究，然後才能確定文化演化的意義，而這並不是達爾文進化論的意思。

1967年7月殷海光到徐復觀家住了四天，經常與徐談文化問題，徐「發現他的態度已經有些轉變；他對中國文化，保持了審愼地敬意；他認爲他有關中國文化的一部著作（郭按，即《中國文化的展望》）犯了不少的錯誤；他認爲邏輯實證論沾不到價值問題；而價值問題

---

❺　《春蠶吐絲》增訂版，第85頁。
❻　同上，第86頁。

是非常重要的。」❼徐問殷：你怎麼有這種轉變呢？殷說：「我是受了近年來文化人類學的影響。」❽到1969年殷臨終前，「在病榻上告訴陳君鼓應，又多補出了三個轉變的原因：一、他對故鄉生活的回憶。二、他的學生張灝。三、半個徐復觀」。❾徐復觀認爲，除了第一點最爲深刻外，其他都是外緣。「眞正的原因，是中國文化，乃在憂患中形成，也只有憂患中才眞能感受。他這幾年正陷在深刻的憂患之中」。❿

在殷海光轉變的諸多原因中，徐復觀正確地肯定了殷自己的生命體驗，特別是晚年的坎坷遭際、憂患人生，才是與憂患中生成的中國文化精神相契合的主要原因。從以上的材料中，我們又發現了殷轉變的認識論原因，即對科學主義、邏輯實證論、達爾文進化論的懷疑和疏離。在殷臨終前一個月，即1969年8月，他對徐復觀說，不能僅以科學來代表文化，科學不能解決人生價值問題，科學也不是人生幸福的指示器。他批評有些人極力在中國文化中附會些科學，「這實際是把科學的份量估計得過重，以爲中國文化中沒有科學便沒有價值。實則中國文化中即使沒有科學，並無損於它的崇高價值。」⓫在殷臨終前八九天，即1969年9月7日或8日，他對徐說：「中國文化，不能憑藉四個人的觀念去把握：第一是不能憑藉達爾

---

❼　徐復觀：〈痛悼吾敵，痛悼吾友〉，載史華慈等著《近代中國思想人物論
　　——自由主義》，臺北：時報文化出版公司，1980年6月，第448－450頁。

❽　同上。

❾　同上。

❿　同上。

⓫　同上。

文的進化觀念，這個觀念把許多人導入歧途。第二是不能運用康德的超驗觀念。第三是不能通過黑格爾的體系哲學。第四不能通過馬克思的思想。中國文化不是進化而是演化；是在患難中的累積，累積得這樣深厚。」⑫這裏，我們格外重視第一條，因爲包括殷先生在內的自由主義者，一般都是以單線進化論來衡量、評價中國文化的。此外，殷作爲金岳霖的弟子，作爲邏輯學家和邏輯實證論的信奉者，通常持守的原則即是知識與價值的二分。實際上，他的這種二分的主張與他的實際生活是相矛盾的。他的思想轉變，就意味著對這種二分模式的疏離。

林毓生在解釋殷海光的思想轉變時，比較重視殷的內在緊張，即「敏銳的道德不安與純理的知識渴求之間的『緊張』」⑬。殷先生一生反對中國文化中道德價值偏勝，客觀獨立的知識系統暗而不彰，然而在他的真實生命中呢？對他知之甚深的林毓生說：「殷先生經常處在道德忿怒與純理追求的兩極所造成的『緊張』的心情中，

---

⑫ 徐復觀：〈痛悼吾敵，痛悼吾友〉，第452頁；又，這段引文沒有用徐復觀的轉述，而直接引自《春蠶吐絲》增訂版，第76頁。徐在轉述殷的這段遺言時指出，中國文化主要是在成就人生價值，表現爲道德、文學、藝術等，這都是不應以進化觀念去衡量的。關於不應該用康德、黑格爾的哲學去理解中國文化，殷海光是針對與徐同爲現代新儒家陣營中的牟宗三、唐君毅的。徐說，不能通過黑格爾去理解中國文化，「有一部分是對的」，但說「康德正是由西方文化通向中國文化的巨人。假定殷先生再活三五年，便會修正這一意見。」

⑬ 林毓生：〈殷海光先生一生奮鬥的永恒意義〉，載項維新等主編：《中國哲學思想論集》（現代篇之三），臺北：牧童出版社，1978年1月初版，第370－373頁。

自然不易獲致重大的學術成就。事實上，學問對他不是目的，在強烈的道德熱情呼喚之下，他不可能為學問而學問。……易言之，他之所以在學術上沒有獲致原創成就正是因為道德成就過高的緣故。」❹殷先生對科學方法的提倡、對知識的追求、對傳統文化的全面攻擊，恰恰源於他的道德熱情、道德忿怒。林說：「殷先生對中國傳統文化的態度在他生命中最後幾年重大的轉變，這是激烈的五四反傳統思想，後期的光榮發展。同時也象徵著五四時代趨近結束；一個繼承五四自由主義傳統，而不囿於五四反傳統思想的新時代的到臨。這個重大改變，在殷先生是得來不易的。像他那樣具有尖銳道德熱情的人，衝力很大，但也正因為他是一個以道德力量為基礎的思想家，以他對思想工作嚴肅而真誠的態度，一旦發現了自己從前思想的缺陷，無論陷入多深，都是可以拉回來，再朝自己所認為對的新方向努力的。從他對中國傳統文化的態度的改變過程中，可以看到他的道德感與理智力相互融合的崇高境界。遺憾的是，在這方面的工作開始不久，他就離開了這個世界。」❺

也就是說，儘管殷先生對當代邏輯、分析哲學、社會學理論，對科學、自由、民主的性質、功用、目的的純理瞭解，都下過很大的功夫，用過很多的心力，遠遠勝過了五四時代的思想家；但是，他在1949年到臺灣以後，隻手重振五四精神，為科學、自由、民主而奮鬥，主要是憑著他生命中特有的純真而強烈的道德熱情。他無

---

❹　同上。

❺　林毓生：〈殷海光先生一生奮鬥的永恒意義〉，載項維新等主編：《中國哲學思想論集》（現代篇之三），臺北：牧童出版社，1978年1月初版，第370－373頁。

法像他所崇拜的西方學者那樣客觀冷靜地為學問而學問，無法遏止內心強烈的社會關切和人文關懷。就這一方面來說，他是一位典型的中國傳統的士君子，一位典型的儒者。儘管他大半生對儒家很少有過好的評價，但他不因學術專業化而減損參與社會、關心政治的熱情，其中顯然積澱著傳統儒家的精神。正如林毓生所說，正是憑著道德力量，憑著道德感與理智力的相互融會，殷海光終於把自己從陷得很深的反傳統情結中超拔出來。這從殷、林的通信中可以找到很多旁證。完善自我的道德力和愛智求真的知識理性的融合，促使殷海光面對學生的批評，虛懷接受，真誠反省。例如林毓生1967年12月23日給殷的長函中對他心靈深處緊張之源的剖析，殷海光1968年9月24日復信中對自己，乃至五四以降中國思想文化運動的反省，都是顯例。殷說：「經弟的X光對我透視，我才自覺到，我二三十年來與其說是為科學方法而提倡科學方法，不如說是反權威主義，反獨斷主義，反蒙昧主義（obscurantism），反許多形色的ideologies〔意締牢結〕而提倡科學方法。在我的觀念活動裏，同時蟄伏著兩種強烈的衝力：第一是iconoclasm〔反傳統思想〕；第二是enlightenment〔啓蒙〕。」「自五四以來，中國的學術文化思想，總是在復古、反古、西化、反西化或拼盤式的折衷這一泥沼裏打滾，展不開新的視野，拓不出新的境界。你的批評，以及提出的'aviable creative reformism'〔有生機的創造性改革主義〕，就我所知，直到現在為止，是開天闢地的創見。我讀了又讀，內心引起了說不出的怡愉。」⑯這裏不難看出殷氏思想轉變的動因與方向。

---

⑯　《殷海光林毓生書信錄》，第149、150頁。

　　陳鼓應則認為，殷先生晚年的轉向，是由知識問題向人生與人心問題的轉向，原因蓋在於對技術商業社會弊端之反省。他關注的層面或相度不同了。陳說：「以往殷老師所著重的都是知識問題，如今他所關切的是人生或心靈的問題。他眼看這個世界技術化愈來愈強，而人的道德愈來愈敗壞，人的心靈愈來愈萎縮，人的生活愈來愈繁忙，四周的空氣愈來愈污染。這種情境，使他焦慮，逼他反省，令他尋求解答。以此，他擴大了思想的角度和範圍，而伸入人的切身的問題，而透入生命的層域中。」⓱陳鼓應當時一直在殷先生身邊，殷先生也受到陳鼓應所喜歡的存在主義的影響。陳的這種解釋無疑也是存在主義式的，但確乎揭示了殷對人的問題的關注，這是繼對知識與文化問題的關注以後，殷的第三重進境。由此，他體驗到中國古代文化分子對生活、心靈層面的妥當安排，在人生態度和存在價值的取向上，有許多值得欣賞與借鑒的地方。殷對工商社會弊端的反感，迫使他重新回歸古典中國文化中尋找出路，重視他早年樸質、真誠、幽美、寧靜、安然、自在的農村生活，而那正是產生中國文化的根源處。⓲殷逝世九年之後，陳鼓應在談到殷的轉變時，說到三個原因，我重視的是他說的第三點，即殷發現西方文明走向死胡同了，及殷對美國文明、對胡適、對西化派的批評。⓳

　　綜上所述，我們不妨對殷氏思想轉變的原因作一小結：其內在原因，是道德力與理智力、價值與知識由緊張而達到融合。一方面，

⓱　陳鼓應：〈蠶絲〉，《春蠶吐絲》增訂版，第42頁。

⓲　陳鼓應：〈蠶絲〉，《春蠶吐絲》增訂版，第42－44頁。

⓳　見陳鼓應：〈殷海光先生所留下的——紀念殷海光先生逝世九周年而作〉，《春蠶吐絲》增訂版卷首。又見該書第75頁。

由於晚年困頓的生命處境、人生體驗與思鄉情懷，使他減弱了偏激、片面的情緒，改變了把現實生活的負面與傳統文化直接掛鈎，把今人之罪歸咎於古人的做法，增強了民族認同與同胞愛；同時，隨著技術化商業化的社會導致人們的道德沈淪與心靈萎縮，迫使殷由重視知識問題、文化問題之後轉向人的問題，即人生與心靈的關懷，因此比較易於契合憂患中生成的中國文化及其精神價值，回歸平寧、清新的人生意境。另一方面，由於純理探求中，殷發現了唯科學主義、邏輯實證論、單線進化論及其在社會歷史文化上的直接運用，西方中心論、全盤西化論、全盤式反傳統，以及把民主、自由的現實訴求與傳統文化資源絕對對立起來的理論和方法的限制與偏頗。道德良知與知識理性，使他義無反顧地否定自己，**轉變過去的思想認識**。這顯示了一個熱烈又理智的自由主義者的光輝。❷⓿殷先生晚年徹悟、轉變的外在緣會，一是學生張灝、林毓生等把堅持自由主義精神與不加分析地反傳統分別開來，注重本國本土思想資源的創造轉化的思想及他們介紹的西方人類學、社會學、思想史家的方法論的影響；二是西方文化特別是美國現代病的日益暴露及臺灣社會病的出現對殷的刺激，及通過學生陳鼓應等受到存在主義的影

---

❷⓿ 殷海光1965年說過：「不錯，我是一個自由主義者，但我是一個理智的自由主義者。理智的自由主義者的重要特色之一，就是講理。……我所說的講理，並不是事先『站穩自由主義的立場』，然後再援引論據或製造說詞來保衛這個『立場』……更不是一上來就預先立了一個否定對方的腹案，然後再搜求證據或製造說詞來支援自己對於對方的否定。這是拿『講理』作不講理的程式。」見殷海光：《中國文化的展望》下冊，臺北：桂冠圖書公司，1988年3月31日，第742頁。

響；三是與傳統主義者徐復觀、唐君毅等人的溝通，增加了彼此的瞭解，肯定儒門風範與道德理想，開始思考中國的傳統與西方自由主義如何溝通。以上多重因緣的合和，導致了殷海光對傳統的有限度的回歸。

二、轉變前後的比較

殷海光思想轉變發生在1967－1969年間，部分表現在此期間的文稿與致友人門生的函札中，集中表現在逝世前數月的談話中。把這樣一些材料與他1965年完工、1966年元旦出版的《中國文化的展望》作一番比較，研究其中的聯繫與區別，是十分有意義的工作。

殷海光說：「我對於中國文化的體悟和重新的認識所獲致的結論，在我整個思想過程的發展上來看，確是得來不易的；必須從我整個奮鬥的心路歷程中來瞭解才有意義。」㉑他直到臨終前仍強調他是「傳統的批評者、更新者、再造者」，「絕對不可以把我的看法和錢穆這一般人混在一起」㉒（他對錢穆先生始終有誤會與偏見）。總之，我們必須從殷氏一生的思想脈絡上來把握他的變化。

首先是傳統文化的評價問題。晚年殷海光說：「現代人講傳統，不知傳統為何？根本是傳統的棄兒。傳統並不等於保守。傳統乃是代代相傳文明的結晶，知識的累積，行為的規範。傳統是人類公共

㉑　《春蠶吐絲》增訂版，第84頁。

㉒　同上，第85頁。

的財產，爲每個文化份子事實上所共有的。」「許多人拿近代西方的自由思想去衡量古代的中國而後施以抨擊（胡適和我以前就犯了這種錯誤），不想想看：在思想上，老子和莊子的世界是多麼的自由自在？特別是莊子，心靈何等的開放（要建立開放的社會，首先必須有開放的心靈）。再從社會層面看，中國在強大的帝制下，人民卻有很大的社會自由。拿猶太教和回教來說，比孔教要專斷多了。歷史的社會應與歷史的社會比較，拿歷史的社會與近代西方的社會比較，是一個根本的錯誤。」❷這裏涉及到傳統文化評價的方法論問題。把傳統與保守打上等號，拿西方人近現代的觀念與中國古代的觀念比較，是我們習見的看法或做法。殷先生說我們不懂「傳統爲何」，「根本是傳統的棄兒」，這種反省是深刻的。

在《中國文化的展望》中，殷對「文化」的界定和「文化」系統各層面的分析，吸取了西方文化人類學家的各種成果：肯定要從動態方面來觀察文化；強調文化並非全部是理智的；反對以「物質」或「精神」這樣簡單而又粗疏的二分法分剖文化的內容；指出價值觀念是文化構成的必要條件，是實際生活的產品又可支配實際生活；認定各族群的文化與文化價值都是相對的，雖然也有普同的成分，但在世界文化典型尚未出現以前，我們很難說某一文化優秀或某一文化不優秀等等。❷儘管殷海光當時的重心在分析本土文化的中心觀和以宋儒爲代表的玄學構想的價值觀，並予以批判，儘管他過於重視物理層面和生物層面，但總的說來，對於文化理論的探討，

---

❷　《春蠶吐絲》增訂版，第70頁。
❷　《中國文化的展望》上冊，第38—49頁。

爲殷日後的思想轉變埋下了伏筆，奠定了基礎。正是在這部著作中，他指出：「許多非孔的人士嫌惡孔制阻礙了中國的『進步』。孔制這一核心價值系統誠然拘束了中國社會文化的『異動』到一種可觀的程度，但是它確也維繫中國社會文化的穩定到一種可觀的程度。」❷⑤他認爲，看不到孔制的穩定作用，或者不承認其限制作用，都是不合經驗事實的。「事實上，任何帶權威性的核心價值系統及依之而制定的倫範規律，對於它所在的社會文化，既有穩定作用又有拘束作用。」❷⑥他強調「禮治」在傳統社會的支配力，說明「禮治」曾經是融化到中國社會文化因而形之於視聽言動和人際關係的秩序，規範人們的行爲和思想。他當時重點批評了聖教、道統對知識份子的思想桎梏。他指出，「中國士人學子的思想模式，一直是在孔制基型的規定之下。除了孔制以外，再輔之以與孔制犬牙交錯的佛法及道家老莊。」❷⑦作爲現世倫教的孔制在維持社會秩序上曾起著重要的作用，成爲社會結構上的建構原理和人倫規範，並且擴散到風俗習慣中去；佛法和道家老莊則滿足人的宗教情感、宇宙感，滿足人解脫生死、追求永恒的精神需要，或者收斂生命的能量，提升超俗的自我，成爲孔孟之道的補充。按照他當時的看法，儒家思想只具有社會倫理、制度建構的意義，而佛道兩家則補充其人生哲學、超越境界、終極追求的不足。這種看法當然還沒有充分認識儒家其實在後一方面也有輝煌的成就，成爲歷代知識份子的終極信念，具有永

---

❷⑤　同上，第196頁。

❷⑥　同上，第196頁。

❷⑦　同上，第248頁。

恒、形上、宗教性的意義。

　　殷臨終前關於孔制和老莊思想的評價，❷與《中國文化的展望》中的有關論斷，❷基本上沒有兩樣。在文化人類學理論與方法的基礎上，殷海光對中國文化的習俗、制度諸層面的認識，從1965年至1969年是一以貫之的。這是轉變前後的「同」。當然，同中也有「異」。由於他對傳統文化在根本態度上有了改變，因此，同樣考察中國文化與中國社會自周秦至明清之延綿不絕和基本穩定的問題，過去認為是僵固的、不能適應新變的負價值，現在則認為是了不起的正價值。他在病榻上口述並經他修改的短文〈古典中國社會的基本問題〉就是顯例。他指出，中國歷史上雖不免有戰亂殺伐、改朝換代，但在表面的不穩定底下有個基本的穩定。他批評有的講歷史文化的人，因為有自卑感在作祟而不敢承認有表面的不穩定，深怕趕不上近代的西方。他也批評有的人從近代西洋人的眼光來看問題，認為中國歷史停滯不進，中國人的消極、被動、無可奈何，不能認識一個民族悠久的生命和存在的價值。他指出，我們的祖先不斷地塑造，不斷地添補修飾這個基礎，形成中國社會基本的穩定。其中三大要素是：「第一，農村經濟及其生活方式。第二，基本的社會結構。比如說：君臣父子夫婦兄弟朋友這些社會結構。第三，儒家、道家與佛教三者經過衝突後的巧妙的結合。儒家所提供的是中國人生活的社會層面及政治層面；道家所提供的是中國人在現實中而不泥於現實的超越境界；佛教所提供的是宗教情緒的滿足及生死問題的安

---

❷　《春蠶吐絲》增訂版，第84頁。
❷　《中國文化的展望》上冊，第248－249頁。

排。」❸他對古典文明生命之悠久由貶而到褒。此外，他又作了重要的補充：「維持中國社會的基本穩定，道統發揮了很大的作用。所謂『道統』就是指一貫的綿延不絕的治道，而它的核心就是體制……中國各地的風俗習慣差異性極大，然而倫理道德的思想系統卻大抵是統一的，這統一的倫理道德觀念透過同一文字的傳播，更加強了中國社會的穩定性。」❸殷關於「道統」的界定或許與宋明儒者有所不同，但即使是指治道、體制，這種肯定對他來說也是來之不易的，何況他在這裏還肯定了倫理道德的觀念系統的巨大作用哩！

當然，他終而未能對《中國文化的展望》中關於「中國文化是走向泛道德主義的路」，❸關於「儒家所謂『性善』之說，根本是戴起道德有色眼鏡來看『人性』所得到的說法」，❸關於宋明儒學的許多評價等等似是而非之論，作出檢討和修正。他本來打算重新修訂這部著作，但直到逝世，他距離全面體認傳統文化的精神還相當遙遠，對於儒家精義還相當隔膜，對傳統文化的價值認同還相當薄弱、模糊。

其次，關於人生問題的探討。殷先生一直是研究知識論與科學方法論問題的，1965年左右才將人生問題納入自己的視野。1965年4月15日殷在《思想與方法》的再版序言中說：「我思想的問題，從前多半是哲學上比較專門的問題；近年來多半應用哲學的技術來思考近代中國的問題，和我們所處時代與環境的大問題。在我思索這

---

❸　《春蠶吐絲》增訂版，第53—55頁。

❸　同上。

❸　《中國文化的展望》下冊，第540頁。

❸　同上，第682頁。

些問題的時候，我是從兩個不同但在我又關聯在一起的目標出發：
從前我思想的時候一直是以追求眞理爲目標的，近年來我又增加了
一個題目，就是『人該怎樣活下去才好』。這眞是一個重大的難題。
我相當爲這個問題而苦惱。對於這個問題，我想出的端緒是，人除
了致知以求眞外，尙須藉一種道德原理來鍛鍊心靈以肯定這種道德
原理。……人堅持一種道德原理，人生才有定著，而不隨浪飄搖。
在任何情形的危疑震撼之下，我們堅持一種道德原理才不致亡失自
己。現在的世界，『器用文化』這樣起飛，而道德價值卻相對地這
樣低落。……我們現在必須從肯定一種道德價值開始來重建人生。」
❸面對技術與器用的飛躍與人生意義的失落，殷強調了道德價值。他
在彼時呼喚的是以現代學術爲背景的現代道德。他一生痛恨沒有知
識的盲目的道德，痛恨板起面孔、打著官腔、只合古人而不合今人
的道德。他說：「我們的社會文化，一向是受傳統的道德之支配的。
傳統的道德，從局部來看，依然有若干偉大的德目。孔仁孟義，墨
氏兼愛，都是經得起考驗的德目。但是，我們必須有正視事實的勇
氣來承認，作爲一個價值系統來看，古代的道德價值系統本來就沒
有內部的一致。它磨到現在已經千瘡百孔，內容幾乎盡失，變成口
頭說說的修辭學了。」❸他的批評是正確的。但他當時還沒有看到傳
統道德的現代轉化，把道德資源的現代意義低估了。不久，他就有
了一些變化。

---

❸ 殷海光：《思想與方法》，香港：文藝書屋，1968年10月版，再版序言，
　　第2、3頁。

❸ 同上。

在〈道德的重建〉一文（亦是《中國文化的展望》第14章）中，殷海光對儒家德目的某些批評不是很確當的，不過他對仁愛、信義、士志於道、君子無終食之間違仁、面臨義利關頭能捨利而取義，面臨生死關頭能捨生而取義等孔孟核心價值觀作了很高的評價，且頗有君子自況的味道，強調要頂天立地做個人！他讚揚孟子所揭示的人禽之別與義利之辨實在扣緊基本的德操，孟子堅持道德原則的精神實在足爲我們知識份子的範式。❸❻他認爲道德重振既非復古，又非趨新，更非浮面折衷，而是調整。道德傳統中有些德目已不適於現代社會，但其中的道德原理依然適於現代社會。例如「別善惡」的善、惡內容需要重新界定，但「別善惡」本身不失其爲道德的原理。孔仁孟義、基督博愛、佛家慈悲都是這類原理。他主張從自己的文化和道德出發，向世界普遍的文化和道德整合。在調整過程中，民主與科學居於必要的動因地位。❸❼他區分傳統德目與其中蘊含的道德原理的作法，類似於馮友蘭道德繼承論中的「抽象繼承法」。

1965年在《中國文化的展望》中，他多次引用弗羅姆、美爾樂、丹尼·貝爾、哈耶克等對資本主義文明的批判（包括人的物化、機械化、電視病、恐速症等），指出現代技術文明對人與人生的宰制，使人片面化，亦說明西方文化不是許多人士所想像的那樣健全、「衛生」，不值得事事效法。

1966年4月8日，他在政大作了〈人生的意義〉的演講。而對社

---

❸❻ 殷海光：《學術與思想》（三），臺北：桂冠圖書公司，1990年3月版，第1333—1336頁。

❸❼ 殷海光：《學術與思想》（三），臺北：桂冠圖書公司，1990年3月版，第1346—1348頁。

會轉型、文化蛻變、心靈失落的背景，殷先生向青年學子談到了人生的很多層次：物理層——生物邏輯層——生物文化層——理想、道德、眞善美。這最高一層是價值層，是人之所以爲人的層次。他再次批評宋明儒的道德烏托邦，肯定滿足人的生物邏輯的重要，反對傳統價值取向中精神文化與現實生活的脫節。同時他又強調人生的意義、人生的目的、人生的價值、人生的道路不能停止在生物文化層，而必須透過此層往上升，追求人生完美、精神生活的豐富，追求眞善美、理想、道德，這樣人生的道路才算完成。他又一次肯定孟子有氣象，是一個標準的道德英雄，他指出在道德江河日下的情形下，人群沒有道德來維繫，勢必難免成爲「率獸食人」的世界。他以孟子的「義」爲救藥，主張做「道德的抗戰」，「收復道德的失地」。❸

　　1967年3月，他發表了〈人生的基石〉一文。他指出，科學技術高度發達的今天，「現代人的生活看來似乎繁茂。但是，隱藏在繁茂生活背後的卻是心靈的萎縮。」❸技術肥腫，倫範消瘦，惟利是圖，個個忙得失魂落魄。「人爲生物欲求的滿足，淪爲機器的伴侶，及自動化的隨員，和現實權力之下的蜂蟻。」❹這是現代人的夢魘！正是在這一生存意義的危機面前，殷海光對近代科學對人的看法作出反思，而對前現代文明對人的界定，如人是從神聖的來源所出，人爲萬物之靈，人本身有不可剝奪的價值等等，增加了理解。他指出，

---

❸　同上，第1431－1438頁。
❸　同上，第1450頁。
❹　同上，第1454頁。

科學指陳事實（如人是一種動物）和人生價值的釐定不是一回事。他指出，實行工業化，並不等於人生問題的解決。西方世界出現的人的異化、精神分裂、認同分散、脫序人等現象是發展中地區的前車之鑒。殷先生30年前似乎在提醒今天的祖國大陸同胞：「我們不要以為只一味的搞工業化和經濟起飛，而把道德、倫理擱下不管，還會把工業化和經濟起飛搞得好的。在事實上，如果擱下道德、倫理不管，那為社會充滿率獸食人，詐騙橫流現實。在這樣的社會中，根本沒有道德理性的基礎。一個沒有道德性基礎的社會文化，除了表面熱鬧以外，任何真實的好事都不能做出的。……道德性是群式生活的基石。沒有這一基石，社會及個人的根本都爛空了，還能做得出什麼好事？所以，要經濟起飛，必須道德起飛。」❹他指出，富裕不能使人道義高尚，工廠製不出道義，「道義發自人的心靈，也須自心靈流出」❷。殷海光先生大半生批判道義判斷扭歪了認知活動，使整個文化發生適應不良的問題，而在晚年針對現實強調了另一個側面——「如有很好的知識技術而不收攝在道義的主司之內供其調遣，那麼個人一定虛無和失落……社會文化一定脆弱而且瀕於解體。目前，世界許多許多地區正陷於這些內潰甚至危蕩之中。這也就是說，人生的基石發生了問題。我們必須救住這個基石並且重新鞏固這個基石。」❸這正是當代新儒家所強調的！至此我們不難發現，殷先生已開始由知識、科技重於道德價值，轉向道德價值統御

---

❹　同上，第1456頁。

❷　同上，第1457頁。

❸　同上，第1458頁。

知識、科技！

　　晚年在病榻上，殷海光更加重視人生價值問題。特別有意思的是，如他的老師金岳霖和金岳霖的另一弟子馮契一樣，他們都在思考邏輯經驗論的基本缺點，都提出了「知識與智慧」、「大腦與心靈」的問題。他們都處在王國維所謂「可愛的不可信」與「可信的不可愛」的矛盾之中，都強調「人是有悲歡離合的」！❹殷海光晚年的文稿〈我對中國哲學的看法〉與金先生的〈論中國哲學〉何其相似乃爾！❺殷先生批評了邏輯經驗論的發展所造成的「知識的極權主義」，指出：「邏輯經驗論最使人不滿的是：以為解決了大腦的問題，就可以解決人生的問題。其實人的問題並不止於此。人最重要的問題是心靈的問題。」❻殷認為，也許從邏輯經驗論的論點來看，心靈的問題是「假擬的問題」，但它卻是「真實的問題」。他說，大腦的或知識層面的要求是精確、明晰、嚴格，要求對客觀經驗世界的認知作系統化或標準化。最能顯示這種徵象的便是科學與技

---

❹　1969年8月殷口述的〈知識和智慧〉、〈邏輯經驗論的基本缺點〉、〈大腦與心靈〉、〈既不進又不退：一個偉大的存在的價值〉等短文（俱見《春蠶吐絲》），與馮契晚年的大著《智慧學三篇》（見華東師範大學出版社1996年版的《馮契文集》）的出發點是一致的，都是為解決知識與價值或知識論與元學之關係問題。這些問題意識來自金岳霖的《論道》，來自邏輯經驗論的困境。

❺　據盧蒼《殷海光書信集》的「前記」，殷先生四篇遺稿中有一篇〈論中國哲學〉的英文札記。這就是殷先生去世後於1971年11月在《大學雜誌》37期上發表的〈我對中國哲學的看法〉一文，現收入《殷海光全集》第十五冊，即《學術與思想》（三）。殷文與金岳霖早年的一篇〈論中國哲學〉的英文文章，有一部分內容相近。

❻　《春蠶吐絲》增訂版，第49頁。

術。然而心靈的或智慧層面的要求則不同，「心靈是價值的主司，是感情的泉源，是信仰的動力，是人類融爲一體的基礎。人類要有前途，必須大腦與心靈之間有一種制衡，而制衡於大腦與心靈之間的主體便是理性。」「現代人大腦過於發達，而心靈一點兒也不充實，而且愈來愈空虛。這是時代的根本問題。」❹殷批評文藝復興後的西方人的基本人生態度和達爾文的進化論影響後的進步主義。他認爲這種進步主義所成就的是繁華的物欲文明，而人的內心卻是淒涼、彷徨、失落、冷冰冰的。他說，因爲我們現在的時代精神是進步主義，以至中國人被迫放棄了傳統的人生態度和原有的價值取向，「弄得大家積非成是」。他指出，「進步」只是一個演變的程式而已，本身並不是價值。科技進步是沒有底止的，登陸月球，探索火星，「現在這些科學技術家究竟可以產生什麼樣的結果？這無非是製造緊張，製造繁忙，製造污染的空氣，或者把人類的佔有欲帶到遙遠的星空而已。」「現在回想中國傳統中那種既不進又不退的淑世主義，方彰顯其人生價值。中國人的崇古法祖先，眞正的意義只是把我們的生活價值、行爲模式定著在一個標準上，也可說是一種價值理想的投射。所謂法古，並不是要求我們回到……舊石器那樣古老的境地裏去，而是如雅斯培（Jaspers）所說的『極盛的古典時期』。那是在三千年前左右，爲人類文明成熟時期。好了！問題就在這裏：也許有人覺得20世紀六十年代比三千年前好，試問好在哪裏？就人生價值，道德理想，認同的滿足，生活的溫暖，心靈的安寧，人與人之間的守望相助，友愛合作來說，好在哪裏？」❹與以

---

❹　同上，第51—52頁。

❹　同上，第56—57頁。

前相比簡直判若兩人！殷先生顛覆了他自己的成見，對進步主義觀點，技術精進的負面予以痛斥，認同、欣賞古典的人生意境。他否定了進步主義的標準，認爲對於人生與心靈問題，不能用簡單的落後／進步的二分法加以衡量，給傳統人生智慧和理想境界的體認留下了餘地。作爲科學、邏輯和認識論專家的殷先生的這種翻轉，在當代哲學史上是有意義的！

他晚年一再強調人生的價值理想層面，回歸「天人合一」的極境。這就包含著重新體認東方的思想智慧。他說：「就思想的模式而論，我是長期沈浸在西方式的分別智中，我比較細密，講推論，重組織。徐復觀等人比較東方式，講直覺、體悟、透視、統攝。這兩種思維模式應互相補償，而不應互相克制排斥。」❹殷認爲中國哲學的特點是「哲學思考活動幾乎和過一種哲學的生活具有同樣的意義。中國哲學家很少有完全不顧現實社會和現實人生的，這和當代西方專技哲學家（如Hempel，Scriven，Putnam等）有很大的不同。中國的哲學家不僅僅把他的哲學作爲信念而已，他實在是投身其中，將它作爲個人和社會的一種生活方式。一個中國本土式的哲學家，不把哲學看做是一些僅僅爲了純心智上的領悟或樂趣而構想的觀念的組合」。❺中國哲學把倫理、道德、政治、反省思考，甚至相當程度的社會生活作了緊密的融合，然後將他們具體而微的展現在各個領域之中。他還肯定了「天人合一」、「萬物融爲一體」是中國哲學的另一特點，主張人類在心靈或認知上都與大自然完全地契合，順

---

❹　同上，第77頁。

❺　《學術與思想》(三)，第1496－1497頁。

應自然而不是「征服自然」確是人類行爲最正確的途徑。他歌頌莊子哲學「表現於優美如詩的散文中，到處洋溢著哲人的睿智和詩人的隱喻，充塞了無比高潔的美感想象，既富於超越的取向，禮贊至高無上的人生理想。你可以在其中尋覓出至眞至善至美的人生境界，卻找不出一點對教條的迷信和盲從。」❺他指出，《老子》、《莊子》充溢著提示性，以及自由而富於創意的思想。他又說，中國哲學是創造性的，而非訓練性的思想。

以上通過對殷海光1965年——1969年間的思想考察，我們瞭解了這位反傳統的自由主義健將，在傳統文化評價和人生問題探討上是如何一步步增強民族文化的認同感的。

三、中國傳統與自由主義的溝通

殷海光晚年思想轉向最重大的意義是啓發後人思考自由主義與傳統思想資源的關係問題。他說：「中國的傳統和西方的自由主義要如何溝通？這個問題很值得我們的深思。」❺這雖是他在臨終前正式提出的，然而關於類似問題的反思，我們亦可追溯到1965年。殷先生在《中國文化的展望》中批評五四以來影響甚巨、附和甚眾的陳獨秀的議論——「要擁護那德先生便不得不反對孔教、貞節、舊倫理、舊政治；要擁護那賽先生，便不得不反對舊藝術、舊宗教；

---

❺　同上，第1498頁。
❺　《春蠶吐絲》增訂版，第70頁。

要擁護德先生又要擁護賽先生便不得不反對國粹和舊文學」。❺❸殷先生說，類似影響大的言論不一定正確。「一種言論如因合於一時一地的情緒偏向和希望而形成了所謂『時代精神』而被普遍接受，那麼錯誤的機會可能更多。這類『時代精神』式的言論，等到時過境遷，回顧起來，加以檢討或分析，往往發現是『時代的錯誤』。」「我現在要問：如果說必欲倒孔才能實現民主，那麼西方國邦必須掃滅基督教才能實現民主。但是，何以西方國邦實行民主和信奉基督教各不相傷呢？我現在又要問：如果說必欲反對舊文學和藝術才能提倡科學，那麼現代西方國邦科學這樣高度發達，是否同時停止究習古典文學和藝術了呢？」❺❹殷指出這種非此即彼、二元對立的思考在邏輯上完全不通。他又說：「也許有人說，基督教義與孔制不同。基督教義涵育著自由、平等和博愛，所以容易導出民主政治。孔制裏沒有這些東西，所以無從導出民主政治。因此，中國要建立民主，必須排除孔制，另闢途徑。我現在要問：孔仁孟義，再加上墨氏兼愛，為什麼一定不能導出民主？」❺❺這個提問很有意思！中國傳統思想資源中，從孔子、孟子到黃宗羲等都有寶貴的民主思想的精華。中國傳統政治的制度架構中，也不能說完全沒有分權、制衡、監察機制。中國近代沒有走向民主政治的道路，原因十分複雜，但不能完全歸咎於傳統。除了制度層面之外，殷先生還多次指出老莊、佛教有助於培育自由開放的心靈。

---

❺❸　陳獨秀：〈本志罪案之答辯書〉，《新青年》六卷一號，第10頁。

❺❹　《學術與思想》（三），第1314－1315頁。

❺❺　同上。

　　殷海光在反思中國自由主義時說：「中國的自由主義者先天不足，後天失調。」❺❻他指出，中國版的自由主義與西方原版的自由主義不可能一樣。像西方自由主義者那樣的自由主義者，在中國眞是少之又少。一個眞正的自由主義者，至少必須具有獨立的批評能力和精神，有不盲從權威的見解及不依附任何勢力集體的氣象。他批評胡適及胡適以降的知識份子，思想根基淺薄，心智麻木，失去了獨立思考的判斷力，缺乏道德勇氣、擔當精神和批判精神，幾乎完全以權勢集團的是非爲是非。❺❼我想，這也是殷先生爲什麼要對孟子倍加讚揚的原因。從胡適對雷震案的態度，表明他已不具備有道德資源的意義，在這種前提下，怎麼還能稱爲自由主義者呢？反過來說，殷先生晚年爲什麼要那樣地肯定孔仁孟義呢？那樣地肯定道德價值呢？這正是傳統儒學與自由主義重要的相契之點。殷先生以「自由、眞理、正義與友愛」爲自由主義者乃至全人類的普式價值，❺❽這在中國傳統中都可以找到資源。而所謂中國自由主義者之先天不足，後天失調，乃在於他們得了資源匱乏症。如殷先生舉出的嚴復、譚嗣同、梁啓超、吳虞、胡適、吳稚輝等早期自由主義者都是。他們的基本趨向是拒絕本民族的資源，以爲眞能全面排舊，全面取新。當然，殷海光大半生認定傳統道德與民主政治、自由精神完全不相容，晚年轉而肯定「孔仁孟義」是中國實現民主自由的根基，至於如何說明、論證後者，殷已來不及做了。但至少他肯定了政治自由

---

❺❻　《中國文化的展望》上冊，第319頁。

❺❼　《殷海光書信集》，第122－123頁、第165頁。

❺❽　同上，第31頁、92頁。

的道德基礎。這是他最重要的轉變。

林毓生在紀念殷海光的文章中說：「孔孟思想中『仁』先於『禮』之道德主義性的觀念，雖然與西洋近代自由思想的道德基礎——康德的道德自主性觀念——並不完全一樣，但兩者在理論上是可以交融的。因此，要實現自由與民主，今後中國有識之士，不應再食那五四時期對中國傳統全面否定的牙慧，這種把自己連根拔起，向西洋一面倒的辦法，從五四以來的中國思想史上看來，不但不易使自由思想在中國泥土上生長，反而使自己成爲一個文化失落者。因此，中國自由主義者的現代課題，不是對傳統的全面否定，而是對傳統創造地改進。」㊟

杜維明在紀念殷海光的文章中討論了殷所說的「中國知識份子失落了」的問題。他說，這種失落可以透過心理的、社會的、政治的、宗教的和哲學的五層疏離來加以理解。心理的疏離即一種內在認同的分裂、自我形象的散亂，使智識分子墮落爲賣智識的靈魂，向官、商換取錢、勢，甚至利用權謀來摧殘同道的人。社會與政治的疏離表現爲群己脫節，即智識分子與社會基礎、統治建構脫節，成爲一種寄生式的職業。宗教與哲學的疏離表現爲與歷史傳承與精神價值的脫節。「當代中國智識份子的思想，不論是科學主義、自由主義或馬列主義，都是一種毫無性格的拼盤思想。歷史傳承既已割斷，精神價值不得不借助外緣，可是當傳統文化的標準完全被拋

㊟ 林毓生：〈殷海光先生一生奮鬥的永恒意義〉，載項維新等主編：《中國哲學思想論集》（現代篇之三），臺北：牧童出版社，1978年1月初版，第372頁。

棄以後，借助外緣的選擇能力也隨著喪失殆盡了。智識分子的資源一枯竭，學術研究變成了考據遊戲，沒有宗教的關切也沒有哲學的智慧，只剩下一些只宜束之高閣的檔案。」⑩杜認為，當代智識分子最大的欠缺是基於道德勇氣的批判精神。他們依附於權勢，不但不代表社會良心，而且直接間接地參加反社會公義、反良心理性的活動。而眞正的儒者，對人格尊嚴的尊重和維護，對專制政體的強烈批判（包括董仲舒與宋儒，而不是曲學阿世的公孫弘等），不可不弘毅，以天下爲己任的精神，與自由主義是完全可以溝通的。

自由主義在西方是非常複雜的，有政治的、經濟的、哲學的等不同學科、不同層面、不同領域的自由主義，有英國的、美國的等不同地域的自由主義。自由主義者的面相也是非常複雜的，有以保守主義姿態出現的，也有以激進主義面貌出現的自由主義者。殷海光推崇的羅素、波普、哈耶克，其主張與個性都有很多差異。哈耶克就常常攻擊羅素。羅爾斯的主張與哈耶克的也有很多出入。亨廷頓與福山也有很多不同。中國的自由主義者，從五四前後到抗戰末期，從內戰時期到臺灣的五六十年代……，均未形成大勢。他們與激進主義、社會主義、文化保守主義有著複雜的糾葛。就文化保守

---

⑩ 杜維明：〈三年的蓄艾——爲紀念一位淚乾絲盡的智識分子而作〉，載杜著《三年的蓄艾》，臺北：志文出版社，1970年10月，第176－177頁。殷海光致張灝（1967年3月8日）記載了殷彼時與杜之間愉快的溝通與交往，見《殷海光書信集》第68、75－76頁。又，杜維明曾對我說，哈耶克六十年代中期去臺灣，杜任翻譯。殷海光很希望見一見自己心儀已久的這位自由主義大師。杜也力圖促成。但哈氏不願意見殷先生，卻熱衷於去見蔣中正。會見之後，哈氏非常興奮，對蔣讚不絕口。這是西方自由主義老師對中國自由主義學生的態度。

主義陣營來說，其中不少人亦堅持自由、人權的訴求，而且在憲政建設上（如張君勱），在反抗專制的道德勇氣上（如徐復觀），連自由主義者胡適等人亦無法望其項背。近代以來，著名文化人物身上往往體現幾種思潮的衝突。如徐復觀，政治上是自由主義者，經濟上主張社會主義，文化上主張保守主義。當然，自由主義者也有其同，就價值層面來說，以理性、自由、正義、友愛、寬容、人格獨立與尊嚴爲其基本價值。民主政治一定要以市民社會、公共空間、道德社群爲其背景。在這一方面，儒家有豐富的理論與實踐基礎，例如從群己關係到鄉約到書院，從漢的清流到明的東林的言論空間，特別是宋明時期的「會講」、「講會」等自由學術活動等等。現代社會反思單子、原子基礎上的個人與個體性的負面，而儒家的「自我」，恰恰是開放的，與國家天下有著多重交叉互動的自我。無論是伯林所說的積極自由（道德主體性與道德自由），還是消極自由（社會制度層面個人自由權利與社會公共權威之間的界限），中國傳統文化中都有可以溝通、轉化的資源，我們千萬不能輕忽放過。這正是殷海光思想遺產給我們的最重要的啓示。

總而言之，就自由主義者必須具有的獨立的批評能力和精神，必須具有的道德勇氣、擔當精神而言；就自由、理性、正義、友愛、寬容、人格獨立與尊嚴等自由主義的基本價值而言；就民主政治所需要的公共空間、道德社群而言；就消極自由層面的分權、制衡、監督機制和積極自由層面的道德主體性而言；儒家和傳統諸家都有可供轉化和溝通的豐富的精神資源。

　　（本文曾提交給1998年6月在湖北大學舉行的「海峽兩岸殷海光學術研討會」，因作者當時在美國，未能出席會議；刊載於《原道》第5輯，貴陽：貴州人民出版社，1999年4月。）

「五四」的反省與超越

——以現代性與傳統為中心的思考

　　「五四」新文化運動及其健將們的偉大歷史功績是永遠不可磨滅的。然而如同歷史上的一切思想家和思潮一樣，其歷史限制也是無可避免的。本文試圖檢討一下啟蒙思想家對待傳統文化的偏頗與缺失，不當之處，尚祈專家指教。

一、單線進化與新舊二分

　　「五四」健將們的思想方法論與他們的前驅，上一個世紀之交的維新派、革命派有著直接的繼承關係。單向直線進化論是他們批判傳統的主要理論武器。在「三千年未有之大變局」，即民族、政治、社會、文化全面危機的逼壓之下，康有為、嚴復等盛倡進化論，以對應「亡國滅種」的困境。如章太炎所說，嚴復譯的《天演論》一出，物競天擇之理，深入人心，中國民氣為之一變。「五四」啟蒙思想家更是以社會達爾文主義為基點，為信仰，對中國傳統文化

的方方面面作了空前的顛覆和清算。陳獨秀說：「吾寧忍過去國粹之消亡，而不忍現在及將來之民族，不適世界之生存而歸消滅也……世界進化，未有已焉。其不能善變而與之俱進者，將見其不適環境之爭存，而退歸天然淘汰而已耳，保守云乎哉？」❶陳獨秀以「創造」定義「進化」，指出：「創造就是進化，世界上不斷的進化只是不斷的創造，離開創造便沒有進化了……我們盡可前無古人，卻不可後無來者；我們固然希望我們勝過我們的父親，我們更希望我們不如我們的兒子。」❷陳獨秀迷信進化的普遍性、不間斷性。胡適固然承認漸進和點滴改造，說「進化不是一晚上攏統進化的，是一點一滴的進化的」❸，然對於文明的進化與再造充滿信心。不斷進化是「五四」精英的思想預設。他們對世界的進化抱著理想主義，認定進化普適於一切社會，由野蠻到文明，由宗教到科學。在潛意識中，他們堅信世界必然進化到烏托邦的勝境，而當時中國的政治、教育、倫理、法律、學術、禮俗，「無一非封建制度之遺」，不可以適生存於今世，不能不被淘汰。實際上文化與文化的進化是非常複雜的，各文明發展的道路不可能都一樣，而是多線多向的，且進化本身亦涵蓋了反復與跳躍，離異與回歸，不可能那麼筆直。限於當時的境況，「五四」主流思想家大多以西方近代文化的發展作為唯一的參照，以單線進化論的眼光和方法，以急躁、激進和功利的心態面對複雜多樣的文化問題，把傳統與現代、中國與西方絕對對立起來，

---

❶　陳獨秀：〈敬告青年〉，《青年雜誌》一卷一號，1915年9月15日。
❷　陳獨秀：〈新文化運動是什麼？〉，《新青年》七卷五號，1920年4月1日。
❸　胡適：〈新思潮的意義〉，《新青年》七卷一號，1919年12月1日。

以落後／進步的二分法，將東西之別視爲古今之變，消解了中國文化與中國社會的特殊性，對本土諸文化精神資源大體上取激烈拒斥的立場，因而不可能做冷靜、細緻的分疏、轉化工作。他們把複雜的文化現象作了簡單化的處理，把當時政治、民俗、社會中的一切醜惡歸諸於傳統。

我們當然不能以「應然」的方式去指責「五四」前輩。「五四」新文化運動發展之「實然」狀況不是我們後輩可以假設或者可以說三道四的。他們所處的環境特別惡劣，不僅是內憂外患，尤其是啓蒙所遇到的強大阻力。他們的矯枉過正其實也是被腐朽的政治勢力和孔教喧囂逼出來的。

在國粹派不絕於耳的指責攻擊聲中，陳獨秀不能不說：「他們所非難本誌的，無非是破壞孔教，破壞禮法，破壞國粹，破壞貞節，破壞舊倫理（忠、孝、節），破壞舊藝術（中國戲），破壞舊宗教（鬼神），破壞舊文學，破壞舊政治（特權人物），這幾條罪案……要擁護那德先生，便不得不反對孔教、禮法、貞節、舊倫理、舊政治。要擁護那賽先生，便不得不反對舊藝術、舊宗教。要擁護德先生又要擁護賽先生，便不得不反對國粹和舊文學。」❹中西、新舊勢不兩立。陳獨秀認爲，在政治、經濟、社會、文化各個領域中，「西洋的法子和中國的法子，如像水火冰炭，絕對兩樣，斷斷不能相容」❺。

其實康有爲、梁啓超、嚴復、宋恕、章太炎已開啓了批判儒學正統，特別是漢宋諸儒之先河，但他們或者維護、恢復孔子精神，

---

❹　陳獨秀：〈本誌罪案之答辯書〉，《新青年》六卷一號，1919年1月15日。
❺　陳獨秀：〈今日中國之政治問題〉，《新青年》四卷五號，1918年7月15日。

或者批荀、批孟，並不把矛頭直指孔子。辛亥革命時期報刊上已出現激進的反傳統言論，直指孔子、儒家。辛亥與五四的文化革新思潮，在思想與人脈譜系上都有一脈相承的發展關係。❻陳獨秀、蔡元培、吳虞、魯迅即是這兩時期的代表。到「五四」時期，對孔子攻擊最烈的是易白沙、陳獨秀、吳虞，其次是胡適、魯迅、李大釗。按胡適的解釋，陳、吳等攻擊孔子的依據是「孔子之道不合現代生活」，儒家教條都是一些吃人的禮教和坑人的法律制度，而正因為「兩千年吃人的禮教法制都掛著孔丘的招牌，故這塊孔丘的招牌——無論是老店，是冒牌——不能不拿下來，捶碎，燒去！」❼換言之，打倒孔家店，是從根本上掃除舊的禮教、法律、制度、風俗的需要。可見，批判傳統文化的負面是中國文化內在的要求，還不僅僅是面對歐風美雨的衝擊所作出的反應。但這種反應仍然是重要的面相。所謂東西文化問題的論戰及全盤西化的主張，在一定意義上也是面對衝擊的一種反應。

　　陳獨秀指出：「歐洲輸入之文化，與吾華固有之文化，其根本性質極端相反。數百年來，吾國擾攘不安之象，其由此兩種文化相觸接相衝突者，蓋十居八九。」❽他比較了東西民族根本思想差異，痛斥東洋民族具有卑劣無恥之根性，應全面輸入西方社會制度與平等人權等新信仰，徹底勇猛地與孔教所代表的傳統決裂。胡適毫不客氣地批評、嘲弄民族自大狂，指摘東方文明，熱烈頌揚西洋文明，

---

❻　詳見陳萬雄：《五四新文化的源流》第五章，北京：三聯書店，1997年1月版。

❼　胡適：〈吳虞文錄序〉，《晨報》副刊，1921年6月21日。

❽　陳獨秀：〈吾人最後之覺悟〉，《新青年》一卷六號，1916年2月15日。

主張「往西走」，以西方爲楷模建構新的制度文明與精神價值。他咀咒我們是個「又愚又懶的民族，不能征服物質，便完全被壓死在物質環境之下，成了一分像人九分像鬼的不長進民族。」「我們如果還想把這個國家整頓起來，如果還希望這個民族在世界上占一個地位，——只有一條生路，就是我們自己要認錯。我們必須承認我們自己百事不如人，不但物質機械上不如人，不但政治制度不如人，並且道德不如人，知識不如人，文學不如人，音樂不如人，藝術不如人，身體不如人。」「肯認錯了，方才肯死心塌地的去學人家。不要怕模仿，因爲模仿是創造的必要預備工夫。不要怕喪失我們自己的民族文化，因爲絕大多數人的惰性已盡夠保守那舊文化了，用不著你們少年人去擔心。你們的職務在進取不在保守。」❾胡先生這裏頗多憤激之詞。直至1935年，關於所謂本位文化的論戰中，他坦承自己主張「全盤西化」，全盤接受新世界的新文明，借它的朝氣銳氣來打掉我們老文化的惰性和暮氣。因爲取法乎上，僅得其中，我們不妨拼命走極端，文化的惰性自然會把我們拖向折衷調和上去。不久他放棄「全盤西化」的提法，改用「充分世界化」。

陳、胡認爲，在西方／中國、傳統／現代兩者之間，非此即彼，只能選擇一種。郭湛波在30年代中期出版的《近五十年中國思想史》概述新文化運動時指出，當時的思想衝突，是工業資本社會思想與農業宗法封建思想的衝突。陳、胡等所做的主要工作，「一方破壞中國農業社會舊有思想，一方輸入西洋工業資本社會之新思想。」

---

❾ 胡適：〈介紹我自己的思想〉，《胡適哲學思想資料選》（上），上海：華東師範大學出版社，1981年2月版，第344－345頁。

「中國農業宗法封建社會思想的代表，就是孔子……自從工業資本社會思想來到中國，所以首先攻擊這籠罩二千餘年的孔子學說思想。」❿受到新文化運動熏陶的馮友蘭，晚年寫《三松堂自序》的時候說：「在五四運動時期，我對於東西文化問題，也感覺興趣。後來逐漸認識到這不是一個東西的問題，而是一個古今的問題。一般人所說的東西之分，其實不過是古今之異……至於一般人所說的西洋文化，實際上是近代文化。所謂西化，應該說是近代化。」⓫

東西之分是不是古今之異呢？中西文化的差異是不是工業文明與農業文明的區別呢？以上論斷顯然有部分真理，然並非全部真理。古今之異或工農業文明之分，只說明了文化的時代性差異。中西或東西之分，更深層的應是民族性差異，是不同的民族童年生存方式引發的民族精神、氣質、價值意識、思想與行為方式的區別。無論未來世界如何一體化，如何趨同，這些民族性的差別總是不會消解的。說到農業文明，它曾經是前工業社會最輝煌的文明，是工業文明的基礎，在文化的各層面上，特別是制度、精神心理層面上，二者不可能截然斷裂，而總是有著千絲萬縷的聯繫的。

中國向現代的邁進經歷了這一痛苦的反傳統的階段，付出了高昂的代價。林毓生指出，「五四」激烈的反傳統是「全盤性」的或「總體論的」，「就我們所瞭解的社會和文化變遷而言，這種反崇拜偶像要求徹底摧毀過去一切的思想，在很多方面都是一種空前的

---

❿　郭湛波：《近五十年中國思想史》，濟南：山東人民出版社，1997年3月版，第80、78頁。

⓫　馮友蘭：《三松堂自序》，北京：三聯書店，1984年12月版，第256頁。

歷史現象。」❷其所以如此,除了啓蒙思想家無力在總體上拒斥中國傳統的影響外,主要的思想原因是他們信仰進化論,執定中西、新舊的二元對峙,非此即彼。

同樣是啓蒙,即便是陳獨秀垂青的法蘭西啓蒙,也並沒有毀辱西方的文化傳統,相反有的法國啓蒙學者承認自己身受希臘、羅馬和文藝復興之賜。上上個世紀之交,當拿破侖的馬隊把法國啓蒙學者確立的科學、理性、自由、民主、眞理、正義等「普遍價值」觀念帶到「保守」、「落後」的德國時,同樣是啓蒙思想家的赫爾德等人卻提出「民族精神」的觀念來保衛德意志文化傳統。他們反對把法國文化變成「普遍形式」,反對把世界文化同化於法國文化。他們認爲,沒有什麼普遍的人類,只有特殊型式的人類;沒有什麼普遍價值與永恒的原則,只有區域性民族性的價值和偶發的原則,沒有什麼「一般文化」,而只有「我的文化」。在這裏,實現近代(現代)化並不意味著一定要否定傳統文化,弘揚「時代精神」不一定意味著要拒斥「民族精神」。❸

「五四」主流思想家爲什麼沒有作出類似德國赫爾德那樣的理性思考?這是因爲:第一,內憂外患造成了傳統政治社會秩序的瓦解和文化基本秩序的崩潰。焦慮、恐慌、羞辱、憤怒,各種情緒充斥國中,而「傳統的世界觀與價值規範都已動搖而失去舊有的文化功能,無法把當時政治與社會危機所引發的各種激情和感觸加以繩

---

❷　林毓生:《中國意識的危機》(增訂再版本),貴陽:貴州人民出版社,1988年1月版,第6頁。

❸　參見郭齊勇:《文化學概論》,武漢:湖北人民出版社,1990年版,第300頁。

範、疏導與化解。因此政治與文化兩種危機交織互動的結果是各種激情和感憤變得脫序、游離而泛濫，非常容易把當時人對各種問題與大小危機的回應弄得情緒化、極端化。」❶❹急躁的心態，重情感甚於重理性，重態度甚於重思想❶❺，確實是啓蒙健將的一個偏失。第二，中國啓蒙思想家把中西之分化約爲古今之異，恰是以西方現代化的普遍性和進化序列的階段性爲預設的。當然，他們當時沒有別的參考系。他們「接受了主要來自西方的單向直線發展史觀，認爲歷史是由過去通向理想的未來的具有目的性的發展」❶❻，因而迷信普遍，忽視特殊，鄙薄過去，憧憬未來，對新的前景懷著浪漫主義和理想主義的態度。他們當時不可能考慮到工業化、西方化所帶來的人類與族類的諸多新的問題與危機。進一步，他們骨子裏的傳統大同理想被法蘭西或俄羅斯的社會烏托邦理想所置換。而西式烏托邦所強調的歷史必然性，啓蒙運動以來作爲強勢意識形態的社會進化論等，往往成爲暴力行爲的合法性依據。歷史必然性體現爲對自然法

---

❶❹　張灝：〈中國近百年來的革命思想道路〉，廣州：《開放時代》，1999年1、2月號(總第126期)，第41—42頁。

❶❺　1919至1920年間，蔣夢麟與杜亞泉辯論思想與態度問題，蔣說「新思想是一個態度，這一態度是向那進化一方面走，抱這個態度的人視吾國向來的生活是不滿的，向來的思想是不能得知識上充分愉快的。」杜亞泉批評蔣氏以對待新思想的態度爲出發點，以感情、意志爲思想之原動力的說法，指出這將使理性成爲情感的奴隸。參見王元化《杜亞泉文選》，上海：華東師大出版社，1993年10月版，序言，第6—7頁，又見該文選所收蔣、杜二人之〈何謂新思想〉，第418—426頁。

❶❻　張灝：〈中國近百年來的革命思想道路〉，廣州：《開放時代》，1999年1、2月號(總第126期)，第41—42頁。

則的迷信，物競天擇，種族進化等等。烏托邦理論需要一種作爲壞的、惡的存在的他者來見證自身理想的合法性。理想的社會就是好，好就在於好，傳統的社會就是壞，壞就在於壞，這是一個對立的存在。至於有什麼道理，不能問，不能想。這實際上潛伏著日後日甚一日的反傳統、階級鬥爭天天講、大躍進、文革等等。

　　自由主義者、自詡爲「五四後期人物」的殷海光晚年對五四以來影響甚巨、附和甚眾的陳獨秀的議論曾加以批評，指出：「我現在要問：如果說必欲倒孔才能實現民主，那麼西方國邦必須掃滅基督教才能實現民主。但是，何以西方國邦實行民主和信奉基督教各不相傷呢？我現在又要問：如果說必欲反對舊文學和藝術才能提倡科學，那麼現代西方國邦科學這樣高度發達，是否同時停止究習古典文學和藝術了呢？」❼殷指出，這種非此即彼、二元對立的思考在邏輯上完全不通。他又說：「也許有人說，基督教義與孔制不同。基督教義涵育著自由、平等和博愛，所以容易導出民主政治。孔制裏沒有這些東西，所以無從導出民主政治。因此，中國要建立民主，必須排除孔制，另闢途徑。我現在要問：孔仁孟義，再加上墨氏兼愛，爲什麼一定不能導出民主？」❽這個提示很有意思！中國傳統思想資源中，從孔子、孟子到黃宗羲等都有寶貴的民主思想的精華。中國傳統政治的制度架構中，也不能說完全沒有分權、制衡、監察機制。中國近代沒有走向民主政治的道路，原因十分複雜，但不能

---

❼　殷海光：《學術與思想》（三），臺北：桂冠圖書公司，1990年3月版，第1314─1315頁。

❽　同上。

完全歸咎於傳統。

　　一個成功的現代化是有選擇性的。它是一個雙向的過程，即現代與傳統的相互挑戰、相互批評、相互適應。西方工業化以來的科技發展、物質文明、社會改革、制度建構和價值觀念確有很多值得我們效法的層面，但仍需要篩選、揚棄。用好壞二元對立的價值觀來看待傳統，把它看成罪惡之淵藪或可以被拋棄的包袱，是太簡單化，太意氣用事了。文明的進化不可能沒有積累和繼承。各民族的現代化不可能只有一種模式。

二、科學至上與人文萎縮

　　晚清維新派和革命派思想家已經把西方科學由技、器的層面提升到道、理的層面，使之成為普遍的形上的世界觀和價值觀。五四啟蒙思想家的科學主義也是循此而來。1923年發生的科玄論戰，要害是科學能不能代替哲學本體論，能不能代替民族精神信念與信仰。20年代以降，在邏輯方法與經驗論基礎上建立的科學主義實際上已宣告失敗。

　　「五四」時期對「科學」的推崇是非科學的，是排斥宗教、民俗、藝術、道德等等的價值的，其唯科學主義的流風餘韻，至今仍起著負面的作用。本世紀思想史積澱在我們的集體無意識中的一個「習焉不察」或「日用而不知」之事便是科學崇拜。「科學」、「科學性」在本世紀中國思想辭典中，在我們下意識層裏已成為神聖的權威、抽象的符號，一種是非善惡的價值判斷，捍衛或撻伐某種東

西的極其方便善巧的工具。本來,科學精神與科學方法是鼓勵人們
學會大膽懷疑、容忍批評以及怎麼樣去證實或證僞。科學啓蒙派的
初衷也是提倡敢於和善於認知,「事事求諸證實」、「一尊理性」、
「拿證據來」。然而曾如胡適在科玄論戰時所說:「這三十年來,
有一個名詞在國內幾乎做到了無上尊嚴的地位;無論懂與不懂的
人,無論守舊和維新的人,都不敢公然對它表示輕視或戲侮的態度,
那個名詞就是『科學』」。❿「科學」之「主義化」或「中國化」的
特點竟然畸變爲無人敢批評科學。也就是說,作爲常識或假說的某
些西方科學,儘管在科學史上只具有有限性或相對的真理性,但傳
入中國後卻被奉爲圭臬,抽象成一種價值──信仰體系,建構成某
種強勢「意締牢結」。人們真正感興趣的已不是科學知識、理論、
假說、方法本身,不是對它們進行驗證,而是把它們當作救亡圖存
或其他實用目的的直接依據,一旦打上「科學」的標記,任何人就
不敢再斗膽懷疑它、批評它。一旦科學被人當作某種政治口號或絕
對真理頂禮膜拜的時候,就會走向反面,變成高度的毋庸置疑和高
度的自我封閉,變成非科學或反科學的一種迷信,一種排它性。

　　這樣,爲知識而知識,爲科學而科學的精神並不能紮根;擺脫
蒙昧的,概念的明晰性、邏輯的謹嚴性、定量分析或系統層次分析
的次序性等等起碼的理性思考步驟仍然被渾淪一體所包圍。從需要
出發,先定性定案,後找「材料」,先下結論後再「論證」,仍然
是普遍通行的模式;理論研究總是等而下之的事。總之,科學形而
上學化或主義化,看似最重視科學,實則是葬送科學。另一方面,

---

❿　胡適:《科學與人生觀》序,《胡適哲學思想資料選》(上),第282頁。

中國古代機體主義的、連續、整體、動態式的宇宙自然觀和生命論，以及古代科學技術的精華並沒有得到有效地繼承與弘揚。因之，科學啓蒙，發展科學，眞正的科學救國，是揚棄傳統科學，並把西方近代以來優秀的科學精神與科學方法漸漸濡化爲國民的思維、行爲方式，內化爲國民素質。其最好方式是消解科學頭上的靈光圈，還它以本來面目，不要拉著科學的大旗作虎皮。

本世紀思想史積澱在我們的集體無意識中的另一個「習焉不察」或「日用而不知」之事則是譭謗傳統，是傳統人文價值被視爲進化、革命、現代化的障礙或對立面，即所謂「封建主義遺毒」的等價物遭致徹底摧毀、批判、破除、打倒、唾棄。因此而造成人文精神的傷害和萎縮。世界上任何大的文化系統走向近代和現代的過程中，幾乎沒有遭逢中國文化這樣全盤地革文化命的厄運。

我以爲，這是五四以降中國啓蒙思潮的又一條值得總結的經驗教訓。當下實際生活層面的腐敗、僵化、保守、裙帶風、官本位、一言堂、個性不張、人格異化等，究竟是否應當或者在何種意義上要由儒釋道等傳統精英文化負責，負多大的責，幾乎很少有人具體分析。正像我們習慣於籠統地把「科學」這個字眼作爲無所不包的、正確、進步的絕對價值加以崇拜一樣，我們也習慣於籠統地、不加分析地把「傳統文化」作爲「骯髒的馬廄」。這兩個方面似乎都是「天經地義」的。今天某種全盤肯定、無限吹捧傳統文化的趨向，與過去的全面批判則出於同樣的思想方式，或同樣是因爲外在的浮面的需要或淺近直截的實用目的，與有分析地轉進與保存深層的民族價值意識，了不相涉。

形上本體是不可或缺的。一個社會，每個個體，如若失卻了人

文價值的支撐、維繫與調節，其行爲只可能是無序的，起哄、趕潮、浮躁……人生的價值、意義何在？行爲的根據何在？人與天地萬物一體，天人之際與性命之原，神聖感、虔敬感、根源意識、終極託付，「天」、「道」、「理」、「命」、「心」、「性」、「仁」、「誠」、「良知」，一個民族的文化精神，達到一定自覺時才昇華出來的這些意識與哲學本體論的範疇，決不是可有可無的奢侈品，更不是可以隨意拋棄的垃圾。20世紀中國文化危機與思想危機的嚴重性，乃在於整個地踐踏了這個民族源遠流長的內在精神。黑格爾曾經說過，一個有文化的民族竟沒有形而上學（玄學），就像一座裝飾得富麗堂皇的廟宇沒有至聖的神那樣。他還說過，如果一個民族覺得它的國家法學、情思、風習和道德已變爲無用時，是一種很可怪的事；那麼，當一個民族失去了它的形而上學時，同樣也是很可怪的。可惜的是，我們已經見怪不怪了！

科學主義崇拜，或「科學的人生觀」當然不能代替民族精神的信念。如果將中國文化區的核心思想──「道」、「仁」等等輕描淡寫地抹掉，我們這個社會，哪怕是進入現代，或所謂後現代，仍將缺乏一種維繫社會人心、動員社會資源的主心骨、機制和力量，仍會出現本世紀不斷出現的無序狀態，亦不可能眞正尊重人權與自由。離開我們民族長期形成的安身立命之道，人們只能扭曲、異化爲泯滅了良知（甚至人性）的、金錢或權力拜物教的工具。在這個意義上，玄學本體論──中華民族的價值意識和根本理念是不能消解，不可替代的，科學技術、工具理性絕對代替不了。

胡、陳等啓蒙健將「重新估定一切價值」，引進西學，功不可沒。我們身受其賜，並繼續爲他們引進的西學價值的生根而努力。

同時，我們不能不看到，在他們的影響下，反孔批儒成爲本世紀我國大陸地區的文化主調，民族文化的自信心喪失殆盡。時至今日，對民族文化精神之無端的自卑、自賤、自虐、自戕的現象，俯拾即是，觸目即是。蔡元培、陳獨秀、胡適、魯迅等前輩有著深厚的國學素養和功底，他們還有功於「整理國故」，然而在他們之後，隨著古代文化素養的遞減，民族文化的自卑、自賤卻不斷遞增，又隨著教育思想和體制的變化，經典教育已被逐出大中小學的課堂，中國文化精神在本土已逐漸失落。[20]在一定意義上，五四決定了20世紀中國文化的西化（或蘇化）的主要傾向，使20世紀幾幾乎成爲背離、毀辱自家精神資源的世紀。直到今天，文化認同的危機其實並未妥善解決。

　　蔡元培曾希望造成一個「文藝復興」運動，傅斯年、羅家倫的《新潮》以文藝復興自任，胡適晚年也認爲五四是中國文藝復興運

---

[20] 1949－1978年的教育，強調爲某種烏托邦可以任意剝奪別人的自由，甚至生存權，可以任意侮辱踐踏別人，崇拜暴力，肯定殘酷鬥爭的絕對性與合法性，使傳統精神資源中的仁愛人道原則、仁義禮智信等核心價值觀念，日益受到戕害。學生鬥老師即是顯例。季羨林大師《牛棚雜憶》控訴了學生對老師的暴行。著名數學家、中國科學院院士、敝校前輩李國平教授生前曾經說過：「解放前教出來的學生，沒有一個敢走到臺上公開鬥爭老師的。解放後畢業的學生，哪怕是1952年、1953年畢業的，情況就大不一樣了。事情愈演愈烈。1965年收進來的學生，那就不是文鬥，改用拳頭對付老師了。」李院士的公子、德國史研究專家李工真教授說：「『文革』這種運動，恰恰要等到傳統道德、仁愛精神完全死光的時候才能發生，非到這一步不行。這些傳統思想是怎麼死的？值得研究。」（詳見〈一個有待打開的包袱──關於「文革」研究的對話〉，武漢：《今日名流》，1999年第3期，第22頁。）

動，但五四時期的重心在引進西方價值，尚沒有深入發掘作爲源頭活水的先秦經子之學，尤其未對西學價值和中國傳統核心價值作深入細緻的分析轉化工作，因此很難與歐洲「文藝復興」運動相媲美。中西價值的接殖問題，現代化的科學、宇宙觀念、社會觀念、人生哲學、政治、經濟、法律、倫理、道德之本土資源的發掘工作，仍是擺在我們面前的難題。

三、開發傳統與創造轉化

五四本來就是多元主義的時代，除主流思潮外，尚有不少非主流思潮作爲補充。五四不是只有一個傳統，不是只有一種思潮，而是有著交叉互動的不同思潮和傳統。[21]具體到個別人物如杜亞泉（傖父）、梁漱溟等，都很難用保守主義或傳統主義相概括。杜氏在胡適以前倡導科學與科學方法，是中國科學界的先驅，也是一位自由主義者。但他執掌《東方雜誌》的筆政並在東西文化問題論戰中與《新青年》陳獨秀打筆仗時，被陳獨秀扣上了「妄圖復辟」的帽子，被世人目爲守舊者。他與陳的分歧不在政治批判而在倫理批判。傳統禮教究竟如何評判？是不是僅僅用「吃人」二字可以概括？其中是否蘊含有民族精神、根本理念？農業社會產生的價值意識可不可以

---

[21] 拙文〈試論五四與後五四時期的文化保守主義思潮〉（載《歷史的反響》，香港中文大學中國文化研究所與香港三聯書店，1990年5月初版）曾論述了這一問題。

繼承？有沒有超越時空的成份？這都需要討論。正如王元化先生在
《杜亞泉文選》序言中所說，東方文化派或所謂調和論者杜亞泉、
錢智修、陳嘉異等，主張以理性的態度評論東西文化，主張因革互
用，同異相資，相互調和，轉益相師，主張發掘可與西學接軌的傳
統資源，把西學融入傳統文化，尤其強調淬厲固有的民族精神，其
實都是有益的、建設性的。（我看這是啟蒙的題中應有之義，是啟蒙學者
應當做的工作。）他們並非沒有認識到傳統倫理道德的呆板僵硬和帶給
人們的黑暗冤抑，也不是對此無動於衷，漠然視之，更不是開倒車。
他們對陳、胡的反傳統提出異議，對「倫理的覺悟」提出挑戰，根
本上是要繼承發展與時俱新的民族精神。王序並聯繫到梁漱溟、陳
寅恪、晚年梁啓超對傳統倫理既批評更維護的態度，作出了一些冷
靜的思考。㉒至於昌明國粹、融化新知的「學衡」派，時下研究的文
章更多。「五四」以降的文化保守主義者，大多在政治上並不保守，
價值上認同西學，甚至我們不難發現他們也都不同程度地受到進化
論、科學主義、實證主義和疑古思潮的影響，但最終在文化理念和
精神信仰之根本上主張回歸傳統，並更新、開發、推進傳統。

我們無意苛求五四前輩，只是希望當代人從不同視域總結經驗
教訓。今天，我們以同情的理解的心態體認陳、胡當年的處境，肯
定他們所開啓的中國思想史的新的一頁。在當時的氛圍、語境中，
身處西洋、東洋列強瓜分豆剖和黑暗政治、無恥政客及其幫兇擠壓
之下的中國啓蒙思想家，認為傳統是進步的阻礙，這是不奇怪的，

㉒　參見王元化：《杜亞泉文選》序，《杜亞泉文選》，上海：華東師大出版
社，1993年10月版。

可以理解的。以前梁啓超罵傳統也非常厲害。從認識上來說，人們當時只能到那一步。直至50年代，在西方，「現代化」首次列入社會科學議程時，傳統還特別受苦受難。余英時說：「不幸的是，在20世紀，傳統得到了相當負面的意義，通常被認爲是和所有現代價值，諸如理性、進步、自由，尤其是和革命相對立的。從歷史上來說，這種對傳統的負面觀點有其來自啓蒙時代的淵源。大體而言，啓蒙思想家認爲任何傳統都是人類進步的阻礙。近代實證主義，尤其是它的極端形式——唯科學主義，都與傳統爲敵……在早期，去掉傳統糟粕幾乎被當作現代化的一個先決條件。然而，當現代化過程的經驗研究漸漸成熟後，傳統的眞正價值才被緩慢但堅定地再發現……到了70－80年代，傳統與現代之間的建設性關係已經穩定地建立起來。」❷❸也就是說，在西方學界，也只是到了70年代以後，對傳統的理解才漸趨平正、健康，傳統不再被認爲是僵死的過去，它仍然可以並正在現代社會中成爲正面的和積極的活躍因素。

文明的創造離不開傳統，創新就建立在活的、發榮滋長的傳統之上。林毓生主張創造性地轉化中國文化傳統中的符號與價值系統，使之變成有利於變遷的種子，保持文化的認同。他強調創新，強調「需要精密與深刻地瞭解」西方文化與我們自己的文化傳統，「在這個深刻瞭解交互影響的過程中產生了與傳統辯證的連續性，在這種辯證的連續中產生了對傳統的轉化，在這種轉化中產生了我們過去所沒有的新東西，同時這種新東西卻與傳統有

---

❷❸　余英時：〈歷史女神的新文化動向與亞洲傳統的再發現〉，香港：《九州學刊》，1992年第五卷第二期。

辯證地銜接。」❷這一主張正是在對五四啓蒙思潮作出反省後得出的，在今天的中國思想界獲得極大的反響。

五四主流思潮得之在啓蒙，失之在認識傳統的維度不夠，因而亦影響了前者的生根和深化。其實不妨放開思路和心量，促進各思潮交叉互動。例如政治自由主義與文化保守主義就有不少契合之點。二者之關係，「大量者用之即同，小機者執之即異」。總之必須克服文化幼稚病，擴充啓蒙內涵，改善啓蒙心態。

儒家人文精神與西方啓蒙思想是可以溝通的。在1998年6月國際儒聯在北京主辦的「儒學的人論」國際學術研討會上，學者們針對人的尊嚴、人權和人的責任問題發表了很有價值的看法。狄百瑞（Wm. De. Bary）認爲，儒家主張言論自由和敢於與暴君抗爭，特別是儒家的人格主義可以與現代人權觀念相接殖。陳祖爲認爲，儒家的人文精神及其社會實踐和人權論說具有重疊共識的可能性，儒家角色本位的倫理觀、社會理想、仁愛哲學、對長輩與老人的尊敬、和諧觀念等都與人權概念相容。朱榮貴認爲，胡適1959年提出「容忍比自由更重要」的命題並引起爭訟，實際上胡受儒家思想影響，他的容忍觀與人權意識有密切關係。薩尼·突維斯（Sumner B.Twiss）用1947－1948年的聯合國檔案資料和草擬世界人權宣言的主要協調員的日記，研究中國代表張彭春當年把儒家的一些理念、觀點引入《世界人權宣言》的審議過程，認爲這種努力導致了宣言的最後形成並通過。研究者認爲，儒學的這一貢獻的範圍和影響力比以往的報導要

---

❷　林毓生：《中國傳統的創造性轉化》，北京：三聯書店，1987年版，第63－64頁。

大得多、廣泛得多。在智慧的高度上，張彭春對宣言的形成所盡的責任比誰都要大，他將具有更為普遍性而非純粹西方的思想注入於世界人權宣言之中。❷我個人亦認為，儒家的批判意識、人格精神，以民間書院為標誌的公共空間與輿情保證等，均可以與現代政治相融通。總之，從儒家內在的文化資源中可以開發出諸如人權、自由、平等、法治等現代價值，匯通啟蒙理性，擴充啟蒙內涵，修正人類中心主義和西方以權利為中心的價值觀等弊病。當然，這種匯通和接殖有很多困難，需要做很多努力。

今天，人們已經認識到，現代化的道路是多樣的，現代性是多元的，現代與傳統是不能截然分開的。現代化不是只有西方唯一的模式可供參考，各民族都有自己特色的現代化道路與模式，並從自身資源中開發出自己的現代性。現代性、啟蒙價值本身的內涵是十分豐富的，與地域、民族的文化有密切的關聯。現代性與民族性、普遍性與特殊性是有張力的統一。調動民族的精神資源，積極參與自身的現代化是非常重要的。通過批判傳統的負面，通過創造性地詮釋，繼承傳統的睿智，克服工業化、現代化之引發的天、地、人、物、我的相互疏離即異化的等等病痛，護持人的尊嚴、人的精神信念、人的宗教體驗，反思並促進現代化的健康發展，是人文知識份子的責任。反省與超越五四，正是對五四和啟蒙思想家最好的紀念，最大的尊重。

---

❷ 以上詳見國際儒學聯合會編：《國際儒學研究》第六輯，北京：中國社會科學出版社，1999年2月第1版。

（本文於1999年5月在北京大學「紀念五四運動八十周年國際學術研討會」上發表，刊載於廣州《開放時代》1999年10月號，編輯改題目爲〈現代性與傳統的思考〉。又載會議論文集《五四運動與二十世紀的中國》，北京：社會科學文獻出版社，2001年5月。）

近20年中國大陸學人有關當代新儒學研究之述評

一、回　顧

　　近20年來，我國大陸學術界對現當代新儒學的研究，成就斐然。這一研究是隨著我國改革開放而開始的。門戶打開以後，海外學者，首先是海外華裔學者，繼而是境外港臺兩地學者紛紛來內地講學，接著，他們的論文、著作陸續被引進。這當然只是外緣。內在的原因，則是內地學者反思「五四」以來至「文化大革命」對傳統文化，對本民族文化遺產的傷害，重新思考傳統與現代的關係。

　　1983年，北京大學湯一介教授與業師蕭萐父教授聯手籌劃編輯出版《熊十力論著集》。1984年10月，北大馮友蘭、張岱年、朱伯崑、湯一介等先生共同發起，聯合北京及香港、臺灣與海外數十位教授，建立民間學術團體——中國文化書院，由湯先生主其事。該院在1985－1989年間連續開辦了大規模的中國傳統文化與中外文化比較等方面的講習班、進修班、函授班等，邀請梁漱溟、馮友蘭、張岱年諸前輩和美國杜維明、成中英等學者公開講學。1985年冬在

湖北黃岡,武漢大學與北京大學聯合舉辦「熊十力思想國際學術研討會」,武漢大學舉辦中國文化講習班。上述活動開風氣之先,成為國內學者從事新儒學研究的先導和鋪墊,造成了研究氛圍。1987年秋、1990年底在北京,中國文化書院還分別舉辦了梁漱溟、馮友蘭思想國際學術會議。1987年,李澤厚先生在北京東方出版社出版的《中國現代思想史論》中發表了〈略論現代新儒家〉的專論。

1986年11月,「現代新儒學思潮研究」被確立為國家社科基金「七五」規劃重點課題,1992年初又被列為「八五」規劃重點課題。方克立教授和李錦全教授主持的課題組於1990－1995年在中國社會科學出版社出版了《現代新儒學研究論集》兩輯、《現代新儒家學案》一種(三巨冊,有梁漱溟、張君勱、熊十力、馬一浮、馮友蘭、賀麟、錢穆、唐君毅、牟宗三、徐復觀、方東美等11人的學案),還出版了「現代新儒學研究叢書」專人與專題研究系列(後詳)。課題組主要成員20餘人遍及國內重點高校與科研院所。他們在這10年間另出版有關專著10餘種,發表有關論文300餘篇。方克立先生還主編了「現代新儒學輯要叢書」14種,由中國廣播電視出版社出版,分別輯錄了熊十力、梁漱溟、馬一浮、張君勱、方東美、馮友蘭、賀麟、唐君毅、牟宗三、徐復觀、杜維明、劉述先、余英時、成中英等14位代表人物的代表性論著。上述工作客觀、平實、公正、全面地評介了這一思潮及其主要思想家、學者。❶此期間,課題組與有關學校、學術機構聯手,多次舉辦現代新儒家的專題與專人的學術會議。當然,錢穆、

---

❶　參見方克立:《現代新儒學與中國現代化》,天津:天津人民出版社,1997年,第608－609頁。

方東美、余英時能否列入現代新儒家的範圍，海內外學界頗有不同的看法，余英時先生不同意把乃師錢穆劃歸這一陣營，更不用說他自己了。余先生認定現代新儒家只是具有心學取向的熊十力師徒，取狹義的界定方式，而劉述先則贊同大陸學者的廣義界定方式，認為除余先生外，錢、方二位大師仍可屬於這一陣營。❷

　　1988年底在香港法住文化書院由霍韜晦先生主持的「第一屆唐君毅思想國際會議」，成功地促進了兩岸三地學者在研究當代新儒學方面的互動。此後，兩岸學者的交流頗為頻繁。臺灣鵝湖學派於1992年底在臺北、1994年底在香港分別舉辦的第二、三屆「當代新儒學國際學術會議」都有不少大陸學者參與。1993年3月在杭州師院舉行的「馬一浮國際學術研討會」，1995年8月在成都由四川省社會科學院與香港法住文化書院合辦的「第二屆唐君毅思想國際會議」，同月在武漢由武漢大學與臺灣東海大學合辦的「徐復觀思想與現代新儒學發展學術討論會」，1998年9月在濟南由中國孔子基金會、山東大學與臺灣《鵝湖》月刊社、臺灣中研院文哲所等合辦的「牟宗三與當代新儒學國際學術會議」（第五屆當代新儒學國際會議），1995年12月在北京、1997年10月在鄭州與開封、2000年12月在北京舉行的「馮友蘭思想國際會議」等都開得比較成功。此外，由中國孔子基金會於1989 與1994年的10月和國際儒學聯合會於1999年10月在北京舉辦的大型的紀念孔子誕辰的國際儒學研討會上，由國際中國哲學會於1993年夏在北京、1995年夏在波士頓、1997年夏在漢城、

---

❷　參見余英時：《猶記風吹水上鱗》，臺北：三民書局，1991年；劉述先：
　　〈對於當代新儒家的超越內省〉，北京：《中國文化》，1995年，第12期。

1999年夏在臺北、2001年夏在北京舉辦的大型的中國哲學雙年年會上，均設有當代新儒家的專場，不少學者發表有關專論，例如前述漢城會議就設有牟宗三專場。內地近10多年來不少中國文化與中國哲學的學術會議，如中華孔子學會、中國現代哲學研究會舉行的若干次會議均涉及到當代新儒學研究的問題。學術期刊、同仁集刊上發表的有關論文也日益增多。這一研究蔚然大觀，誠爲顯學。有一批學者，例如，方克立、李錦全、呂希晨、鄭家棟、宋志明、胡偉希、黃克劍、羅義俊、陳來、楊國榮、高瑞泉、李宗桂、陳少明、景海峰、王守常、田文軍、李維武、顏炳罡、蔣國保、余秉頤、張祥浩、施忠連、韓強、李翔海、鄭大華、周熾成、蕭濱、柴文華、洪曉楠等在這一領域取得了豐碩的成果。我個人也在這一領域做了十數年研究，雖成就不大，然獲益匪淺。

二、成　果

內地介紹新儒家的有影響的資料書，除前述《學案》、「輯要叢書」外，還有黃克劍等編、群言出版社出版的「當代新儒家八大家集」（八種），封祖盛與景海峰編的《當代新儒家》、羅義俊編著《評新儒家》及羅義俊與陳克艱編的《理性與生命》等。關於這些人物的選集，十多年來已出版了不少，茲不一一贅述。當然，最爲重要的是全集的編纂與出版。《梁漱溟全集》（山東人民出版社）、《馬一浮集》（浙江古籍出版社與浙江教育出版社）、《三松堂（馮友蘭）全集》（河南人民出版社）已經出版，《馬一浮先生遺稿續編》已由臺北廣文

書局出版。蕭萐父與湯一介二先生主編的「熊十力論著集」（三冊）已由北京中華書局出版。蕭萐父先生與我等合編的《熊十力全集》（十冊）2001年8月由湖北教育出版社出版。唐君毅、錢穆先生的全集已分別由臺北學生書局、聯經出版公司出版。牟宗三先生的全集即將在臺北出版。錢、張、唐、牟、徐、劉的各種著作在臺、港兩地比較好找，內地圖書館亦購進不少。牟宗三先生的著作「講座系列」數種和巨著《心體與性體》等陸續在上海古籍出版社印行。徐復觀先生的多種著作將由上海三聯書店印行，其文集將在湖北人民出版社出版。我與鄭文龍合編的《杜維明文集》正在整理之中，將由武漢出版社出版。

從宏觀、整體上研究現、當代新儒學的著作，1993年以前出版的有：鄭家棟的《現代新儒學概論》（南寧：廣西人民出版社，1990年）、宋志明的《現代新儒學研究》（北京：中國人民大學出版社，1991年）、胡偉希的《傳統與人文：對港臺新儒家的考察》（北京：中華書局，1992年）、黃克劍與周勤合著的《寂莫中的復興——論當代新儒家》（南昌：江西人民出版社，1993年）、呂希晨主編的《中國現代文化哲學》（天津：天津人民出版社，1993年）等。此後，1994—1995年，鄭家棟、葉海煙主編的《新儒家評論》一、二輯，由中國廣播電視出版社出版。陳來在臺灣出版論文集《哲學與傳統——現代儒家哲學與現代中國文化》（臺北：允晨文化公司，1994年）。1995年海峽文藝出版社推出了黃克劍另一種關於新儒家的專著：《掙扎中的儒學：論海峽彼岸的新儒學思想》。近幾年，從總體上研究新儒家的著作有：1997年，天津人民出版社出版了方克立先生十年來關於現代新儒學研究的論文專集——《現代新儒家與中國現代化》。同年，廣西教育出版社

出版了鄭家棟的《當代新儒學史論》（應當說明的是，鄭著基本同於他1995年在臺北桂冠圖書公司出版的《當代新儒學論衡》）。與鄭著同時在廣西教育社出版的，還有陳來《人文主義的視界》。1998年，北京圖書館出版社出版了顏炳罡的《當代新儒學引論》。這幾部著作很有深度，力圖對新儒家作出反省超越。廣西師大出版社1999年3月出版的《郭齊勇自選集》，集中了我關於當代新儒學研究的十數篇論文，其中有3篇論文通論這一思潮，有11篇論文分論梁漱溟、熊十力、馬一浮、錢穆、賀麟、唐君毅、牟宗三、徐復觀。本書也應列入這一類。

方克立、李錦全主編的「現代新儒學研究叢書」分人物與專題兩個系列。人物研究系列由天津人民出版社出版，從1993年至1997年，年出一冊，分別是：郭齊勇的《熊十力思想研究》、曹耀明的《梁漱溟思想研究》、張祥浩的《唐君毅思想研究》、呂希晨與陳瑩的《張君勱思想研究》、宋志明的《賀麟新儒學思想研究》。專題研究系列於1992－1994年由遼寧大學出版社出版，分別有：陳少明的《儒學的現代轉折》、鄭家棟的《本體與方法──從熊十力到牟宗三》、韓強的《現代新儒學心性思想研究》、武東生的《現代新儒家人生哲學研究》、李毅的《中國馬克思主義與現代新儒學》、趙德志的《現代新儒家與西方哲學》、施忠連的《現代新儒學在美國》、盧升法的《佛學與現代新儒家》等。其中鄭、韓、武、李著都是方克立教授在南開大學指導的博士論文。此外還有王澤應的《現代新儒家倫理思想研究》（長沙：湖南師範大學出版社，1997年）。

除前述方、李主編的叢書外，百花洲文藝出版社的「國學大師叢書」、北京圖書館出版社的「二十世紀中國著名學者傳記叢書」、人民出版社的「二十世紀名人傳記叢書」等，都涉及到現代新儒家人物研究。

關於熊十力研究，除「熊十力思想國際會議」論文集《玄圃論學集——熊十力生平與學術》（北京：三聯書店，1990年）和前述郭著《熊十力思想研究》外，還有：景海峰的《熊十力》（臺北：東大圖書出版公司，1991年）、郭齊勇的《天地間一個讀書人·熊十力傳》（1994年由臺北業強出版社與上海文藝出版社同時出版）、宋志明的《熊十力評傳》（南昌：百花洲文藝出版社，1994年）、張慶熊的《熊十力的新唯識論與胡塞爾的現象學》（上海：上海人民出版社，1995年）和丁爲祥的《熊十力學術思想評傳》（北京：北京圖書館出版社，1999年）等。《天地間一個讀書人·熊十力傳》收錄了我批評臺灣學者翟志成的兩篇文章。1992年，翟志成在臺北《當代》雜誌發表〈長懸天壤論孤心〉一文，論述1948－1950年熊十力在廣州的經歷和往來函札，砥毀熊氏人格與學問。我的〈爲熊十力先生辯誣〉和〈翟志成「審訂」之〈熊十力佚書九十六封〉糾謬〉二文，在史料考訂的基礎上，予以反駁。這兩篇文章發表於1993年夏在北京召開的國際中國哲學會和1994年2、3月號的《鵝湖》月刊上。這場論戰頗爲引人注目。

關於梁漱溟研究，除前述曹耀明書外，還有：李淵庭、閻秉華夫婦合編的《梁漱溟先生年譜》（桂林：廣西師大出版社，1991年）、馬勇的《梁漱溟文化理論研究》（上海：上海人民出版社，1991年）與《梁漱溟評傳》（合肥：安徽人民出版社，1992年）、王宗昱的《梁漱溟》（臺北：東大圖書出版公司，1992年）、鄭大華的《梁漱溟與胡適》（北京：中華書局，1994年）、景海峰與黎業明合著的《梁漱溟評傳》（南昌：百花洲文藝出版社，1995年）、郭齊勇與龔建平合著的《梁漱溟哲學思想》（武漢：湖北人民出版社，1996年）、李善峰的《梁漱溟社會改造構想研究》（濟南：山東大學出版社，1996年）、鄭大華的《梁漱溟學術思

想評傳》（北京：北京圖書館出版社，1999年）以及馬東玉的《梁漱溟評傳》等。

關於馬一浮研究，有畢養賽主編：《中國當代理學大師馬一浮》（上海：上海人民出版社，1992年）、畢養賽與馬鏡泉主編：《馬一浮學術研究》（杭州：杭州師院印行，1995年）、馬鏡泉等的《馬一浮評傳》（南昌：百花洲文藝出版社，1993年）等。

關於張君勱研究，除前述呂希晨等的《張君勱思想研究》外，還有：劉義林、羅慶豐的《張君勱評傳》（南昌：百花洲文藝出版社，1996年）、鄭大華的《張君勱傳》（北京：中華書局，1997年）與《張君勱學術思想評傳》（北京：北京圖書館出版社，1999年），以及近年由湖南教育出版社出版的陳先初的博士論文《精神自由與民族復興——張君勱思想綜論》等。陳小蘭在已故石峻教授指導下於1995年完成有關張君勱新儒學思想的博士論文。

關於錢穆研究，有羅義俊的論文多篇，有郭齊勇與汪學群：《錢穆評傳》（南昌：百花洲文藝出版社，1995年）、汪學群：《錢穆學術思想評傳》（北京：北京圖書館出版社，1998年）、陳勇：《錢穆傳》（北京：人民出版社，2001年）等。

關於馮友蘭的研究，蔚為大觀。專著有：王鑒平的《馮友蘭哲學思想研究》（成都：四川人民出版社，1988年）、田文軍的《馮友蘭與新理學》（臺北：遠流出版公司，1990年）和《馮友蘭新理學研究》（武漢：武漢出版社，1990年）、殷鼎的《馮友蘭》（臺北：東大圖書公司，1991年）、蔡仲德的《馮友蘭先生年譜初編》（鄭州：河南人民出版社，1994年）、程偉禮的《信念的旅程·馮友蘭傳》（上海：上海文藝出版社，1994年）、李中華的《馮友蘭評傳》（南昌：百花洲文藝出版社，1996年）、

范鵬的《道通天地·馮友蘭》（濟南：山東畫報出版社，1998年）、陳戰國的《馮友蘭哲學思想研究》（北京：北京大學出版社，1999年）、宋志明、梅良勇的《馮友蘭學術思想評傳》（北京：北京圖書館出版社，1999年）等。此外，近年來出版了數種會議論文集，即李中華編的《馮友蘭先生紀念文集》（北京：北京大學出版社，1993年）、王中江等編的《馮友蘭學記》（北京：三聯書店，1995年）、馮鍾璞等編的《馮友蘭先生百年誕辰紀念文集》（北京：清華大學出版社，1995年）、蔡仲德編的《馮友蘭研究》第1輯（北京：國際文化出版公司，1997年）、高秀昌編的《舊邦新命——馮友蘭研究》第2輯（鄭州：大象出版社，1999）等。單純編的《解讀馮友蘭》四冊，1999年由深圳海天出版社出版，他又編有《三松堂主——名人筆下的馮友蘭與馮友蘭筆下的名人》，由上海東方出版中心出版。單純於1997年在牟鍾鑒教授指導下，陳鵬於1995年在湯一介教授指導下完成有關馮友蘭研究的博士論文，迄今未見正式出版。我的同事田文軍教授是馮學研究專家，除前述兩種專著外，他近幾年來又發表了有關馮友蘭與保守主義、與中國哲學史學及馮友蘭的生活方法新論、論鬼神等專論。我也在1998年第三期《中州學刊》上發表了關於馮友蘭哲學及其方法論的內在張力的專論。

關於賀麟研究，有張學智的《賀麟》（臺北：東大圖書出版公司，1992年）、宋祖良與范進編《會通集——賀麟生平與學術》（北京：三聯書店，1993年）、王思雋與李肅東的《賀麟評傳》（南昌：百花洲文藝出版社，1995年）及前述宋志明書等。

關於牟宗三研究，有前述鄭家棟的《本體與方法——從熊十力到牟宗三》、其他的鄭著數種及《牟宗三》（臺北：東大圖書公司，2000年）。顏炳罡著有《整合與重鑄——當代大儒牟宗三先生思想研究》

（臺北：臺灣學生書局，1995年）和《牟宗三學術思想評傳》（北京：北京圖書館出版社，1998年）。王興國在方克立先生指導下於2000年完成博士論文《從邏輯思辨到哲學架構——牟宗三哲學思想進路》。

關於徐復觀的研究，有李維武編的論文集《徐復觀與中國文化》（武漢：湖北人民出版社，1997年）與專著《徐復觀學術思想評傳》（北京：北京圖書館出版社，2001年）。我的同事李維武教授是徐復觀研究專家，近幾年來他還發表了有關徐復觀的文化哲學、中國文化、政治理想、道家思想及其與孫中山、唐縱的比較等專論。中山大學蕭濱在李錦全教授指導下作的關於徐復觀的博士論文《傳統中國與自由理念——徐復觀思想研究》，已於1999年在廣東人民出版社出版。

方克立指導的李翔海的博士論文《尋求德性與理性的統一——成中英本體詮釋學研究》1998年在臺北文史哲出版社出版。郭齊勇指導的單波的博士論文《道德理想主義的重建——唐君毅哲學思想研究》已於1997年獲得通過，2001年將由人民出版社出版（改書名為《心通九境》）。此外，羅義俊關於牟宗三，蔣國保關於方東美，滕復關於馬一浮，田文軍關於馮友蘭的新著也即將問世。

三、研究重點

關於當代新儒家前兩代代表人物的研究，一直是大陸學界關注的重點。從哲學上看，熊十力和牟宗三當然是重中之重。

我的碩士論文《熊十力及其哲學》出版於1985年，博士論文《熊十力思想研究》完成於1990年，出版於1993年，指導教師是蕭萐父

教授。我認為，熊氏作為第一代現代新儒家中對形上學建構有興趣的學者，為現代新儒學思潮奠定了一個基礎。他的「境論」即是他的本體論與宇宙論。他是保留了傳統儒學之宇宙論的學人。他重建大本大源，把「本心」解釋為宇宙本源與吾人真性，是具有能動性的創生實體。他的本體論是「仁」的本體論，涵有內在──超越、整體──動態、價值中心、生命精神的意蘊。在整個現代儒學思潮中，他在精神上啟導了唐、牟、徐。重建本體是熊的關鍵性思考。他的形上學建構，特別是終極實存的思考和道德形上學的創慧，在牟宗三那裏得到充分發展。他的「體用不二」之論，特別是道德自我開出文化建制的思想，在唐君毅那裏得到充分發展。他的歷史文化意識，在徐復觀那裏得到充分發展。熊先生雖然沒有寫出「量論」（認識──方法論），但他對「性智」與「量智」、「體認」與「思辨」、「表詮」與「遮詮」的討論，即包含在他的「境論」之中。熊十力的「澄明」之境，是在良知的具體呈現中體證、契悟天道。這與馮友蘭的新實在論的思考方式完全不同，也不是馮友蘭的「負的方法」可以代替的。熊先生高揚了東方的本體玄思，即在澄明狀態中的存在之思。我們不妨說，這是牟宗三的「智的直覺」、杜維明的「體知」的先導。我的研究還涉及唯識學與熊氏新論在「性覺」與「性寂」上的不同，即儒、佛心性論上的差別。

以下我介紹鄭家棟、顏炳罡對牟宗三哲學的研究。中國社會科學院研究員鄭家棟認為，牟宗三依據儒家哲學（特別是宋明理學）的本心、性體、良知概念，詮釋和改造康德的自由意志，把康德作為「理念」、「設準」的自由意志本體化、實體化，使之成為一個普遍的、絕對的、貫通道德界與存有界、決定一切也創造一切的形上實體，

由此跨越了康德所嚴格遵守的自然世界和應然世界之間的界限，取代和消解了康德哲學中的物自身和上帝觀念，把康德成就的「道德的神學」改造爲儒家形態的「道德的形上學」。

山東大學教授顏炳罡認爲，牟宗三由早期的邏輯學走向哲學認識論，再走向文化意識的闡揚，進而重建道德的形上學，最終歸於圓教與圓善。牟先生的兩層存有論（執的存有論與無執的存有論）是以中觀西，以西觀中，交參互入，圓融會通的結果。而「德行優先性於知識」、「人雖有限而可無限」、「人可有智的直覺」是其完備的道德的形上學的三大根據。牟先生的道德形上學把中國傳統哲學推展到一個前所未有的高度。牟氏道德的形上學進一步向上翻，即逼出圓教與圓善的觀念。圓教源於佛教天臺宗，圓善源於康德哲學。圓滿的善就是道德與幸福之間實現恰當的匹配。牟氏認爲，圓善的實現不能像康德那樣以上帝作保障，而儒家的自由無限心本身就是德福一致之機。眞正的圓教在儒家。作者認爲，牟先生從境界形上學的角度解決了圓善問題。

鄭家棟認爲，就方法而言，在梁、熊、馮、牟等人那裏，儒家哲學的重建已經經歷了一個由具體（直覺、體認）到抽象（知性分析），再到理性的具體（「即存有即活動」的辯證思考）的過程。這裏有一個問題就是如何引進西方哲學的概念系統、分析方法來詮釋中國哲學。就主導傾向而言，西方的學理是理智的、分析的，中國精神則是實踐的、體證的，二者之間必然存在著某種張力。如何使這兩方面完滿地統一起來？實踐型的中國哲學能否眞正實現「分析的」重建？在這些方面，當代新儒家的努力和嘗試具有不容忽視的價值。鄭家棟又認爲，伴隨著由傳統書院向現代學院的轉化和學理化、知識化

的過程，理論與實踐之間的張力亦表現得日益突出：儒學正在遠離實際生活過程，喪失其知行合一的實踐品格，單純地成爲一種專業研究的對象，成爲一種知識系統和專家之業。儒學之作爲身心性命之學的眞正危機，不是來自外在攻擊，而是來自專業大潮衝擊下「知」與「行」的內在分離。如何重建儒學與實際的生活世界的聯繫，或許是更爲重要、更爲艱難的課題。

中國大陸地區學人對第二、三代當代新儒家的興趣日隆，有關唐、牟、徐，有關杜維明、劉述先、成中英研究的論文漸漸多了起來。郭齊勇指導胡治洪、姚才剛分別做有關杜維明、劉述先的博士論文，正在進行之中。

關於所謂「後『現代新儒家』時代」的討論亦在大陸展開。一般認爲，1995年牟先生逝世標誌這一時代的到來。亦有人認爲，余英時1991年發表《錢穆與新儒家》即標誌這一時代的到來。根本上是「新儒家」與「新儒學」、「尊德性」與「道問學」的疏離和「一元」向「多元」的發展。實際上，牟宗三晚年非常強調知識理性和「爲學」。余英時批評「良知的傲慢」，指出熊、牟一系是「教」而不是「學」，把乃師錢穆與自己從「新儒家」中劃開。劉述先的〈如何正確理解熊十力〉、〈對於當代新儒家的超越內省〉等文❸強調「當代新儒家的重心逐漸由道統的擔負轉移到學統的開拓、政統的關懷」。成中英明確區分「新儒家」與「新儒學」、「價值」與「知識」，強調以批判的理性（而不是內在體驗）爲方法，裁決眞實性與現實性，在客觀性的基礎上建立知識（而不是在主體體驗的基礎上印證價值），以知識探討爲價值判斷、選擇或重建之基礎（而不是先肯

---

❸　劉述先：〈如何正確理解熊十力〉，臺北：《當代》，1993年，第81期。

定價值，再尋求知識手段，以實現價值理想）。❹所謂第三代現代新儒家已不再泥執「道統」意識，有更寬廣、更開放的文化視域。即使是杜維明，雖然爲儒家的源頭活水流向世界而不懈陳辭，堅持儒家的核心價值，推動儒學的第三期發展和重建，並展開文明對話（特別是與基督教、伊斯蘭教的對話），但他關心的主要是儒學作爲世界文化的一種精神資源對於現代人生活和全球倫理之可能發生的影響。從「文化中國」等課題的闡釋都可以看出，這已經不是在內聖基礎上開出新外王，或堅持在道統意識的基礎上開出新政統與學統的問題。此外，臺灣《鵝湖》學派已在調整、分化與改組。中國大陸學人更重視包括儒家、道家、佛家等在內的多種精神資源的開發及對於時代課題、制度建構、民間社會、日常生活和世界現實多重問題的回應。這至少表明，當代新儒學或當代新儒家的討論，的確引起大陸學人的廣泛關注，大有裨益於大陸思想界的健康發展及與世界上各思潮的對話、溝通。❺當然，筆者認爲，我們不必急於談論「超越牟宗三」或「後新儒家」問題，對於當代新儒家還有一個理解和消化的過程。例如學界還有很多人並不瞭解牟宗三或新儒家，只是人云亦云地把牟的深度哲理簡約化爲「企圖以老內聖開出新外王」云云。

　　此外，我們還應注意，大陸研究新儒家的專業從業員並非鐵板一塊，同樣在變化著。方克立教授對羅義俊、蔣慶等先生的若干論著提出了較嚴厲的批評，認爲他們過於認同新儒家而有越界之虞。❻

---

❹　成中英：〈當代新儒學與新儒家的自我超越：一個致廣大與盡精微的追求〉，北京：《新儒家評論》，1995年，第2期。

❺　參見洪曉楠：〈也談後新儒家時代〉，北京：《哲學動態》，1997年，第7期。

❻　方克立：〈現代新儒學研究十年回顧〉，吉林：《社會科學戰線》，1997

劉啓良1995年在上海三聯出版社出版的《新儒學批判》及在《湘潭大學學報》1995年第1期上發表的〈新儒學十評〉，筆者認為相當簡單化，對這一思潮、代表人物與著作及研究現狀未作透徹瞭解，批判太過，其論著的學術規範性不夠。至若根本沒有讀過當代新儒家任何一種著作，抓住隻言片語，就橫加指摘的，也大有人在。當然，也有一些研究者逐漸加深了對當代新儒家的理解，進而在為道、為學諸方面體驗生命的學問。

四、問題意識

　　學界對現當代新儒學思潮和人物的研究，活躍了關於文化、思想、學術的思考並提出了諸多問題，配合學界其他學者與其他討論，萌生了問題意識。

　　1、跳出傳統文化與現代化二元對峙的模式，並由此反省現代性，重新思考東亞精神文明與東亞現代化的關係問題。東亞現代化不僅僅是對西方衝擊的被動反應，傳統與現代不僅僅是單線遞進的關係。東亞諸國的現代化有自身的內發性，是在世界與東亞、世界與中國互動背景下自身的調適與發展的歷程。東亞現代化有自身的精神、制度、人才資源。當代新儒家提出了現代性中的傳統、現代性的多元傾向和從民族自身資源中開發出自己的現代性的問題。杜維明指出：「不能只把現代化當作一個全球化的過程，也不能把現

年，第2期；〈評大陸新儒家推出的兩本書——《理性與生命》（一）（二）〉，太原：《晉陽學刊》，1996年，第3期。

代化當作一個同質化的過程,更不能把全球化當作一個西化的過程。正是全球化的意識,使得根源性意識越來越強。也正是這一原因,我們……特別突出現代性中的傳統。」❼現代性在西方諸國有不同的內涵和特質,其在東亞及世界其他地區也應當有不同的形式、內容與精神。當代新儒家充分重視協調世界思潮與民族精神,整合世界性與根源感、現代性與民族本己性。全球化問題在我國大規模地討論之先,當代新儒家思潮已經提供了不同於啓蒙理性的新的思路,率先體認到現代化不等於西化,不同地域的文明都蘊藏著現代的、普遍的價值,可以進行創造性轉化。全球化絕不意味著某一種話語霸權的進一步擴張。在東亞諸國家和地區的現代化過程中,其地域與民族的文化大傳統和小傳統已經並將繼續起著巨大的多重作用,在一定層次或程度上創造並豐富著現代化、現代性的新模式。

2、「文明對話」與「文化中國」。梁漱溟在新文化運動末期已經開始了跨文化比較與對話的工作,雖不免粗疏,卻代表了一種思路。唐君毅起草的,唐君毅、牟宗三、徐復觀、張君勱聯署的1958年〈中國文化與世界宣言〉❽,雖因強調一本性而遭到不少批評,但平心而論,他們的〈宣言〉和其他豐富的有高度學術水準的論著、講學,具有深刻的意義。現代新儒家爲跨文化比較、對話和融合做了大量的工作。文明衝突在歷史上和現時代已屢見不鮮,唯其如此,文明對話與溝通才尤顯重要。文明對話與溝通如何可能呢?首先是

---

❼ 杜維明:〈人文精神與全球倫理〉,武漢:《人文論叢》,武漢大學出版社,1999年,第29頁。

❽ 唐君毅:《中華人文與當今世界》,臺北:學生書局,1975年。

民族文化精神的自覺自識。如果某種非西方文明或所有的非西方文明失掉了本己性，成爲強勢文明的附庸，恰恰使文明對話成爲不可能之事。第三代新儒家更強調開放性。杜維明指出：「文化與文化的交流，不是零和遊戲，不必採取你爭我奪的方式，越交流雙方的資源就越多。如果以發揚傳統精緻文化爲基礎，和西方深刻的價值進行溝通，我們應向兩方面開放，要向當代西方而不是狹隘意義上的工具理性和只突出富強價值的西方，而是當代西方之所以成爲西方的精神源頭充分開放。要瞭解基督教、猶太教、回教在西方文藝復興時所起的積極作用，瞭解古希臘的哲學智慧，瞭解中世紀的發展對西方的影響。」❾「文化中國」的問題雖然並非當代新儒家首倡，海內外各方面學者均有論述，但近年來以杜先生闡釋最多。事實上，除了地理中國、政治中國、經濟中國、軍事中國之外，確實有受中國文化不同程度浸潤或影響的地域與人群，謂之爲「文化中國」未嘗不可。這些地域與人群的現代生存樣態、價值意識、思維方式、心理結構，的確與多元性的中國文化有千絲萬縷的聯繫，對整個世界未來的多元、良性發展起著積極的作用。

3、儒家價值與全球倫理、環境倫理、生命倫理。20世紀90年代以來，世界宗教、文化學者非常關注世界倫理的問題。這顯然必須調動世界各宗教、文化、倫理的資源。鑒於當代紛爭的世界需要取得倫理共識與普遍和諧的相處之道，1993年，天主教背景的孔漢斯（Hans Kung）教授起草的《世界倫理宣言》爲出席世界宗教大會的

---

❾　杜維明、袁偉時：〈關於文化中國若干問題的對話〉，廣州：《現代與傳統》，1995年，第4期。

不同宗教的代表所簽署。該宣言把包括孔子在內的、世界上各文明、各宗教的原創性的思想家提出的「己所不欲，勿施於人」的原則放到了重要的地位。孔子的這一思想有助於國家間、宗教間、民族間、社群間、個體間的相互尊重，彼此理解與溝通。《世界倫理宣言》能否為聯合國所通過，那是另一個問題，但有關此問題的熱烈討論，實屬客觀需要、大勢所趨、理所當然。當代新儒家學者努力參與了全球倫理的建構。劉述先在這一背景下闡揚儒家的「為己之學」及「仁義禮智信」等核心價值觀的現代意義。他尤以宋儒「理一分殊」的睿識，來解決既尊重差別又平等互待的問題，並接通傳統與現代、一元與多元。❿調動儒家資源來參與新的環境倫理、生命倫理的建構亦已成為熱點。《中庸》中天、地、人、物各盡其性的原則為歷代儒家所重視，這的確是生態與生命倫理的一個重要的生長點。「盡己性、人性、物性即是讓天地萬物各遂其性，各適其情，即是參贊天道，反之，參贊天道即在於能使自己、他人和天地萬物都得到充分的生長發展，得以各盡其性分。」⓫儒家主張「仁者與天地萬物為一體」，儒學中的自律、仁愛、不傷害、公義原則等，均有重大的價值和世界意義。

4、儒學與現代民主、與自由主義的關係。現代新儒家的三代代表人物都重視接納西方近世以降的自由、民主、法治、人權的價值，多有創獲。他們在政治訴求上並不保守，在民主政治的理念與制度

---

❿ 劉述先：《儒家思想意涵之現代闡釋論集》，臺北：中研院文哲所籌備處，2000年，第225－249頁。

⓫ 李瑞全：《儒家生命倫理學》，臺北：鵝湖出版社，1999年，第65頁。

建設（例如憲政）上，在以德抗位，批評權威方面絕不亞於自由主義者（例如胡適）。梁漱溟、張君勱、徐復觀就是其中的佼佼者，熊十力、唐君毅、牟宗三在理論上也有不少建樹。❷自孔孟以來，儒家的政治主張與道德原則相配合，其中可以作爲現代民主政治之資源的頗爲不少。對政治化的儒學也不必一概否定，而需要做具體的歷史的分析。儒學的經世原則，對社會政治的參與與批評，民貴君輕思想，及歷史上與之相應的結構、制度，均不能一言以蔽之，咒曰「骯髒的馬廄」。對民間社會、言論空間，道統、學統、政統、治統的相對制衡，新儒家多有發揮。關於本土政治、法律資源的開發，關於「儒家自由主義」的概念，學術界有多方面的討論，亦成爲當代新儒學的又一向度。我以爲，就自由主義者必須具有的獨立的批評能力和精神，必須具有的道德勇氣、擔當精神而言，就自由、理性、正義、友愛、寬容、人格獨立與尊嚴等自由主義的基本價值而言，就民主政治所需要的公共空間、道德社群而言，就消極自由層面的分權、制衡、監督機制和積極自由層面的道德主體性而言，儒家社會與儒家學理都有可供轉化和溝通的豐富資源。

5、儒學的宗教性與超越性。這是第二、三代當代新儒家的理論創識。當代新儒家學者不是從制度儀軌的層面而是從精神信念、存在體驗的層面肯定儒學具有宗教性的。性與天道的思想亦即儒家的宗教哲學。安身立命的「爲己之學」具有倫理宗教的意義。儒家的「天」與「天道」既是超越的，又流行於世間，並未把超越與內在

---

❷　參見何信全：《儒學與現代民主──當代新儒家政治哲學研究》，臺北：中研院文哲所籌備處，1996年。

打成兩橛。❸關於當代新儒家的「超越內在」說，海內外學者都有不少批評，以為「超越」不能同時是「內在」的。但現當代新儒家與傳統儒家在基本品格上是一致的，他們更為關心的不是認識論，而是價值論、本體論問題。這樣，「超越」一詞也不是在認識論上講的，而是從本體——境界論上去講的。所謂的「超越性」指的是神性、宗教性，又可以表示現實性與理想性或者有限性與無限性之間的張力❹。依據「天人合一」這樣一種理念，高高在上的天道與人的「良知」、「本心」是相通不隔的，如果「天道」、「天」具有神性，那麼，說人之「良知」、「本心」也因此獲得神性，應是能夠成立的。為何在儒家看來，「宇宙心靈」和「個體心靈」可以渾化為一，原來，所謂「天」，是具有神性意義的天和義理之天，並不是指的外在於人的自在之物，而「天」也是一個本體——價值論的概念，其認識論意味是十分淡薄的。如果從認識論角度來看「盡心、知性、知天」，又把天看成外在的客觀存在，便顯得難以理解，像「心外無物」這樣的說法就只能是瘋話了。超越性與宗教性雖不是完全相同的概念，但是在現當代新儒家的心目中，二者是相通的。因為，超越的「天」完全沒有認識論意味，而只是價值之源。如果超越性被理解為神性、宗教性，而天人又是相通不隔的，那麼，以「內在超越」來解釋傳統儒家的思想便不是不可理解了。換句話說，超越的價值理想追求，可以通過人的修身增德而在充滿人間煙火的

---

❸ 參見郭齊勇：〈當代新儒家對儒學宗教性問題的反思〉，北京：《中國哲學史》，1999年，第1期。

❹ 李明輝：《當代儒學之自我轉化》，臺北：中研院文哲所籌備處，1994年，第146頁。

紅塵中實現。這樣一種超越,的確與西學中的超越有所不同。它不需要也很難得到認識論意義上的、實證主義方式的「證實」,而需要的是儒者的身體力行,自證自信。

此外還有許多問題,例如儒學的草根性或者儒學與生活世界的關係、儒學與女性主義的關係等等,都爲當代新儒家所關切,限於篇幅,不能盡述。

五、前　瞻

現當代新儒家是在文化失範、意義危機的時代應運而生的思潮、流派,在不同時期針對中外不同的思想文化問題,其論域亦在不斷改變。總體而言,這一流派繼承光大了中國人文精神,對世界現代病提出了中國人的批評反省。目前西方人文學界的主潮不再是針對「神性」,而是針對「物性」,即針對著科技和商業高度發展所導致的「物」的泛濫和「人」的異化而展開批判。通過當代新儒家的弘揚,中華人文精神完全可以與西學、與現代文明相配合。它不反對宗教,不反對自然,也不反對科技,它可以彌補宗教、科技的偏弊,與自然相和諧,因而求得人文與宗教、與科技、與自然調適上遂地健康發展。

當代新儒家陣營正在分化、重組的過程中。近幾年來有「新儒家」與「新儒學」之辨,有「知識」與「價值」的二分,也有「後牟宗三」「後新儒學」的崛起。海峽兩岸的儒家學者在互動中彼此靠攏、位移的事也多所發生。林安梧發表了「後牟宗三」或「後新

儒學」的提綱，提出「儒學革命論」⓯，強調重視「氣」論，重視客觀面，回到船山學，多少受到大陸學者的影響。大陸研究者中也在發生分化，亦不乏由同情的理解到對新儒學之價值更加認同者。

新儒家學者的關切也有所區別。杜維明、劉述先關心儒家與基督教、伊斯蘭教的對話。杜維明重視的是儒學作為世界文化的一種精神資源對於現代人生活和西方、全球之可能發生的影響。劉述先認為，當代新儒家由道統的承擔轉移到學統的開拓、政統的關懷。成中英強調，應當以批判的理性而不是內在的體驗為方法，在客觀性的基礎上建立知識而不是在主體體驗的基礎上印證價值，應以知識探討為價值判斷、選擇或重建之基礎，而不是先肯定價值，再尋求知識手段以實現價值理想。

在過去不到20年的時間裏，中國大陸關於當代新儒家的研究工作，在資料整理和義理闡釋方面都取得了長足的進步。我相信，在未來10年間，將增強反思性和交叉性，彌補一些專題、專人研究上的薄弱環節，更加深入細膩，更加符合學術規範。研究對象的論文、著作之原著原版原發表報刊，編纂得比較好的全集、年譜、年表、日記、書札等，無疑是研究者的主要依據。但是，不肯去查原件原著原版原發表報刊，是一個很普遍的問題，我看到不少論著，甚至博士論文，引述的主要是各類選集本，這是有毛病的。（當然，編纂得比較好的選集本不是不可以用，但要慎用。）更有甚者，有的「作者」對已有研究成果置若罔聞，有的「作者」所引材料抄自別人的論著，靠二轉手、三轉手，甚至連史實、論證過程和結論都抄，問題更大。

⓯　參見林安梧：《儒學革命論──後新儒家哲學的問題向度》，臺北：學生書局，1998年。

　　關於現代新儒學的研究，在大陸已有了近20年的歷史，再根據《輯要》這類選本，寫一點議論式的文章，已不行了，必須有詳細、準確的史料學、文獻學的基礎。例如，每一家都要有翔實可靠的全集、年譜，特別要整理出日記、信札等資料。對於整個思潮，幾位大的代表人物之間，這些代表人物與門生故舊之間的關係，一代與二代，二代與三代之間，還應做詳細的而不是粗疏的合譜、學案、思潮年譜、合傳等。對於所有的事件，內外部爭論，有關的雜誌、刊物，所涉及到的所有的人與事，對於師友弟子之間的互動關係，一定要有詳細的可靠的資料。要有師友弟子記之類的東西。沒有這樣一些工夫，只是尋章摘句，浮面上講講，是缺乏史料基礎的。現在對於現當代新儒學的研究，還不如對於宋明理學家的研究。我們不能錯失良機，要紮紮實實地做資料工作。所有的玄學議論，必須建立在這個基礎上。

　　中國大陸學者更重視包括儒、釋、道等在內的多種精神資源的開發及對於時代課題、制度建構、民間社會、日常生活和世界現實多重問題的回應。新儒家的研究大有裨益於思想界的健康發展及與世界上各思潮的對話、溝通。最後，我相信，這一研究將有助於活化中國傳統的精神遺產，促進全球化與本土化的互動，養育出有根基的思想大師。

　　（本文是作者2001年5月應德國Trier（特裏爾）大學邀請，前往該校做客座教授時講學的內容之一，其間還以此為內容到Leipzig（萊比錫）大學演講。本文的一部分刊載在2001年第2期黑龍江大學學報《求是學刊》上，2001年3月。）

四、序跋評論彙集

讓儒學的活水流向世界

——《杜維明文集》編序

　　哈佛大學杜維明教授以全部的身心致力於儒學的創造性詮釋和儒學的現代化與世界化的偉業。他不僅艱苦卓絕地在北美「傳道、授業、解惑」，影響了眾多的西方學者與學生，而且風塵僕僕，席不暇暖，來往於北美、西歐、東亞、南亞之間，以仁心、學養、慧解、聽德與辯才，通過歷史研究及哲學分析，代表儒家與世界各大宗教、各大思想傳統，與現代思潮諸流派交流對話，開拓了西方儒學論說空間，並且返輸東亞與中土。他是當代最忙碌、最具活力的儒家型的公眾知識份子，集學術研究、培育學生、人文關懷、社會參與於一身，回應當代世界的諸多問題，對西方的現代化與「現代性」，對西方以外的「現代性」及現代人的存在危機作出了具有哲學意義的反思，創造性地提煉、轉化東亞文化和儒家文明的核心價值觀念並將其傳播、貢獻給人類社會。

　　杜維明先生的學術生涯，至目前為止，大體經歷了三個時期或階段。1966年至1978年為第一個時期。1966年，他決心鼓起心力對儒家的精神價值作長期的探索，以此作為自己專業上的承諾。他努

力詮釋儒學傳統，並爲推進一種既有群體性又有批判性的自我意識而努力。1978年至20世紀80年代末爲第二個時期，他的關懷重心在闡發儒家傳統的內在體驗和顯揚儒學的現代生命力。這一時期，他所關注並拓展的論域有「傳統與現代」、「儒學創新」、「儒學三期」、「工業東亞」、「東亞核心價值」、「軸心文明」等。20世紀90年代迄今爲第三個時期，他進一步拓展論說領域，更加關注「文明對話」、「文化中國」、「全球倫理」、「人文精神」、「啓蒙反思」、「印度啓示」、「臺灣意識」、「新軸心文明」等問題，這些論域與「儒學創新」緊密相關。在多元文化的背景中以及全球化與本土化交互影響的氛圍裏，如何爲儒學第三期發展開拓理論和實踐空間，是杜先生1978年以來關注的焦點。面對21世紀，杜先生批評西方的話語霸權，積極參與關於儒學與宗教、儒學與生態環保、儒學與人權、儒學與政治自由主義、與新馬克思主義、與女性主義或女權運動、人文精神、全球倫理的的對話，尊重並回應各方面對儒學和現代新儒家的批評，倡導儒學之活的精神在當代學術、商業、企業、媒體、民間社會、社會運動、政治制度與意識形態等各領域、各層面發揮積極作用，並身體力行。

　　杜維明的儒家論說，不在概觀，也不在知性鋪陳與體系建構，而是如孟子和馬賽爾（G.Marcel）所說的「掘井及泉」──從具體存在通向普遍價值，重在鑽研、挖掘、創造性詮釋儒家思想的內在精神與現代意義，重在人類學、倫理學而不是形上學。

　　杜先生對儒學的一個最基本的信念，就是認爲它所講的做人的道理，可以適用於全人類。它的價值取向，在於如何使人深入到身、心、靈、神各個層面進行通盤的反省，在於促進人格的無窮無盡的

發展，從個人修身，一直到成聖成賢。杜先生認為，它的意義，絕對不僅僅限於道德實踐的範疇，而是有著相當深厚的宗教內涵。聖賢人格作為體現其超越性的最高理想，卻可以激勵人們進行長期不斷的奮鬥，成為現實世界中的人體現其生命價值的內在動源。這種理想人格、理想境界的追求，不排斥宗教，且具有深刻的宗教內涵和終極信仰，又可以具體地落實到現實世界的日用倫常、外王事功與自我修養上來。這是儒家的「哲學的人學」。儒家的人文主義與宗教精神並不相悖。

針對20世紀人類最重大的問題——「人的問題」（人是什麼？何為人？人的意義？），人與超越界、自然界、天下、國家、社群、家庭之關係的疏離（異化），文化與文化之間、宗教與宗教之間、族群與族群之間、個體與個體之間的衝突緊張，杜先生自覺突顯儒家修身、為己之學。杜先生的長處在於，他極其敏銳地發現西方社會當下所面臨的種種問題，以他對西方現代人類學、社會學、比較宗教學、神學、分析心理學、歷史學和哲學（特別是存在主義、現象學、詮釋學與新馬克思主義）的深刻理解，通過對韋伯、帕森斯、哈貝馬斯，宗教存在主義者馬丁·布伯、保羅·蒂利希、馬賽爾的批評吸取，通過與史密斯、列文森、史華慈、陳榮捷、狄百瑞、艾律克森、羅伯特·貝拉、赫爾伯特·芬加勒特等思想家師友們的切磋問難，反過來檢視、批評並創造性轉化儒家思想的諸多層面，尤其是其價值內核。杜先生以儒家的人論（人的觀念、人性、人的價值、做人、成人、人際關係、道德自我）為中心，全面而又有重點地闡發了儒家人文資源與東亞價值理念。

杜先生的學術思想淵源不僅僅是孟子學與陸王心學，不僅僅是

先秦與宋明儒學，不僅僅是前兩代的現代新儒家（特別是唐君毅、牟宗三、徐復觀先生等）而且還包括上述西方思潮與學者。在一定的意義上，我們可以說，現代西方思潮與學者對他的影響更大。他以多元開放、廣結善緣的心態和虛懷若谷、寬容豁達的聽德，與歐美或亞非的學者們不斷地對話，受到他們提出的諸多問題的「問題性」或「問題意識」的啓發，再進一步修正自己的看法，又作出新一輪的回應。因此，杜先生始終抓住儒家身心性命之學及其核心價值，不斷闡發，不斷挖掘，不斷完善，不斷溝通。這不僅是由具體語境造成的，而且是針對著活生生的提問者背後潛藏的「問題意識」的。換言之，杜先生提供給當代世界的是儒家傳統的最基本的資訊，他的論說在一定意義上是儒家對人類所永恒關注的和當下緊迫的那些問題所作出的有自覺性的答復。杜先生是一位開放性的新儒家，他反對劃地自限，反對自小門戶，反對狹隘性，提倡胸量、心量、「仁量」，尊重佛教、道教、基督教（廣義的）、伊斯蘭教等各宗教與思想傳統，尊重儒學內部和各國儒學的各種思想傳統。正如他多次指出的那樣：儒家、儒學不專屬於中國；從歷史上看，韓國、日本、越南均有自己的儒學傳統；從現實上看，隨著東亞社區遍及全世界，隨著「文化中國」的存在與「文明對話」的深入，儒學作為多元文化中的一支健康的力量，正在積極參與全球現代化的建設。

杜先生的解釋理路及論說之創新要點，大體上有這樣一些：

1.人與天道、自然的「存有的連續」

中國傳統哲學及其宇宙論的基本特點是連續性、有機整體性、動態性和辯證發展，即把宇宙看作是連續創造活動的展開，把宇宙，

同時也把自我看作是流行不已、創造轉化的開放系統。人與天道、自然取得和諧，並且參與天道、自然創造活動的前提是自身的內在轉化。

2、身體的重要性與「踐形」和「體知」

中國哲學沒有身心二元的分剖。儒家重視身、形、體及其修養和訓練，強調「修身」、「身教」、「身體力行」、「身心之學」和「體察」、「體味」、「體認」、「體會」、「體證」、「體驗」、「體之」或「體知」，表明用具體的經驗在生活中實踐，用整個的身心去思考，是成為真實的人的途徑。從身（體）、心（知）、靈（覺）、神（明）四層次發展人格的身心性命之學，是把文化密碼建立在生物密碼基礎上又徹底轉化生物實質，使其具有豐富的文化內涵的人學。「體知」超越了西方認識論的結構，包含了腦力智慧、心靈與身體，在宗教體驗、美學欣賞、道德實踐和理性認知中均起著重要的作用。

3、儒家的「自我」——多重關係網絡的中心及其不斷擴充與轉化

杜先生把儒家的主張看作是在一個不斷擴展的多重關係的圓周中的自我的發展。這可以由一層層的同心圓來表示：家庭、鄰里、各種形式的群體、社會、國家、世界，以至宇宙、超越界等等。這些同心圓的最外一圈是開放的，不是封閉的。個人與家庭、社群、國家、人類、自然、天道之種種關係，在自我的發展中是重要的、不可或缺的。儒家的「自我」既避免孤立絕緣的自我中心，又不喪

失個體的獨立性；不約化社群，而是要通過社群；通過社群然後才能通天。儒家「自我」的發展是雙軌的，一個是橫向或平面的擴充，一個是縱向或立體的深化。以上兩個動態過程整合的結果是人格的造就，是天、地、人三材的融合。

4、道、學、政等向度的展開

　　傳統中國的社會空間較大。傳統儒生關切民生與政治，批評當下，參與社會，重視文化價值，具有現代「知識份子」的某些精神。所謂「道」，是核心價值、終極信念；所謂「學」，是學術傳承；所謂「政」，是經世實踐。這三者是相互配合的。儒生修養自身，具有道德資源和人格力量，有抗議精神，追求並護持「道」。在儒家，道德的正當優先於政治上的利害。儒家的民本思想、抗議精神、批判精神與以德抗位的傳統中，有可以與現代政治自由主義相配合的因素。

5、仁與禮之間的創造張力

　　「仁」是內在性的道德，有形而上的理據，有道德宗教的涵義。合於「禮」、實行「禮」（社會關係）的過程是人性化的過程，它可以被看作是「仁」在特殊社會條件下的外在表現。人不能沒有「禮」而生活，它是當下社會的規範、標準、秩序，但如果失去了「仁」，「禮」會變成形式教條或支配性的社會強制，使人不成其為真實的人。孔子消弭「仁」與「禮」之間的衝突的方法，在於維持著兩者之間的創造性緊張，並且從事道德的自我修養。

6、儒學的宗教性

軸心文明時代，世界上幾大文明幾乎同時出現了「超越的突破」。過去西方學術界把「超越的突破」理解為一元上帝的出現，肯定外在超越的實體，以作為對現實意義世界的最後評判標準。這是以猶太文明的特定模式作為典範的。以此來理解中國的天、道、上帝，印度的梵天，佛教的涅槃，結果都出了偏差。後來有思想家對「超越的突破」進行修正，提出以「第二序反思」的出現作為軸心文明的特色。反思的物件可以是超越外在的上帝，也可以是人本身，也可以是自然。杜先生認為，中國的「第二序反思」是儒家所代表的對人本身的反思。這一反思包括具體活生生的個人、自我，個人與群體，人與自然，人與天的關係等四層面。儒學的宗教性就是要在凡俗的世界裏體現其神聖性，把它的限制轉化成個人乃至群體超升的助源。儒家有它獨特的終極關懷，並與社會實踐緊密結合，這是一個體現宗教性的特殊形式。儒家的內在資源非常豐富，其宗教性、超越性有特殊的義涵，我們不要在沒有深入研究之前就匆匆消解掉了。

7、「啓蒙反思」

18世紀歐洲啓蒙運動興起的時候，歐洲最傑出的思想家們是以中國，特別是儒家傳統作為重要的參考系的，他們突出儒家的理性主義，反對神學。19世紀的啓蒙文化是歐洲中心主義的。1987年以來，特別是90年代以來，杜先生反思的「啓蒙心態」，不是指歷史現象，不是指哲學理念，而是指「心靈積習」。這種「心靈積習」

在現代中國起了很大的作用。西方「啓蒙心態」所代表的人文精神的特性是人類中心主義，強調工具理性，而不是溝通理性，突出實用、功利。例如，富強是價值，不能富強就是非價值。這種人類中心主義的另一層意思是反對神性。杜先生認爲，五四運動以來，中國知識界主要崇尚的是這種具有排斥性、侵略性的人類中心主義，即反自然、反宗教、反傳統、反精神價值的現實主義、功利主義、物質主義、科學主義和單線進步觀，而忽視了宗教信仰、社會習俗、人與人之間的交往禮儀、體現愛心的渠道、心性修養、民間藝術等等的存在意義，甚至要消滅漢字、中醫、古建築等，取消具有民族性、民間性的豐富多樣的宗教、語言、倫理、藝術、習俗。其實，各種類型的社會資本和文化資本都有深刻的意義與價值。五四以來成爲強勢的「啓蒙心態」，不能提供足夠的資源，讓我們面對21世紀。我們應該有更高的人文關懷，有更豐富的意義領域。生態環保、多元宗教的思考有助於我們反思「啓蒙心態」。對啓蒙價值——個性自由、理性、法治、人權等等，今天都需要作出重新思考和超越，並相應輔以群體公益、同情、禮儀教化、責任等等價值。對具有普遍性的現代性因素——市場經濟、民主政治、市民社會、個人主義，在肯定的前提下，也應作出反省、批評與轉化。

8、「文化中國」

文化的資訊與政治、經濟、軍事的資訊同樣重要。與政治中國、經濟中國、軍事中國不同，文化中國的內涵包括三個意義世界，第一個意義世界包括中國（大陸、臺灣、港澳）與新加坡，也就是由中國人或華人所組成的社會，第二個意義世界是散佈在世界各地的華人

社會,第三個意義世界指所有關切中國的國際人士,特別是學術界、政界、工商界、新聞界中研究中國的人士。每一個意義世界內部、三個意義世界之間,正在加強良性健康的互動。正確估價、重新發掘西方的與本土的文化資源,從比較文明的角度討論全球意識與尋根意識之間的交互影響,全球化與地方化之間錯綜複雜的關係,有助於克服「精神資源薄弱、價值領域稀少」的病症。

9、「文明對話」

杜先生認為,軸心時代的主流思潮,如印度的印度教和佛教,中東的猶太教和以後發展出來的基督教及伊斯蘭教,希臘哲學,中國的儒家和道教,既是人類共有的精神遺產,又是現代文明的組成要素。文明對話的重點是探討軸心時代的精神傳統和本土宗教之間健康互動的可能。原住民的文化習俗、本土宗教的精神面貌、生命取向,與西方笛卡兒以來心物、身心、主客、天人二分的理念不同,而與軸心文明的基本信仰相近。全球化趨勢正激烈加深根源意識並導致本土化的回應,地域、族群、宗教信仰、語言、性別、階級、年齡的矛盾衝突屢見不鮮,有時甚至相當尖銳,這表明文明間理解、溝通與對話的必要。「9.11」事件發生之後,杜先生對美國政府所奉行的單邊主義立場提出了批評。早幾年他就指出,新的對話條件已經出現,儒家倫理能夠為全球文明對話提供資源,而資源發掘工作要靠公眾知識份子。

10、「全球倫理」

1993年開始,世界各地進行了「全球倫理」的討論。全球主要

的宗教代表把「己所不欲，勿施於人」視爲人類和平共存的基本原則，並寫進《全球倫理宣言》。儒家認爲，「己所不欲，勿施於人」是恕道，是人與人之間相處的消極原則，與之對應的積極原則是忠道，即「己欲立而立人，己欲達而達人」。儒家的仁愛，正是忠恕之道一體兩面的展開。杜先生指出，這兩條原則應成爲人類「責任宣言」的基本原則。你的生存發展與我的生存發展不是零和遊戲，而是寬容、溝通、雙贏。他進一步指出，儒家「愛有差等」進而推己及人，惻隱之情的向外推展，及「仁者與天地萬物爲一體」的觀念，應視爲人類與自然協調、平衡、和諧的原則。

以上十點，核心是「儒學創新」。杜認爲，儒家人文精神的重建能繼承啓蒙精神（自由、理性、法治、人權和個人尊嚴等基本價值）而又超越啓蒙心態（人類中心主義、工具理性的泛濫、把進化論的抗衡衝突粗暴地強加於人、自我的無限膨脹），並充分證成個人、群體、自然、天道，面面俱全的安身立命之坦途，能夠爲新軸心文明時代提供以下思想資源：一、個人自我之中身體、心知、靈覺與神明四層次的有機整合；二、個人與社群乃至社群與社群之間的健康互動；三、人類與自然的持久和諧；四、人心與天道的相輔相成。杜認爲，對西方現代文明所提出的挑戰作出創建性的回應，正是儒學第三期發展的起點。

關於這些方面，他都有專門的論述和獨到的見解，是我們編的這部文集的最核心、最重要、也最能啓發新思的內容，我在這裏就不一一贅述了。

從方法論上說，杜先生的論著給我們的啓示是多方面的。比方說，在全球意識與尋根意識之間，在本土知識（或原住民文化，或非西

方、非主流的語言、文化）與全球化之間，我們以什麼樣的視角加以照察？杜先生提供了一種思考維度。一方面，他批評了把現代化視為西化，把全球化視為同質化、一體化之過程的觀點，肯定保持全球化與本土化之張力的意義，肯定多元的語言、文化各自的價值；另一方面，杜並沒有陷於特殊主義、多元主義、相對主義或所謂後現代主義的境地，反而強調從特殊到普世性，提揚某些特殊知識與文化的世界意義，重視普遍價值。一方面，杜深刻檢討啟蒙理性、工具理性、人類中心主義，肯定生態環保、女性主義、多元文化和全球倫理思潮對啟蒙的挑戰；另一方面，他充分認識啟蒙價值，肯定啟蒙精神，肯定「五四」。一方面，杜主張消化西學，指出中國文化有許多「內在富源」都因為在西方傳統中找不到適當的範疇來格義，而被遮蓋甚至被埋葬，批評所謂科學方法論對於非西方傳統的自身問題性、方向性和動力性的漠視與肢解；另一方面，他又不反對運用西方觀念和方法來討論中國哲學、歷史與文化，認為適當借取、靈活運用許多源於西方的觀念、方法來解析中國思想很有意義，只是要明瞭其局限性方能成功。當然，杜先生不是折衷主義者，他強調反思不是「對著幹」。

杜先生批評用歸約主義的方式來討論歷史文化問題，他不認為儒家思想是官僚制度、士大夫等社會上層的意識形態，是權威主義的政治文化，指出用所謂大小傳統二分的觀點來看待大小傳統結合、鄉村與都市結合、滲透到各不同階層的生命形態的儒學，是大有問題的。他認為儒家傳統的精神資源來自歷史意識、文化意識、社會意識、主體意識、超越意識。杜先生對儒家、儒學的負面也有清醒的認識，有鞭辟入裏的分析與相當尖銳的批評。他絕不是多烘

先生。

　　這部文集是迄今為止第一部相對完整的杜維明論著的結集。在收入第一卷的《三年的畜艾》、《人文心靈的震蕩》、《儒家自我意識的反思》三種論文集中，我們通過作者負笈北美，遊學歐洲、東亞與印度的感悟與體驗，不難窺見這位著名學者閃光的思想和特殊的心路歷程。在中西文化的碰撞交融中，作者身臨其境，身處交流對話的第一線，獲得巨大的心靈的震撼。面對現代化的挑戰，作者的回應不是浮面的、趕潮式的，而是深深地思考了不同地域、種族、民族、宗教、語言、性別、階層、年齡之間的對話問題，特別是深層次的、不同民族之文化精神資源在當代的調適作用的問題。我相信這些內容，可以啓發讀者理解東西方文明傳統與當代生活世界的關係，並作出全新的估價，獲得新的體驗與反思的動力。

　　與前述三種帶有心靈感受、隨筆、雜感式的文本不同，收入第一卷的最後一種《儒學第三期發展的前景問題》和收入第二卷的兩種著作《新加坡的挑戰》、《現代精神與儒家傳統》，則屬於對話、講演、講義的類型，是經過他人與作者整理後的心傳、口說、論辯、講課的筆錄。杜的第一時期至第二時期的主要思想發展，都可以從這三種書面化後的口說、演講中找到其軌跡。

　　與前兩卷不同，第三卷與第四卷的大部分則是純學術化、學理性、專業性的論文與論文集，而且這些論著的原本均是英文。數十年來，杜先生嫺熟地運用英漢雙語從事教學、研究、著述和演講，其學術性的論著多數為英文本。杜先生英語的聽、說、讀、寫能力之強，在英語世界是有一定知名度的。他能躋身於美國的主流社會，執教於名牌大學，與他的英語能力當然有一定的關係。他用英語把

具有特殊義涵的中國經典和名相,精確、流暢地表達了出來。我國譯者把他的專業學術論著翻譯成漢語,是相當不容易的事情。過去坊間出現的杜著《人性與自我修養》、《儒家思想新論——創造性轉換的自我》兩種漢譯本,都有不少錯訛。

本文集選取最好的本子爲底本(漢文論著也是如此)。收入本集的漢譯本,的確有校正坊間流傳本的某些訛誤的作用。例如收入第三卷的《儒家思想——以創造轉化爲自我認同》,以經過林同奇教授校正的臺北東大圖書公司1997年版爲底本,此次我又請鄧輝博士依英文原版再作了校訂。收入第四卷的《仁與修身——儒家思想論文集》,以經過張端穗教授校正的臺北聯經出版公司1992年版爲基礎,又採用了現在在斯坦福大學的邵東方博士再次校訂的稿本爲底本。(這部著作的書名,我們恢復了原名——「仁與修身」,而不是「人性與自我修養」。)儘管這些譯本很可能還有不少毛病,但至少可以校正過去漢譯單行本的許多比較大的問題。

即使是對翻譯質量屬於上乘的譯本,例如友人段德智、林同奇二教授譯校的《論儒學的宗教性——對〈中庸〉的現代詮釋》,收入本文集時,我也請問永寧博士據英文本作了校訂,我又仔細地核對了引文資料及其出處,糾正了單行本的某些疏失。由於引文資料所據版本的不同和引注方法、體例的不同,譯者常常很難處理資料問題,稍不過細,就會出錯。在編本集的過程中,我們盡可能核對了原文及其出處,也校訂了原文中一些人物名號、生卒年方面的手民之誤。

錢文忠教授已是名滿天下的大家,中西學養的底子甚厚,由他來翻譯《道、學、政——論儒家知識份子》,是再恰當不過的人選。

他與盛勤教授翻譯本書時，一位在香港，一位在長崎，當時查找引
文資料十分費勁，加上杜先生有的引文所據的是哈佛燕京圖書館的
特藏本或別人的孤本，因此增加了難度。要保留杜著原文之精采，
又依上下文靈活、恰當地表達名詞與思想，力求做到「信、雅、達」，
眞是非常艱苦的工作。

　　感謝吾友朱志方教授專爲本文集翻譯了杜著《宋明儒學思想之
旅——青年王陽明（1472－1509）》一書及專論一篇。杜先生的《青
年王陽明》原是以他的博士論文爲基礎出版的英文著作。杜維明於
1968年向哈佛大學「歷史與東亞語言博士學位委員會」提交了博士
學位論文《尋求自我實現：王陽明思想形成時期研究（1472－1509）》，
並獲得通過。該論文的指導教授是赫赫有名的史華慈先生與楊聯陞
先生。業內人士都知道這兩位已經作古的前輩的份量。這一博士論
文經過作者修改之後，於1976年在加州大學柏克萊出版。朱譯是這
本書的第一個漢文譯本。杜先生與王陽明相契的一點是：存在的感
受性很強。杜著發掘陽明早期思想的變化過程，討論究竟是哪些家
人、師友、經歷、際遇，促成了陽明確立「成聖」的人生追求，並
對此作了歷史學與社會學的還原和哲學與心理學的探索。不用說，
在翻譯過程中，與段德智兄一樣，朱志方兄也利用了在哈佛大學做
訪問學者的機緣，與原作者反復磋商譯事。返回武大後，在有關引
文資料、譯名方面，譯者與我反復商量，同時也得到鄭文龍先生的
幫助。第四卷收錄的一組譯文，均是第一次譯成漢字的，在這一方
面，我得到了譯者曾曉平副教授和一些博、碩士生的大力支持。非
常感謝本文集所收論著的所有的譯校者，還有演講、訪談的所有的
記錄、整理者。

　　第四卷的一部分與第五卷是把不見於前幾卷的杜先生的單篇論文和少量演講、訪談錄等，按照問題意識與論域編織而成的。杜先生這方面的資料頗多，而我以避免重複和注重學術性為原則加以簡擇。這種選汰是否合理，當然可以研究。分成如此八個問題或類別是否妥當，把不同的文章分別歸於某些問題或論域是否準確，我自己也拿不準。例如杜先生有的文章涉及面很廣，而我只取了其中部分內容加以歸類，當然難免削足適履。這樣編的好處是，便於讀者把握作者致思的一些趨向性和作者關注的焦點問題。反過來，我又要特別強調，關於某些問題，例如「文明對話」、「宗教向度」、「體知」、「文化中國」等，並不是說杜先生只有歸於此類的幾篇文章談及，甚至也不一定是這幾篇文章談得最好，這是要請讀者諸君特別注意的，以免發生誤會。讀者要理解這些問題，還是要全面把握杜的整體思想脈絡，還是要從全部文集中查找。前面我已說過，限於體例，凡前幾卷收錄的文章，這裏不再重複收錄，相近的演說與訪談錄，也只取一種。此外，第四卷之一部分與第五卷所收單篇文章，乃至全部文集所收論著，時間跨度約35年，作者本人的某些思想、提法有了不少變化，這是無庸贅述而要留待研究者們去研究的問題。

　　杜先生關於儒學第三期發展和新軸心文明的設想，在「人文精神」、「文明對話」、「文化中國」、「啓蒙反思」、「全球倫理」、「東亞價值」等論域中的討論，關於儒學的宗教性及儒佛、儒耶的對話，關於儒家與自由主義、女性主義的對話和對環境生態倫理的參與問題，關於儒家的「自我」、「內在經驗與體知」、「身、心、意、知、物」之關係的創造詮釋，關於文化認同與創新、從特殊到

普世性的考量，關於現代性、全球化的反思，都與現代和未來的中國與世界有著密切的關聯。

杜先生的創意，在國際國內的思想界有較大的反響。爲了相對完整、全面地瞭解學貫中西的人文學者杜維明先生的思想，滿足學術思想界的需要，我們搜集、簡擇、整理、出版了這部文集之簡體漢字版。雖不能謂之「全」，但也基本上囊括了杜的主要著述。如上所說，我們力圖選取善本，又請人重新譯校過，因此是比較可靠的資料。對於做研究的人來說，我們當然只能依賴完備、翔實的第一手資料，主要是研究物件的原著、原本或據善本整理的全集或相對完善的集子。近些年我之所以參與編輯、整理《熊十力全集》和《杜維明文集》，就是想爲學界提供做研究的資料基礎。

1998年上半年在哈佛訪學期間，我多次參與哈佛儒學研討會、波士頓儒家、哈佛新儒學研究小組、康橋新語的學術活動，發表演講，討論問題，多次與杜先生對談交流，也多次與林同奇教授交換對新儒家與杜維明思想的理解，獲益良多。本序吸收了杜維明、林同奇二教授的觀點與看法，謹致謝忱。

編輯這部文集的構想，是我1998年訪學時向杜先生提出來的。徵得他的同意，我就與杜先生的助手鄭文龍先生聯手做起來了。在整整三年的時間裏，鄭文龍先生爲此事付出了不少的心血和精力，盡可能查找、提供杜先生的各種文本資料，幫助解決英文本版權等諸多問題。我們之間頻繁地用電子郵件溝通資訊，商量克服諸種困難的方法，合作得非常愉快。第五卷附錄的年譜簡編和著述目錄的初稿、二稿都是鄭文龍先生做的。鄭先生搜集杜著，編制目錄，費時不少。我又請專攻杜先生學術的博士生胡治洪君反復修訂，爲讀

者提供進一步研究的線索。鄭先生於2001年6月離開哈佛，最後一點掃尾工作是由哈佛燕京學社的助理李若虹女士協助辦理的。她也非常敬業。

在我這一方，搜集資料，統一譯名，編稿，校對等工作是非常細瑣又非常重要的。我得到了我校中國哲學專業博士生胡治洪、樂勝奎、孟娟鵑和碩士生黃熹、孫邦金、張盈等同學的熱忱幫助，他們都費了不少心血。出版社在漢口西邊，學校在武昌東邊，爲了方便編者與責任編輯間的聯繫，送原稿與校樣，黃熹同學等常常來往於兩地，灑下了辛勤勞動的汗水。

杜先生和我十分感謝臺北聯經出版事業公司、臺北東大圖書股份有限公司、北京三聯書店、上海人民出版社和武漢大學出版社對於本文集的支援。這些出版單位的負責人和單行本的責任編輯非常大度，使有關的版權問題順利地得到解決。

最要感謝的當然是武漢出版社。該社以雄厚的人力、財力、物力資源，切實地關懷與支援人文學的發展。彭小華社長兼主編很有眼光，十分爽快地同意了這一選題，並制定了高質、快速出版這一套文集的方案。鄒德清主任和全社各位同仁，爲本文集的順利出版做了大量的細緻的工作。衷心感謝他們對於中國當代思想界的貢獻。

至於本文集編稿工作中的疏失，俱應由我個人負責。

郭齊勇

2001年大暑前後初稿，
2002年立春前後修訂，於珞珈山麓。

（《杜維明文集》，中文簡體字版，五卷本，2002年4月由武漢出版社出版。）

游神淡泊　冲和閑靜

——讀錢穆《湖上閑思錄》

　　本書乃國學大師錢賓四先生的隨筆集。1948年，作者回到家鄉太湖之濱，靜觀時變，日與閑雲野鷗、風帆浪濤作伴，在湖山勝景中閑思遐想，以四個月時間，將平素心得凝結成此三十篇文字，集爲一卷。作者有深厚的學養，偶得忙裏偸閑的機緣，遂應哲學家謝幼偉先生之約，曠觀中西，縱論古今，以平實的語言和暢達的筆觸，表達豐富的哲思與深邃的睿智。本書每篇文章不過兩三千言，娓娓道來，卻字字珠璣。每篇文章看似互不連貫，卻渾成一體，自有內在的理路和一以貫之之道。

　　請不要小看這薄薄的九萬字的小冊子。倘若我們要有所得，則請「把自己的心情放閑些」，從容不迫，一天讀一、二篇或二、三篇，慢慢咀嚼，細細品味，個中三昧，庶幾能體會一二。現代人太忙碌了，倉卒匆忙於商場官場，或課堂工地上，或文山會海間，或奔競，或計算，或鬥法，或酬酢，各種俗務瑣事佔滿了我們的時間，各種資訊知識塞死了我們的頭腦。

　　宋儒程顥有詩云：「閑來無事不從容，睡覺東窗日已紅。萬物

靜觀皆自得，四時佳興與人同……」今人已沒有這種閒情逸致了。我們的身體累了，需要放鬆，心情累了，也需要放鬆。中國儒釋道三教都講「虛靜」、「無爲」、「空靈」，其實不是叫你不幹事，不是叫你不想問題，恰恰是讓你在繁忙之中稍事休息，暫時地「空」掉對外在事物的執著與攀援，調整心態，給予「思想」以時間與空間。現代社會猶如飛速運轉的大機器，我們都被綁在上面，沒有了自性，也沒有了閒暇，尤其是思想的閒暇。所謂「靜觀」、「空」、「無」之類，是讓我們從忙碌的事務中超拔出來，沈潛安靜地想一想問題，以超然的心態，退而省思，擺脫利祿計較和俗世牽累，鬆弛身心，淨化靈魂，陶養性情。

老子說：「致虛極，守靜篤。」又說：「有之以爲利，無之以爲用。」莊子說：「嗜欲深者，其天機淺。」本書作者發揮道：「古代人似乎還瞭解空屋的用處，他們老不喜歡讓外面東西隨便塞進去。他常要打疊得屋宇清潔，好自由起坐。他常要使自己心上空蕩蕩不放一物，至少像你有時的一個禮拜六的下午一般。憧憬太古，回向自然，這是人類初脫草昧，文化曙光初啓時，在他們心靈深處最易發出的一段光輝。」（P20）又說：「物質的人生，職業的人生，是各別的。一面把相互間的人生關係拉緊，一面又把相互間的人生關係隔絕。若使你能把千斤擔子一齊放下，把心頭一切刺激積累，打掃得一乾二淨，驟然間感到空蕩蕩的，那時你的心開始從外面解放了，但同時也開始和外面融洽了。內外彼此凝成一片，更沒有分別了。你那時的心境，雖是最刹那的，但又是最永恒的。」（P21）在佛教看來，刹那即是永恒。

科學技術發展了，世界的網線拉緊了，物質生活、職業生活愈

趨分化，社會愈複雜，個人生活愈多受外面的刺激和捆縛，人與人、心與心之間愈顯隔漠，層層心防，身心交瘁。權力、金錢、財貨、美色，一旦某人陷溺於彼，功利心太急迫，注意力太集中，情緒太緊張，表現欲太旺，排它性太強，必然窒塞、遮蔽了知慧天機，無論多聰明的人，都會變成低智熵的愚笨者。作者告訴我們，解脫的路徑和不二法門是：不妨去讀幾篇《莊子》，或禪宗公案，或宋明理學家的語錄，放鬆些，散淡些，把心靈的窗戶敞開，通風透氣，使心態安和，精神平靜，一切放下，學會悠閑、恬淡與寧靜，到達一種大自在的境界。

　　人生有種種的意義與價值，有種種的境界。作者把人生分別爲物質的與精神的。在精神人生中，又分別爲藝術的、科學的、文學的、宗教的與道德的。食色性也。物質生活，衣食住行，飲食男女，人之大欲存焉。此即人之最基礎的需要。但人之所以爲人，在於他有超乎肉體之外的生活，有不同於禽獸的層層生命之境。「若使其人終身囿於物質生活中，沒有啓示透發其愛美的求知的內心深處，一種無底止的向前追求，則實是人生一最大缺陷而無可補償。人生只有在心靈中進展，絕不僅在物質上塗飾。」（P82）作者認爲，藝術與科學是由人之愛美與求知的心靈所發掘所創造的。藝術的人生與藝術的境界，可以鼓舞你的精神，誘導你的心靈，提升你的審美，健全你的個性與人格。科學的人生，在眞理探求的無窮的過程中達到忘我的境界。科學家有豐富的個性與人格，但科學家在眞理發現上又要超越這些個性與人格。文學的人生，即透過欣賞作品直接領悟眞切的情感的生命與生活。情與愛，苦與樂，生與死，悲歡離合，成功失敗，作品直接呈露了也代作者與讀者渲泄了某種生命感悟，

而上乘的文學作品，則透顯了作者的個性、人格、智慧、幽默、美感，寄寓了理想追求。故中國人總是崇拜陶潛與杜甫。在西方，宗教與科學貌異神近，科學追求與宗教信仰有不解之緣。宗教之境又是文學人生的昇華。人也是宗教的動物，人的生活總需要某種信念、信仰的支撐，總有某種超乎於世俗關懷之上的終極關懷。作者指出：「性善論也只是一種宗教，也只是一種信仰。性善的進展，也還是其深無底。性善論到底仍還是天地間一篇大好文章，還是一首詩，極感動，極深刻，人生一切可歌可泣，悲歡離合，盡在性善一觀念中消融平靜。」（P84）

作者認為，人生總是文學的，也可是宗教的，但又該是道德的。「其實道德也依然是宗教的，文學的，而且也可說是一種極眞摯的宗教，極浪漫的文學。道德人生，以及宗教人生，文學人生，在此眞摯浪漫的感情噴薄外放處，同樣如藝術人生、科學人生般，你將無往而不見其成功，無往而不得其歡樂。」（P85）人生的這幾種境界和價值是相互穿透的，但在作者看來，道德的境界是最高的境界，道德的人格是最高的人格。孔子、釋迦、耶穌，這些世界上最偉大的人格，無不繼續復活、新生、擴大、發展。「一切宗教人格之擴大，莫非由其道德人格之擴大。中國人崇拜道德人格，尤勝於崇拜宗教人格。崇拜聖人，尤勝於崇拜教主，其理由即在此。」（P90）人文歷史上的一切藝術、文學、宗教、道德之最高成就，都是一種內心自由的表現，是一種融通人我之情，然後向外伸展之無上自由。

作者指出：「東方人以道德人生爲首座，而西方人則以宗教人生爲首座。西方人的長處，在能忘卻自我而投入外面的事象中，作一種純客觀的追求……中國人的主要精神，則在能親切把捉自我，

而即以自我直接與外界事物相融凝……若說中國人是超乎象外，得其環中，則西方人可說是超其環中，得乎象外了。西方人最高希望應說能活在上帝心中，而中國人可說是只望活在別人心中。」（P90）作者說這是中西人生論上一向內一向外的區別或偏倚。

　　我對作者關於「神」與「聖」的比較頗感興趣。我認為，「神」與「聖」的旁落或消解，是當今人類文化面臨的最大問題，此與生態環保、社群倫理、人心安頓不無關聯。其救治之道，是要借助人類各文明、各宗教的精神資源，並予以重釋重建。西方基督教肯定的是一元外在超越絕對的上帝，此不僅如作者所說，由創世說使尚神論者關注人類以外的世界與萬物，逼出了自然科學的發展，也不僅如韋伯所說，由加爾文教徒非理性的求得救贖的心態，反逼出了理性化的資本主義精神，我認為更其值得珍視的，是這種外在超越與內在道德理性的關係。按康德的理解，人屬於經驗（感覺）的與超驗（理智）的兩個世界。當人的意欲擺脫經驗的因果關係而接受超驗的原因的影響時，他就從經驗世界皈依了理智世界，他的道德情感感受到神聖的力量，上帝被想像為神聖規律的立法者。但康德反對消極地等待上帝的救贖與恩寵，在肯定神聖的宗教情感和信仰對道德實踐的推動作用時，更加肯定人的道德努力。在康德的自由意志、絕對命令、道德設準等一系列解說中，仍然是道德理性第一，宗教信仰第二。

　　按錢穆的理解，中國人是「崇聖」的而不是「尚神」的。雖然中國思想中有一種「泛神論」，物物之中，木石瓦礫之中皆有神性，且中國民俗中確有不少民間信仰的不同的「神」，但與西方大傳統的一元超絕至上神相比，中國大傳統則是聖人崇拜。神國在天上，

聖世在地下。神國在外，聖世在己。中國思想沒有天國人間、經驗超驗的二分法。中國的儒釋道三教皆認爲人人都有成聖人，成眞人，成至人，成佛陀的可能。聖世就在世間，就在現世。「東方的神秘主義特別在其觀心法，使己心沈潛而直達於絕對之域，把小我的心象泯失去了，好讓宇宙萬有平等入己心中來。西方神秘主義則不同，他們要把全能無限的神作爲對象，捨棄自己人格，而求神惠降臨，攝己歸神，進入於無限，此乃雙方之不同。因此東方神秘主義不過擴大了一己的心靈，泯棄小我，而仍在此人世界之內。西方神秘主義則轉入到整個世界以外之另一界。換言之，東方神秘主義乃是依於自力而完成其爲一聖者，西方神秘主義，則是依於外力而獲得了神性。」（P64）

　　本書中頗多二元對比的論說，有若干中西比較的方法與結論，在今天則需要修改了。但貫穿本書始終的精神，特別是對於人文學科與人文精神的提揚，對於中國典籍與思想的理解，則不僅沒有過時，而且很有針對性。作者推崇古人的敏感，我很推崇作者的敏感，此即爲嗜欲淺者的天機畢露。作者早在50年前就自覺地反思「現代性」的問題，自覺地討論傳統與現代的關係和現代性的多維性問題，檢討「進步」、「進化」的觀念，今天讀起來，仍覺得啓發良多。

　　（錢穆著：《湖上閒思錄》，北京：三聯書店，2000年9月第1版；本文是作者應《中國圖書商報》編輯的邀請，爲錢著寫的一篇書評，刊載於該報2001年1月11日第6版。）

守先待後：世紀之交的文化暇想

一、百年省思

　　20世紀是我國傳統精神資源飽受摧殘的世紀。無論是自由主義還是激進主義或其他流派思潮，都把民族的文化視爲現代化的絆腳石，不加分析地毀辱傳統，極大地傷害了民族精神之根。在歐風美雨的衝擊之下，中國文化陷入深層的困境：價值系統崩潰、意義結構解體、自我意識喪失、精神世界危機。

　　我的朋友、在美國約翰‧霍布金斯大學攻讀哲學博士學位的楊效斯先生去年曾在給我的信中說：百年來我們不能不以西方近代以來的文化（物質的、制度的、思想的）作爲參照來反省自家的文化，而這就有意無意地承認了中華文明的失敗和悲劇性的現狀，百多年浮面的西化即是對西方文明的恐慌性反應和一定程度的自我羞辱。今天，我們又以中國傳統的心理和文化精神，特別是其宇宙觀和人生觀作爲參照來反省西化、工業化、商業化給地球生態和人之爲人的「本性」所帶來的損傷。而這就又有意無意地承認傳統的外王學（包括科學與制度文明）等等並非都是糟粕，西方的外王學並非都是精華，特別是，傳統的內聖學如何能在當今的世界發生效用。

　　現代化運動在從易北河以西向東、向南不斷轉移推擴的長期過

程中，就曾不斷受到不同民族、地區的知識精英的批評。文化啓蒙與資源認同、現代性與民族歸屬感、個體發展與國家富強、世界大勢與民族文化個性，並不是對立的兩極。

在跨越21世紀之際，人們逐漸認識到西化和泛西方化的思維定勢需要修正和檢討。在目前的價值失範、道德危機面前，在回應當代世界的多重矛盾的背景下，我們需要以健康的心態，以多維的價值系統、評價尺度和詮釋維度審視、疏導傳統，並視之爲我們現代化的內在基礎、內在資源和內在動力。「現代性」需要重新界定。「現代性」決不只是西方制度、理念與價值的普遍性。但西方制度、秩序、理性、自由、平等、人權和法治，又是非常重要的參照。其中的單向度性、平面化的缺弱，需要發掘東方傳統的政治資源、道德資源、價值資源予以調劑、互補與互動。從一定意義上來說，本世紀是疏離、背棄自己的傳統資源的世紀，而下世紀將是重新認同、擁抱自己的傳統資源的世紀。

沒有哪一個民族的現代化是脫離本民族精神資源的陶養的。一個多世紀以來，我們幾代人對民族文化的傷害太嚴重了，尤如我們幾代人對生態平衡的破壞一樣。所有這些，都不可能不帶來懲罰。人的危機，特別是人的素養（包括道德素養）的危機無疑將帶來負面的影響。「爲往聖繼絕學」亦是「爲萬世開太平」，而今天的知識份子，對「往聖」太缺乏同情的理解。

20世紀中國教育的最大失誤莫過於使我們幾代人已經離開了傳統精神家園，失去了東方人生智慧和德性的陶養。自《馬氏文通》以來，文字、語言的教育完全糟蹋了漢語之美，弄成了非驢非馬的文字，這從我們今天中小學語文（而不是國文）教學和莫明其妙的考

題上都可以看出來。我們這一代和下一代，已不能讀通古典，起碼的字都不認得。至於在精神資源和道德文明上，我們並沒有吸納西方之眞善美以改善國民的精神人格，同時又大大失卻了古已有之的眞善美價值。

20世紀中國教育的重大失誤是背離人文主義的教育傳統，使教育目的、職能、功用、方法日趨單面化。教育決不只是「工具理性」的，不應該只服從或服務於某種淺近直接的目的，甚至只服從或服務於某種需要或福利。教育是人類、民族千秋萬代的偉業，自然有它豐厚多重的「價值理性」的層面，而容不得「短視」。教育在文化傳承方面，包括人類文明，特別是我們的「國學」，我們悠久的民族傳統文化的傳承方面，有著它獨立的價值。教育決不只是知性的教育，更重要的是人文的教育。教育的目的在於培養一代代素養極佳的人才，在於培養社會的批判精神、批判意識，在於發展全面的人格，在於重建理想和崇高，在於活化民族的精神資源。人文精神的熏陶，可以幫助我們的社會和我們的學生克服文化資源薄弱、價值領域稀少的弊病，正如美國哈佛大學著名學者杜維明先生經常說到的那樣。

二、資源活化

人們現在常常議論傳統美德。我們在什麼樣的語境中討論中國傳統道德資源的活化問題呢？

首先，東亞（特別是中國）經濟的崛起，爲我們在文化精神上擺

脫對西方的依附狀態提供了前提條件。人們開始以新的視域審視「現代性」，反思現代化、文化傳統及二者的關係問題。勿庸贅言，經濟生活與文化小傳統有著頗大的差距，不可同日而語。相應的，經濟生活與文化大傳統的差距就更加巨大了。儘管如此，東亞的現代騰飛畢竟打破了韋伯理論的限制，連帶著打破了一切以西方現代化的模式為唯一參照標準的思想範型，打破了對西方社會科學方法論之普適性的迷信。

　　傳統東亞社會與現代東亞社會之間有著密切相連的精神紐帶，儘管百多年「脫亞入歐」的「社會轉型」（即前現代向現代的過渡）使東亞社會的種種面相日趨歐美化，然而傳統的精神資源，沈澱在小傳統中的忠、孝、信、義、緣、報等信念在東亞經濟起飛的民間生活中仍然起著作用，當然也發生了適應性的變遷，包括揚棄了愚忠愚孝等。仁愛、慈悲等道德意識，儒釋道三教關於天、地、人、物、我之相互感通與整體和諧的觀念，通過種種渠道和不同層次的中間環節，在中、韓、日及東南亞各國家和地區的現代化過程中已經並將越來越起著重要的作用。

　　其次，人類在現代工商社會中享受著高度物質文明帶來的福報，同時也痛苦地品嚐著同樣是高度物質文明賜下的酸果。現代化使人類的精神生活日趨文明、高雅，同時也投下了不祥的陰影，人類的和族類的精神生活面臨著種種的危機，家、國、天下的疏離病痛正在加劇，功利至上和物質主義正在日甚一日地吞噬著人類最美好的精神追求，金元掛帥和錢權交易的滲透力，已經使得人們驚呼：要守住良知、拒絕墮落都十分不容易了！

　　全人類的有識之士都開始從價值合理性方面對前現代文明中的

宗教、藝術、哲學、倫理、道德等等的現代意義作深入的挖掘和汲取。基於人文價值和終極關懷的危機和現代社會亟需的意義治療，重新檢視中華民族傳統核心價值觀念的轉化工作，不能不是我們民族的新一代的知識份子的責任。

再次，以儒釋道三教思想爲核心的東方智慧，與其他各個文明，特別是西方現代文明的相互吸收和融和，是即將到來的二十一世紀的重要文化走向。儒教倫理和其他傳統精神資源是現代社群整合和高速經濟增長的關鍵變項。其動態穩定的有序平衡的社會架構和修身爲本、修己愛人、自省慎獨、自尊尊人、敬業樂群的君子人格，是建立一個有文化修養的高度文明優雅社會的可現代化的因素。傳統價值觀的合理汲取與轉化，不僅可以和高度經濟增長並行不悖，而且是它們的必要補充，是有序、健康的現代化的必需。

有鑒於此，我們需要以平和的心態與古代的聖賢、智者作平等的心靈交流和思想對話，珍視和尊重他們的智慧！人類文明史上的原創性思想智慧，可以給現代人和現代社會提供精神資糧，並幫助我們克服浮躁心態。

傳統農業社會的社會架構和政治體制已經消失，但並不意味與之相結合過的價值觀念、道德意識、思想與行爲方式都失去了存在的合理性。這是思想繼承的前提。繼承傳統當然不意味著「復古」和「保守」。批評傳統思想的負面，否定、清除其思想弊病，去蕪存菁，作出創造性的選擇和詮釋，以符合現代社會和現代人的需要，正是我們的職責。但我們需要綜合整體地省視傳統社會與傳統文化，包括其價值觀念、大小傳統的變化和在一定時空條件下的多重作用，並作切實的中西比較，切不可信口開河，輕率武斷地作出情

緒化、簡單化、片面化的結論，或因對當下的感悟而遷怒於古人。

「五四」時代，人們呼喚「德」、「賽」二先生，並掀起「打倒孔家店」的運動，這是時勢所不可免的。今天，我們仍然要大力提倡增強國民的科學與民主的素養，仍然要批判當年「五四」先驅們批判過的國民的奴隸性格等陰暗面和成為專制主義意識形態的儒學（主要是被官方歪曲利用的程朱理學）的負面，特別是後者對人性的宰制、對思想自由的窒息。但另一方面，我們又不能不看到，僅僅以西方近代的科學觀與民主觀作為尺度，是不可能正確衡估前現代文明中的民俗、宗教、藝術、哲學、倫理、道德等等豐富多彩、深長久遠的價值的。我們也不能不看到，不分青紅皂白地否定包括傳統道德在內的一切文化遺產給我們帶來了巨大的民族性的損傷，是極其有害的。

毫無疑問，我們要努力建設現代化的、民主法制的、有制約機制的、健全合理有序而健康的社會結構，要師從西方現代化的可貴經驗。毫無疑問，我們必須繼承和光大百年來我國社會中道德精神和倫理文化的巨大變革性的優秀成果，包括學習西方而涵化、整合進現代中國人的意識和行為中的現代道德觀念。

三、守先待後

20世紀的學術思想史昭示我們，真正深刻的、有識見的思想家不是浮在潮流表面的聲名赫赫的人物，而是潛光含章、剖視時俗之弊，把握了民族精神底蘊的人物。他們以整個的身心、全部的生命，

抗拒著工業化、商業化、現代化的負面對人性的肢解，抗拒著歐風美雨狂飆突進時代所造成的民族文化生命的衰亡，捍衛、弘揚中華民族歷史文化傳統的精華，並加以創造性的現代重建。

作為知識份子，作為教師，良知和職份不允許我們媚俗，不允許我們追逐時尚。無論是西方還是東方，知識精英運用傳統資源批判現代化的負面，正是現代化健康發展的動力之一。現代化運動涵蓋著反現代化（修正、批評現代化的負面）。現代化需要有多種不同的聲音，否則不可能有健康的發展。

我現在最為欣賞的四個字是「守先待後」。一個多世紀的「變異」、「趨新」，似乎使我們目不暇給、迷離失據。「變易」之中當有「不易」，「趨新」之中當有「守成」。有變無常，有為無守，有革無因，有化無文，不能謂之常道。外無法制秩序，內無道德良知，既未學到西方之真，又拋棄了傳統之美，孰能謂之正道？有的知識界「精英」還在那裏趕潮、起哄，似乎自然環境、人文環境，都可以先污染後治理，美其名曰「代價意識」。背離、疏遠、肢解、喪失民族的形上睿智，以及禮俗、風習、藝術、宗教、道德、哲學……如果是現代化的代價，那其實是太沈重的代價。實際上，健康的現代化不一定要全盤的背離、糟蹋民族文化的種種特點和資源，無論是原發型的還是所謂次生型的現代化都是如此。

我相信，國民精神的重建需要許多知識份子從不同側面、不同層次反思中西文化，反思新老傳統，促進各思潮各範型的互動。我十分理解許多先生所強調的制度建構、理性精神和西學價值的生根問題之重要性，但在各種不同的聲音中，有所「守」的聲音是應當給予一定地位的。每位學人都有自己的定位，都有自己的職份，都

有自己的學問宗主。我所從事的中國哲學的教學和研究，以及近十多年的生存體驗，使我感到我的根本責任在「守」。守住民族精神的根本，守住知識份子的氣節、操守、良知，守住做人和爲學的本份，守住老一輩學問家和哲學家嚴謹、正直的爲人爲學之道，守住先聖先賢的絕學，在守之中爭取有所創獲，以待來賢，以俟解人，或許正是社會、歷史、民族、文化賦予我等的使命。不同的思潮，不同的價值取向，不同的聲音，不同的職責，不同的學術宗主，有一個生態的關係，可以互補互滲，不必相互排斥。

《詩經·大雅·文王》曰：「周雖舊邦，其命維新。」我們這裏以「舊邦」喻指古老的祖國和中華民族，以「新命」喻指現代化的偉業。「舊邦新命」，亦可表示我們古老的文明、燦爛的文化在現代的重光

（本文曾於1997年12月刊載於蘭州大學《科學·經濟·社會》第4期）

理念・特色・經典導讀

　　1998年1至6月，應哈佛大學的邀請，我到該校作高訪與合作研究。3月，陸登庭校長訪華。他訪華前曾請該校十幾位教授座談教育理念與中國文化問題。教授們批評校方目前推崇的是權力、財富教育，有違哈佛的理念與傳統。校長接受批評並作了協調工作。哈佛的傳統是通識教育，重視人文精神的培育。哈佛人認爲，最佳教育是開放式、創造性教育，不僅應有助於學生在專業領域內具有原創性的思想與能力，而且要創造條件讓學生善於深思熟慮，有追求的理想目標和洞察力，成爲具有自由人格的、完美的、成功的人。哈佛本科生在校四年中，除在一個主要領域中學習外，也進行跨學科專業的學習。該校不少教授強調人文學習的重要性，主張理解、吸收不同的價值觀念。如大學本科生的「核心課程」中，有一類叫「倫理推理」，請不同的專門家講授不同的宗教、文化傳統的倫理課程，讓同學們選修一種。其中有杜維明教授的「儒家倫理」課，每次都有三百多位學生選修。杜教授只上大課，並定期主持助教會。該校規定，每20多名學生必須配一名助教，助教參加學生的討論（每周一次），引導學生讀書，批解他們的讀書報告。助教多由博士班的學生或博士候選人擔任。

　　有的哈佛教授認爲，任何複雜的文明必須發展社會資本，這個

社會資本是看不見的。不能以淺短的目光看待我們教育的效果，最佳的教育不能以美元來衡量。有的教授認爲，不能只重視經濟資本，還要發展文化人。這就要考慮文化傳承、心靈積習。除了智力教育、科技方法之外，還要培育倫理素養、人生智慧、精神價值、文化能力、道德信念等等。要培育公衆知識份子，關心社會，參與政治，批評當下，指引未來，爲社會提供價值指導。

美國每一所高校，哪怕只有一千學生規模的小小的學院，都有自己的教育理念和傳統，辦得很有特色與個性，並努力使之保持、傳承下去。

這就促使我們捫心自問：我們武漢大學的教育理念是什麼，我們教育工作的動力在哪裏？我們一貫的教育傳統是什麼？武大區別於別的學校的特色是什麼？我也想把這如是四問提出來就教於師友同仁。我想，百多年來，一代代優秀的科學家、人文學者、教育家，前輩師長們薪火相傳的最寶貴的精神、最優秀的品格，就是他們的「敬業」精神、學術良知和做人的根本。他們不僅重視知識的傳授，尤其重視智慧的提升、能力的培育，給予學生以探求眞理、創造發明的有效的方法學訓練，使學生走向社會後自覺、主動地從事種種事業，在不同領域中充分施展自己的聰明才智。我們武大的傳統中是不是有科學精神與人文精神相互交融的特色呢？我們的培養目標是不是德、才、學、識並重呢？是不是有那麼一種生於憂患、成就人格、兢兢業業、紮實厚重、學問與人品一致的精神呢？另一方面，我們的不足在哪裏？有沒有明確的教育理念，思想的原創性夠不夠？在今天浮躁的、急功近利的社會氛圍中，我們的學術定力夠不夠，耐不耐得住寂寞？學術規範遵守得怎麼樣？這些都值得我們思

考。

　　哈佛是教授治校。職員也不少，但都竭誠爲教師服務。美國沒有我國目前這麼龐大的、一層一層的教育衙門，沒有教育壟斷，沒有教育事業中的官本位。當然他們也有文牘主義，但沒有我們這麼嚴重。目前我國的教育機構、體制、管理方式妨礙了教師主體地位的確立，教師實際上處於被動、被管理和絕對服從的客體地位。教師的主動性、積極性、創造性被壓抑，怎麼能培育出有創造精神的學生呢？

　　爲了培養學生的創造性，哈佛的社會科學與人文學教育，十分重視經典的導讀。經典包括古代與現代的、本國與外國的學術名著。如宗教委員會博士班的一門叫做「宗教思想家」的必修課（一個學期），大約要研討十大家的原著，如近現代著名學者詹姆士、涂爾幹、韋伯、弗洛依德、艾律克森、西谷啓治的著作等，還有一些輔助性的書。修課的博士們每周都要交一篇讀書報告，間周都要準備一次討論發言。他們文科研究生的讀書量很大，資格考試前的兩、三年讀得很苦，考試很嚴，有淘汰機制。博士生的培養計劃，讀書、修課，一般由三個學術領域組成，與不同的學術方向或相關的學科、專業打交叉。如宗教委員會的博士班培養計劃的基本三項：一是比較研究，除了博士生自己的宗教傳統之外，精研一個自己不熟悉的宗教傳統（如基督徒研究佛教，佛門弟子研究猶太教等）；二是傳統及文化，即研究一個傳統及其產生、演變及發展的文化，例如儒教、道教與中國文化，回教與中東文化等；三是宗教及其他專業，如宗教與哲學、宗教與社會學之類。

　　相反，看我們的文科教學和研究生培養，除學科交叉整合不夠

外，我感到最不足的是忽視引導學生讀經典。我們幾十年來一般習慣於用「概論」加「通史」（或專史）來代替原典，近十多年來我們更是忙於拼湊各種通論、概論的體系，現買現賣。把這些東西灌給學生，遠不如引導學生自己直接去接觸原典來得深厚。古今中外的學術經典著作具有深長久遠的滋潤作用，給人以創造性的薰炙和不斷反芻的空間，是永不枯竭的源頭活水。馬克思曾經說過，希臘藝術、史詩或莎士比亞的價值是超越時空的，在一定意義上說，那是一種規範和高不可及的範本。同樣的，各民族前現代文明中大量的文學、藝術、宗教、哲學、道德、倫理、歷史等等經典，西方近現代政治學、法律學、社會學、人類學、經濟學、哲學、歷史學、文學等等經典，都是非常寶貴的資源。問題是我們的學生不會讀書，不會讀原典。我們需要想一些辦法，通過各種方式，按不同層次的學生的程度，引導他們直接與本專業和相鄰專業的經典相溝通。這比讀那些三轉手、四轉手的或拼湊的東西要意味深長得多。能夠以文本原來的語言閱讀則更好。要讓學生讀出原汁原味來，並啓發他們領悟經典作家是如何思考問題的。給學生導讀經典，實際上對教師提出了更高的要求，難度更大。教學相長，與學生共讀經典也可以提升我們文科教師的水平，增強教師的能力。

在論（通論、專論）、史（通史、專史）、典（原典、經典）三者的關係中，我建議凸顯「典」，而適度削減原來的泛泛一般之「論」加「史」的結構，尤其是在研究生教學中。世上有有本之學，有無本之學。正如孟子所說：「源泉混混（滾滾），不舍晝夜，盈科而後進，放乎四海。有本者如是，是之取爾。苟爲無本，七八月之間雨集，溝澮皆盈；其涸也，可立而待也。」（《孟子·離婁下》）有本之

學如有源之水，滾滾流出，晝夜不停，把窪下之處注滿，又繼續奔流，一直流到海洋。而無本之學就如無源之水，一到七、八月間，雨水眾多，大小溝都塡滿了，但過不久就乾涸了。孟子又說：「君子深造之以道，欲其自得之也。自得之，則居之安；居之安，則資之深；資之深，則取之左右逢其原，故君子欲其自得之也。」（同上）君子貴在深造自得，即自覺地有所領悟。這就要牢固地打好基礎，把握它而不動搖，積蓄很深，才能取之不盡，左右逢源。所以高深的造詣來自自覺地有所得。竊以爲，我校的文科教學，包括人文試驗班的教學有進一步改善的必要。人文班的課程設置沒有打破文、史、哲的界限，仍根據原三個系的課程機械相加，給學生灌了很多概論和專史，時間排得滿滿的，學生負擔很重，消化課程的時間不夠，自由創造發揮的空間太小，尤其是沒有接觸經典。四年讀下來，連《詩經》、《楚辭》、《論語》、《孟子》、《老子》、《莊子》、《史記》、《左傳》和許多中西方名著都沒有碰過，或者只是在一些概論、通史課中浮光掠影地瞭解一點點。這樣下來，學生沒有根源感，沒有創發潛能與後勁，這是非常遺憾的。傅斯年先生當臺大校長時，規定臺大所有文理科學生必修一個學期的《孟子》，強調陶冶心性，提升境界，善養浩然正氣，眞是一個非常好的舉措。此次我在哈佛參與一些研討會及博士班的讀書活動，深感由我國大陸出去留學的部分學生，英語很不錯，西學也很好，但中國學問的根底（如基本典籍，如文字學、文獻學、史料基礎等）不如來自我國臺灣、香港甚至韓國的學生，而問題意識、思考能力、表達辯說能力則不如美國學生。我想問題是出在我們大學教育甚至中小學教育上，値得我們檢討與反省。附帶說一句，我們的大、中、小學生用在英語上

的時間、精力是用在國語、國文上的數十倍，長此下去，會帶來非常嚴重的後果。

總之，我們要培育學生全面發展的健全人格，追求真善美合一的理想，調動他們學習的主動性，引導他們學得大智大慧，克服目光短淺、處事功利化、人格虛無化、精神平面化的弊病，改善他們的知識結構，讓他們學會直接面對原著經典獨立思考，把讀書、思考、實驗與寫作結合起來，把知識、技巧、能力與方法結合起來，使他們走出校門後經得起摔打磨難，有謀生的本領，韌性的精神，又有創新的潛力，充實豐富自己的人生。有根源性才有原創性。為學在嚴，為人要正。根本的問題在提升我們教師自身的文化底蘊與精神素養，決不放棄理想境界、生命意義與人生價值的追求。

（本文於1998年9月在武漢大學演講，同年12月10日刊載於《武漢大學報》，又收入《面向21世紀的哲學教育》一書，武漢：湖北人民出版社，2000年6月。）

《心通九境──唐君毅哲學的精神空間》序

　　唐君毅先生是本世紀中國最著名的人文學者，當代新儒家的巨擘。他具有悲憫意識與宗教情懷，在東方與西方、傳統與現代劇烈衝突與交流互動的背景下，用整個生命和全部心血護持著人類和族類的文化理想、道德理性，積極參與、推動文明間的理解、溝通與對話。唐先生是一位開放型的儒家學者。他充分肯定人類各大文明的原創性，充分尊重世界各民族文化與宗教精神的合理內核，希冀包容不同的價值理念。唐先生非常敏感，密切注視，隨時體驗工業、商業、科技日益發達的現代生活世界的變化，及這些變化帶來的正負面價值，警惕並批評隨著神性的消解與物欲的泛濫，人與天、地、人、我之間發生的異化──上不在天，下不在地，外不在人，內不在己──，直面人的生存狀態和精神信念的危機。

　　唐先生是一位博大的哲學家。他會通中西，融貫三教，創造性地建構了「性」、「道」一元、「體」、「用」、「相」多面撐開的文化哲學系統。這一系統，以「道德自我」為中心。但道德的主體性與文化活動，精神理想與人文世界是有密切關係的。「心之本

體」客觀化、外在化為人類文化活動的各側面、各層次、各系統，包括家庭、社會、經濟、政治、哲學、科學、文學、藝術、宗教、體育、軍事、法律、教育等等，包括東西方文化史和思想史上各方面的成就。唐先生晚年在肯定「道德自我」的主導性的同時，將它擴大為「生命存在」，涵蓋精神生命不同的內容和不同的活動方面，肯定因此而相應地具有的不同的心靈境界。他從不同類型的人的生命存在與心靈活動的廣闊內涵出發，架構了弘大而闊的「三向九境」系統——《生命存在與心靈境界》。

在中西印哲學文化對比研究的基礎上，唐先生特重中國哲學史、思想史的解讀與重構，闡發其不同於西方、印度的特殊性。除鴻篇巨制——《中國哲學原論》的細膩梳理外，他尤其弘揚中華人文精神，指出人類史上這一特殊的人文精神涵蓋了超人文的宗教，不與宗教相對立，也不與自然相對立，不與科學技術相對立。中國傳統的人文主義的理想是：以人文化成天下；人文要普遍於自然，人之心可以貫通於自然。人心上有所承於天，下有所貫於地，天地人三者合一。通過人的關係，「形上之道」同時亦表現於「形下之器」中。人上通於天，下立於地，而成為「頂天立地」之人。他又闡揚了西方人文精神發展的不同階段與不同走向，昭示了中西人文精神在現代交相融合的可能性。他指出，今天最圓滿的人文主義，必須是中西會通的人文主義，以解除現代世界中的文化的偏蔽。他對東方宗教的兼容性，對儒學的宗教性與超越性，對中國哲學「內在超越」特色的發揮，尤有價值。有的論者認為「內在」與「超越」絕對不相容，其實，如果不是從認識論，而是從價值論，從本體——境界論的維度去看，「超越性」指的是神性、宗教性，在「天人

合一」、「天人合德」的論域中，神與人、神聖與凡俗、超越境界與內在的道德生活本來就是統一的。

唐先生有崇高的人格，博大的胸襟。他常常講「德量」與「心量」。他的為人與為學是一致的。他是一位偉大的儒者，一生實踐儒家精神，立德立功立言，真正做到了三不朽！他勤奮地讀書教書寫書，著書立說，著作等身，且努力從事文教事業，曾與友人創辦雜誌，創辦新亞書院，參與校政，教書育人，提攜後學。他又是關心社會，參與社會活動，批評當下，面向未來的公眾知識份子的一員。他給我們留下的精神遺產是全面而豐富的。

單波君是武漢大學的青年俊彥，在攻讀哲學博士學位期間，埋首中西哲學典籍之中，深造而自得之。他初讀唐君毅先生書，愛不釋手，繼之遍搜唐著與時賢研究唐氏的成果，又比照其前後的思想家，頗有精思創獲，遂決定以唐先生哲學思想為研究對象，撰寫博士論文。經過艱苦卓絕的工夫，苦讀覃思，爬梳抉剔，終於於1997年4月完成論文《道德理想主義的重建——唐君毅哲學研究》，5月順利通過答辯。通訊評審專家和答辯委員會專家周輔成、蕭萐父、李錦全、方克立、劉綱紀、馮達文、羅福惠、李宗桂、羅義俊、段德智、李維武等教授通過嚴格的評審，給予了充分的肯定，認為這是一篇學問功底紮實、思想深厚、材料豐贍、有諸多創新見解的優秀博士論文，亦提出了寶貴的意見。

目前與讀者見面的這部著作，正是作者在博士論文的基礎上，根據上述專家和本書責任編輯的意見修改、補充而成的。我有幸作為單波同志博士論文和本書書稿的第一位讀者，深為作者的見地而折服。這一選題非常好，具有開拓性。與已有的研究唐氏的成果不

同，作者不是避開，而是以掘井及泉的工夫，從深層次挖掘唐先生的哲學、宗教、人文思想，條分縷析地指陳這幾者的關係和唐氏哲學的見弊得失，可謂抓住了唐氏學術的核心，成爲唐君毅研究中不可多得的一種專著。

　　本書作者的創見在於：第一，不僅深入縝密研究了唐氏人文精神論，尤能對人文與宗教、人文與科學之關係，中西人文智慧之異同、文化主體與人文世界撐開的關係，作出了獨到的分析論證，抒發了己見，梳理了唐先生思想內在的矛盾和張力，如圓融會通與一本性、返本與開新的糾結等等。第二，通過分析唐氏宗教哲學在超越的反省中體悟人的「內在超越」的特點及宗教意識論、儒釋道耶之比觀，作者作了涵化西方超越智慧，解讀中國哲學資源之宗教性的新思考，也批評了唐先生未能充分重視人性與神性、內在與超越之緊張，從而使超越性不足的弊病。第三，全書環繞「心本體論」的中心來展開，在人文精神、宗教觀、道德哲學、人生論的分析中貫穿這一線索，提綱挈領，重點突出。作者在文化之體、用、相關係上，在「即人生以言人心」與「本人心以論人生」的關係上，尤其在精神安立、本體理境之追尋的思考或體悟方式上均有慧解和睿智。

　　作者把同情的理解與理性的批導相結合，把歷史方法與邏輯方法相結合，此種方法論甚爲合理。作者把論主放置在時代氛圍中，解剖其道德理想主義。作者熟知唐氏及其上輩與同輩思想家的哲學理論及其研究成果，文獻綜述頗爲詳備且有條理。作者從第一手資料出發，恪守學術規範。作者重視已有的關於唐氏研究的論著，又不囿於此，努力突破限制，且回應了諸家的褒貶，如對於強加在唐

先生身上的所謂「泛道德主義」作出的辯解等，非常精彩。這些都
表明了作者有深廣的哲學素養和獨立研究的能力。不足的是，限於
篇幅，作者未能把唐先生的中國哲學史論作細緻的詮解。

　　單波君是仁厚君子，謙遜好學，敬業樂群，勤勉踏實，潛沈學
術，不慕聲華，不雜俗染。他的本行是新聞學，然哲學愛好和修養
提升的需要，促使他進入哲學殿堂。現在他又回到了新聞學領域，
據他自己說，哲學訓練，哲學方法，哲學思考，哲學境界，使他獲
益匪淺，他還要不斷地加強哲學修養。研究生和本科生們都很喜歡
聽他的課，認為很有深度，很有聽頭。他在中西新聞學比較研究方
面嶄露頭角，不少論文得到國內外新聞學專家的好評。他曾與人合
著《中西新聞比較論》，又獨立撰著《二十世紀中國新聞觀念發展
研究》。他今年才三十出頭。每每讀到他的新著，我就不禁想起孔
夫子的慨歎：「後生可畏，焉知來者之不如今也。」我衷心地希望
他在德業諸方面更有創獲，是所望焉。是為序。

　　　　　　郭齊勇　　1999年春於珞珈山麓

　　（單波君是我的博士生，其博士論文《心通九境——唐君毅哲學的精神空
間》一書，於2001年8月在北京由人民出版社出版。）

《虛氣相即——張載哲學體系及其定位》序

　　丁為祥是關中人，具有關中人篤實、質樸的性格。以關中之人研究關中之學，為祥繼承了乃師陳俊民先生的學統。陳先生研究關學和宋明學術歷四十餘年，爬梳董理，揚棄會通，創造詮釋，戛戛獨造，成就卓著，蜚聲中外。雖移居西子湖畔，然仍未忘情於關隴，致力於播關學乃至宋明理學於四海。而其及門弟子中，對包括關學在內的宋明理學極深研幾者不乏其人，為祥即是其中佼佼者之一。為祥於八十年代中期在陝西師大攻讀碩士時受業於幾位忠厚長者，在中西哲學比較研究生班得到嚴格訓練，畢業留校後邊執教、邊研究，頗有長進。其論著，例如《實踐與超越：王陽明哲學的詮釋、解析與評價》一書等，慧解特出，不讓時賢，由是可知丁君治學之勤，致思之深。他有深厚的哲學與哲學史的學養和底蘊。九十年代中期，為祥決意走出關中，豐富自己，遂來到荊楚大地、江城武漢之東湖之濱和珞珈山麓，與我等時常切磋學問，並共同求教問學於吾師蕭萐父、李德永、唐明邦諸先生。為祥有著孟子所說的好學深思、掘井及泉的工夫和創意，在武大攻讀的三年中，努力簡擇海內

外中西哲學研究之最新成果，開闊視野，提升境界，並積極參與有關中西哲學思想史上的前沿問題的討論。在我所主持的博士生學位課程（一般採取seminar或會讀的方式），如先秦、宋明哲學原著原典解讀和哲學史方法論（尤其是中西哲學的解釋學）等課程方面，爲祥的創獲尤多。從他近幾年在《學術月刊》、《中國哲學史》、《武漢大學學報》、《文化中國》等刊物上發表的有份量的學術論文和在北京圖書館出版社出版的專著《熊十力學術思想評傳》等論著中，可以窺見其學問功底的紮實，思想的活躍，不落俗套，別有會心。然而最能代表爲祥之新進境的，就是他近幾年心血所寄的博士學位論文。作者於1999年5月順利通過答辯。通訊評審專家和答辯委員會專家潘富恩、蒙培元、張立文、牟鍾鑒、劉蔚華、楊國榮、熊鐵基、蕭萐父、李德永、李維武、田文軍教授等給予了充分的肯定，並提出了問題與修改意見。

　　本書就是作者在博士論文基礎上認真修訂而成的。作者的這個選題很有意義和價值，這一方面固然因爲張載是我國哲學思想史和精神文化史上不朽的巨人，是對東亞乃至世界有著極大影響的宋明理學的重要奠基人，其哲學思想有著極其豐富的內涵，另一方面則是關於張載的研究眾說紛紜，仁智互見，亟需要有人出來總結和提高，尤其是需要在新的起點上，在傳統與現代、東方與西方交融互動的新背景下作出「推故而別致其新」的詮釋。

　　作者在張載和宋明理學研究上有哪些創造性的貢獻呢？首先，作者研讀了有宋以降，特別是近五十多年以來境內外關於張橫渠研究的所有資料，從中發現一些問題。例如太虛與氣、性與天道、《正蒙》與《西銘》的關係等，例如二程對張子評價的影響以及如何或

者在哪一思想脈絡中定位張子等，此前的研究者各有偏重，爲祥則予以超越揚棄，重新定位。關於橫渠之學，貶之者或褒之者均定位在氣學上，爲祥君則大不以爲然。他不囿陳說，著力於解讀橫渠之學的博大高明，提出了本體論與宇宙論並建的框架，解決了近五十多年來張載研究懸而未決、聚訟不已的問題，重新定位了張子哲學。

其次，作者從宋代理學崛起的思潮背景與張子探索中的問題意識出發，揭示其由太虛與氣的統一所構成的宇宙本體論和由天地之性與氣質之性的統一所構成的人生實踐論。爲祥君認爲，在張載哲學中，不僅從宇宙本體論到人生實踐論是一虛貫通、一氣流行的，而且太虛與氣、天地之性與氣質之性也是「一滾論之」的。張載並未陷入所謂「氣性二本」，或所謂氣性並重的二元論。「窮神化，一天人」，《六經》、《論》、《孟》融爲一爐，才眞是張子之大本。作者意在復興一個整全的張子和張子學說，肯定橫渠以「太和」、「太虛」爲紐結，在天、道、性、命、誠、神等範疇方面有創意的闡發，奠定了宋明學術的理論基礎。

再次，作者緊扣由宇宙論到本體論到人生論的脈絡，分析了由周敦頤、邵雍、張載、二程、朱子、象山、王陽明、王廷相到王船山的學術流變過程，作者下力研究張子與二程、張子與朱熹的學術關係，分析了二程貶《正蒙》而揚《西銘》的緣由，以及朱子親和、象山疏離張子的不同態度和明清心學、氣學兩系對張子的不同擇取，肯定了張載哲學內涵的天人、體用及本然與實然兩翼並進的綱維，在--定意義上規定了理學的發展與終結，恢復並重新確立了張子在宋明理學發展史上的地位。

第四，作者在關於「虛氣相即」、「性天合一」、「明誠兩進」、

「民胞物與」的解讀中，凸顯了張載哲學的現代意義與價值，有功於傳統哲學的創造詮釋與現代轉化，尤其引入應然與實然的概念，分析天地之性與氣質之性，確乎發人之所未發。作者順張子虛氣相即的理路，認定他從本然與實然的雙向統一提出了本體論與宇宙論的並建原則，這種架構也是一種創造。作者認爲，張子由天到人，由人到天，由聖到凡，由凡到聖，既有超越、形上層的終極理境之追求，又有內在、形下層的現實社會之關懷，並把二者貫穿、統合了起來。這種見解無疑也是一種創造。張子的天地（義理）之性與氣質之性，德性所知（道德直覺、與天道的冥契會悟）與見聞之知，立志與養氣，窮理與盡性，明與誠，性與天道的雙向並進、互動、統一，既是對傳統哲學的繼承，又深刻地影響了此後的哲學家，而且直到今天仍有其理論價值，值得闡揚。乾坤並建、立體開用、明體達用、體用不二、一心二門、兩行之理、理一分殊等等，是非常有創意的哲學模型或範式，在張載消化、融鑄儒釋道，並立下規模之後，經由朱子、船山、熊十力等和現當代中國哲學家的闡釋，其現代意義尤顯突出。在這一方面還需要再發掘、再發現。

第五，作者學風嚴謹，功夫紮實。他把張載放到宋明理學的整個背景上，從翔實可靠的第一手資料出發，作了細膩的梳理，持之有故，言之成理。作者恪守學術規範，反對做文抄公，亦反對言之無物的、打著學術旗號的泡沫。在方法學上，作者運用邏輯與歷史一致的原則，得心應手，遊刃有餘。

總之，本書是一部有著諸多獨到見解和創識的高品質的學術專著，不僅對張載研究，而且對宋明理學研究來說，都是不可多得的佳作。作者爲這些領域的研究注入了活力，這是作者對中國哲學史

的一個貢獻。

　　為祥所以能寫出這樣一部專精之作，與他平日的刻苦攻讀是分不開的。他是一個以學術為生命的人，做學問與做人不二，兢兢業業，埋首書齋，以平等心與古代哲人作心靈交流與思想對話。他滿懷熱誠，有學術的激情，矢志弘揚傳統精神價值，並且身體力行。在一定的意義上，他的為人為學、生活態度，都是儒家式的。他肯幹且能幹，有入世情懷。從他的身上，我能體會到一個「誠」字。我很敬重他的拙樸、誠懇、敬業、虛懷若谷、顧全大局、尊重他人、樂於助人，並且引為同調和知己。為祥現又回到西北，仍執教於陝西師大，然而我們的心是相通相契的。我們都是凡人。為祥與我，在教書生涯和凡俗生活中，在學問方面，都有許許多多自身的缺弱和限制，但這並不妨礙我們亦有著終極信仰和道德理念的支撐，追求著近千年來激勵千百萬志士仁人的「橫渠四句」的境界：「為天地立心，為生民立命，為往聖繼絕學，為萬世開太平。」雖不能至，心嚮往之。或者有人說這是儒者的自大或良知的傲慢。以物觀之，橫渠四句似乎不近情理；然而以道觀之，方能心知其意。記得有好幾次我與為祥君聊天時，談及世人對中國文化、特別對儒學的成見之深，談及在今天做一個儒者之難，乃至都動了感情，唏噓不已。但願我們真能知其不可而為之。是為序。

郭齊勇　*庚辰春分於珞珈山麓*

　　（丁為祥君是我的博士生，其博士論文《虛氣相即──張載哲學體系及其定位》一書，於2000年12月在北京由人民出版社出版。這部著作於2002年獲得教育部第三屆中國高校人文社會科學研究成果二等獎。）

《郭店楚墓竹簡思想研究》序

　　丁四新君的博士學位論文《郭店楚墓竹簡思想研究》，於1999年在武漢大學以全優成績順利獲得通過，並得到海內外專家的好評，修訂之後由東方出版社於2000年10月出版，實在是一件值得慶賀的事情。據我所知，這是海內外第一部關於郭店楚簡的博士論文。誠如李學勤先生、龐樸先生在評審報告中所說，就對郭店楚簡之學術內涵作全面系統的研究而言，就研究所涉及的深度與廣度而言，當時尚未有出其右者。

　　1993年10月，湖北荊門郭店楚墓竹簡出土。1998年5月，這批戰國中晚期以前的儒家與道家佚籍及其釋文由國家文物出版社正式出版，是世紀之交我國人文學界和國際漢學界最為振奮人心的重大事件！學術乃天下之公器。這批佚籍的公佈，立即引起國際漢學界的高度重視，並且迅速成為海內外人文學界的研究熱點、焦點和前沿課題。這是因為老子、孔子及其後學之佚籍的問世，在一定意義上為學術界重新思考先秦學術思想史和楚國文化史提供了契機和新的資料，可以幫助我們解決諸多的學術疑難問題，改變我們的視域，修訂某些成見。值得慶幸的是，由於主要是北京學者們的努力，使我國大陸學界在郭簡研究中始終佔據主導和主流地位，而沒有如七十年代長沙馬王堆漢墓帛書出土後那樣，國內學者的研究曾經落在

後面。

　　四新同學的這部學位論文，可以說是在境內外學術界對郭簡研究的熱潮中應運而生的產物。這部論文的選題很好，既是鄂省的地方特色，又是國際學術前沿課題；既具有根源性、民族性和地域性，又具有前瞻性、世界性和現代性；可以推進傳統哲學的創造轉化。這部論文的成功，獲益於我國大陸、臺灣、香港地區許多學者和北美、歐洲、東亞不少漢學家的諸多研究成果及海內外學界的交流互動。當然，毫無疑問，首先和主要應歸功於作者本人冷靜、獨立地苦學苦研的精神與功夫。作者好學深思、沈潛讀書、甘坐冷板凳、心無旁顧的的精神、心態和毅力，以及一定的學養、學識、做學問的基本訓練及創造能力，在本書中得到充分的展現。我以為，這是一部具有頗多創新見解並恪守學術規範的博士論文，表明作者已具備了一定的學術功力和哲學修養。

　　作者曾經下苦功夫精讀先秦主要的經、子之書，打下了堅實寬厚的基礎，因而能夠對郭店簡本《老子》、〈太一生水〉、〈五行〉、〈性自命出〉、〈語叢〉及其他各篇之思想源流、學派歸屬、撰著作者、寫作年代、哲學意蘊、學術史上的地位等作出相當深入的考訂、探究、定位與闡釋。他的研究確有發時賢所未發之處。例如，對於《老子》，作者不僅比較了簡、帛、通行本，重視簡帛本上的墨點、墨釘的作用，而且遍查《莊子》、《文子》竹簡本、《韓非子》、《呂氏春秋》等諸子百家引老之說，重新定位老子其人其書及其學說這一學術界聚訟不已的問題，推斷戰國早期就流傳有遠較郭店簡本三組文字之總和還多的《老子》原本，又推斷甲、乙、丙三組簡本是三個不同時期產生的不同抄本。作者據郭店《老子》，

對原始老子的思想和早期儒道關係作出了細緻的討論。又如，關於從未問世的妙不可言的〈太一生水〉，李學勤先生與海外漢學家如達慕思大學的Sarah Allan（艾蘭）、海德堡大學的Rudolf G. Wagner（瓦格納）、芝加哥大學的Donald Harper（夏德安）等都有不少卓見，而四新的看法則與他們不同。他認為此篇之貢獻主要在完整的宇宙生成論系統的創造上，推測它可能出於戰國中期南方楚道家之手。作者的慧識在於，肯定〈太一生水〉鮮明地表示出中國人具有太一的形上宇宙觀與天地萬物的形下宇宙觀，且二者是上下貫通、和諧並存的，此篇亦表明中國古代自然科學與自然哲學的深邃、發達。

作者對郭店儒家簡的研究，下了特別大的功夫。關於〈五行〉，自長沙馬王堆漢墓帛書出土以降，我國學者龐樸、魏啓鵬和東京大學池田知久教授等專家都有不少宏論，且見仁見智。此次〈五行〉之經在楚故地再次出土，又轟動了學界。荀子所批評的「思孟五行學說」究竟是什麼，兩千多年以來隱而不彰，然而20世紀後30年的考古發現終於將其顯豁於世。作者與時賢不同，選擇了討論簡書、帛書〈五行〉經說到帛書〈德聖〉思想之變化的維度，認為竹簡〈五行〉之「經」比較突出「聖智」全體的作用，帛書〈五行〉之「經」與之相近，但「說」的部分卻有重大發展，係圍繞「心」而展開，並涉及到「性」與「氣」，開了心性論之先河，為孟子之先導。作者認為，繼〈五行〉之「說」，直傳〈五行〉思想統緒的乃是帛書〈德聖〉篇。此篇之變化，在於比較「聖」、「智」，重聖輕智，強調了天道與德聖之內容。作者考訂郭簡〈五行〉頗有可能是世碩之作，解說部分則出於其門人之手。

〈性自命出〉是迄今我們所見到的最早最完整的先秦心性論的

篇章，它的出土實在是我國與世界哲學史上的幸事。上海博物館購藏竹簡中也有內容大體相同的有關性情論的一篇佚文。我國中生代學人陳來、楊儒賓、廖名春等等對此都有深論，關於此篇作者的推測也是眾說紛紜。本書作者通過縝密地考證，認爲〈性自命出〉的作者不太可能是子游，也沒有充分證據坐實爲曾子，接近子思的思想但仍有不少差別，又很難說是公孫尼子，極有可能的是思孟學派中的學者或世碩諸儒。作者認爲，〈性自命出〉是頗爲重要的先秦儒家佚籍，是《中庸》的先導，該篇的出土對於先秦心性論的重新肯定和時間上的前推具有重要的意義。

關於〈語叢〉，作者認爲前三篇是當時流行的儒家文獻的摘抄，第一篇各有自己的主題，但又可以聯成爲一體，其重心仍是心性論。〈語叢〉中關於「天生百物，人爲貴」的思想，關於人之喜、怒、悲、樂、慮、欲、智皆源於「性」的思想，頗爲深刻。〈語叢〉前三篇是有關格言（或重言）的記錄或摘抄，屬儒家思想，而〈語叢四〉則與前三篇不同，屬權謀、縱橫、遊宦之士的思想。作者認爲，郭簡諸篇論性，從情、欲、理、力、能五條脈絡作出了比較系統、全面的闡述，由此可以推測春秋末至戰國早中期諸子所持的人性論，極爲豐富多樣。

作者認爲，郭簡的心性論中，心性上通天命、天道，外接人倫、人道。作者以末三章的較大篇幅，通論早期儒道思想，尤其是天命與天道、人性與人心、治道與倫理的問題，亦對〈窮達以時〉、〈成之聞之〉、〈尊德義〉、〈六德〉和〈唐虞之道〉等加以討論。作者指出，中國哲學與文化關於人性論本原的思考，大約經過了由帝命觀到天命觀，由天命論到天道論的轉移，但同時這三種觀念又保

存下來，構成某種程度的張力。天命、天道與人倫、人道的關係，實質就是天人關係。郭簡承老子、孔子而來，既有天人相通、相入的思想，又以心性或德性爲本位加深了對天人關係的理解，還有天人相分析的思想，後者與前者構成內在的辯證互補關係。作者指出，自殷周以來，中國哲學與文化始終以人和宇宙的生命爲其基本的關切點，人性論就是對生命本身的根源性與本質性的思考。作者細緻分疏了郭簡諸篇心、性、情、身的關係及其與先秦諸子百家的聯繫與區別。作者討論了道家道治與儒家德治的關係、尊德與明倫的關係、愛親與尊賢的關係等等。所有這些，都做到了持之有故，言之成理。

作者對郭簡諸篇作了較爲全面系統的哲學詮釋，其前提一是對世傳文獻的把握；二是對竹簡文字考釋、文本復原等成果的吸收。郭店簡的研究是一個綜合的研究，包括簡書的斷代、文字的考釋、簡文的聯綴、文本的復原、與世傳文獻的對勘比較等，是一個複雜的系統工程。這需要文字學、考古學、簡牘學、文獻學、經學史、子學史、哲學思想史、楚國文化史等諸多學者通力合作才能完成。我與作者十分珍視、尊重各學科學者的工作，尤其是原整理者裘錫圭先生、彭浩先生等的貢獻以及李家浩、李零、陳偉、劉信芳、臺灣大學周鳳五、輔仁大學丁原植、香港中文大學張光裕等教授先生們的工作。作者並不囿於一隅，吸收了各方面學者的優長，又能斷以己意。這部論文在一定意義上是多學科交叉的產物。

20世紀我國人文學研究的進步深獲考古發現之賜。陳寅恪先生論王靜安先生的治學方法和貢獻，認爲即是「取地下實物與紙上之遺文互相釋證」，特別是以殷墟甲骨卜辭資料來證古史。世紀初的

學人，獲益於殷墟甲骨、敦煌卷子、漢晉木簡等等，王靜安先生認為這些瑰寶的出土，其意義超過了孔壁中書和汲冢竹書。他提出了著名的「二重證據法」，指出紙上學問有賴於地下之新材料。近年來饒宗頤先生提出「三重證據法」，即把考古發現的材料又分為兩部分，一種是有文字的，一種是沒有文字的，以之與世傳文獻相互參證。有文字的簡帛攜帶了更大的信息量。20世紀出土的簡帛真是令人歎為觀止！僅就與思想文化史相關的簡帛而論，至少就有50年代信陽長臺關楚簡、武威漢簡，60年代望山楚簡，70年代臨沂銀雀山的漢簡、定縣漢簡、長沙馬王堆漢墓帛書與竹簡、雲夢睡虎地秦簡、阜陽雙古堆漢簡，80年代江陵張家山的漢簡和荊門包山的楚簡，90年代荊門郭店楚簡及上海博物館購藏的流失到香港文物市場上的一大批據云是江陵一帶的楚簡。以上簡帛中的文字資料涉及科學史（醫學史、天文史）、哲學史、法律史、民俗史、宗教史等等，就哲學史而論，涉及到經部和子部的方方面面。這些寶藏，極大地豐富了世傳文獻，補充、修正了我們對古代學術的一些看法。

宋代以來，特別是清世和近世以來，疑古辨偽的工作對於古代學術史的研究甚有補益，但「疑古過勇」與「信古過篤」一樣不符合歷史的真實。今天，我們到了可以超越於「疑古」和「信古」的時代，即馮友蘭先生所說的可以平心靜氣地「釋古」的時代。過去我們做哲學史研究，受疑古思潮的影響，把先秦的許多思想史料都壓到漢代之後使用，現在看來這確實有不少弊病。產生於軸心時代的禮樂文明和六經諸子的傳統，源遠流長，而且確乎是中華文明對世界的最大貢獻，至今仍有其現代意義和價值。可以預期，21世紀前半期，我國學術界借助於考古發現可以對禮樂文明、六經諸子的

系統研究作出前所未有的突破。我們民族寶貴的思想資源，可以轉化爲陶養現代心靈的源頭活水。

四新君剛滿三十歲。比起生長在學問與思想饑荒年代的我們這一代人，他們實在是太幸福了。他出身於農家，生活簡樸，刻苦攻讀，是一顆很好的讀書種子。在我們這個和諧的學術群體和良好的學術氛圍中，他與我一樣，不斷得到我的老師蕭萐父先生、李德永先生、唐明邦先生等前輩師長們的教誨和我的學長蕭漢明教授等師友的扶掖。我個人在學術界尚屬小字輩，學問根底很淺，學力不逮，自1993年忝爲所謂「博士生導師」以來，甚爲惶恐，如履薄冰。好在我的背後有我們這個學科群體的師友們作爲後盾，且不斷得到本系本校的師友們，全國哲學史界的師友們，全國人文學界的師友們的批評與指點，甚至得到境外學者的啓迪與幫助，因而可以勉力爲之。我常常對四新等同學們說，我們這一代人只是過渡環節，希望他們踩在我們的肩膀上，摘取學術研究的桂冠。

四新於1996年初秋進入博士生階段的研習時，我在培養方案上就請他進一步加強先秦文獻特別是經學的鑽研和西方解釋學的訓練，後來確定讓他研究《尚書》。我很早就關注郭店楚簡的整理，1995年秋天還陪杜維明教授實地考察了荊門博物館。1998年上半年我在哈佛大學做高訪與研究，曾與杜維明教授協商，計劃在我校與哈佛燕京學社等單位合辦一次大型的全面的郭店楚簡國際學術研討會。七月回國後，我就把郭簡的有關資料送給四新看，建議他考慮是否變更論文選題，改做郭簡研究。他經過認眞思考，欣然同意。此後，他經過了異常艱苦的獨立研讀和寫作過程。他搜集了很多資料，我也隨時給他提供境內外最新研究成果，又請蕭萐父老師和歷

史系徐少華、陳偉、羅運環等專家予以幫助和指點，他們也慷慨提供了建議與資料。四新終於於1999年3－4月間拿出了論文初稿，經過我的審閱，提出諸多修改意見和建議，並經過他的修改後提交給答辯會。5月中下旬之交，他通過了答辯。通訊評審專家和答辯委員會專家李學勤、龐樸、蕭萐父、劉綱紀、牟鍾鑒、熊鐵基、周桂鈿、蕭漢明、陳偉等教授都對他的論文給予了很高的評價，又提出了中肯的批評意見。他的論文在答辯前還寄送陳來教授等指正。7月，我在臺灣「中央研究院」和政治大學出席會議並做研究，曾在中研院文哲所等單位兩次就郭店楚簡的研究作座談和演講，回來後又給他帶回一些資料。之後，四新集中精力對論文作了兩次大的修改。第一次是10月中旬在我校舉行的規模空前的「郭店楚簡國際學術研討會」之前。我們資助他把修訂好的論文重新印製了100冊提交給大會。他給大會還提交了另兩篇論文和我委託他做的、相當詳備的海內外關於郭簡研究的論著目錄。由於任繼愈、饒宗頤、李學勤、裘錫圭等海內外著名專家學者躬逢盛會，由於討論的問題特別專門、具體、細緻，與會學者都感到收穫頗大。這次成功的大會也給四新提供了與海內外不同學科的老中青學者切磋郭簡的機會和展示自己科研成果的舞臺。在會上，杜維明、龐樸、李學勤等專家再次肯定了他的研究，並提出了寶貴的意見和建議。會後，他借鑒會議成果和我們在會後獲得的新資料第二次修訂論文，並把此前已寫成初稿的本書後三章的內容納入了進來。作者經過嚴肅的刪修和統稿，反復斟酌、推敲自己的學術考訂和若干結論，核對引言資料，潤色文字，終於形成了今天與讀者見面的這部著作。

我有幸作為本書的第一位讀者，鄭重地向學界推薦這位年輕人

相當紮實厚重、充滿獨到見解的學術成果。當然，郭店簡的研究仍
在發展中，從文本復原到文字考釋到哲學詮解，將會不斷湧出新的
研究成果，尚需作者豐富和提昇自己。在今天浮躁的世風面前，有
這麼一位珞珈山下的年輕人，矢志向學，孜孜不倦獻身國學，且有
掘井及泉的功夫，令我非常感動。我癡長他二十二歲。作為朋友，
衷心希望我們以前輩程千帆先生提出的八字箴言「勤奮、謙虛、敬
業、樂群」共勉，放開胸量，盡心公益，關愛他人，虛己容物，積
極參與國際國內的學術活動，到世界哲壇上與國際學者對話，勇攀
中國哲學研究的高峰。我們武漢大學中國哲學學科點的傳統是：「中
西對比，古今貫通；學思並進，史論結合；德業雙修，言行相掩；
做人與做學問一致，文風與人風淳樸；統合考據、辭章、義理，統
合思想與歷史的雙重進路。」相信他能把這一傳統發揚光大，是所
望焉。

　　是為序

郭齊勇　2000年1月於武昌珞珈山

　　（丁四新君是我的博士生，他的博士論文於2000年10月在北京由東方出版
社出版，並於2001年被教育部、國務院學位委員會評為是年全國一百篇優秀博
士學位論文之一。）

國家圖書館出版品預行編目資料

儒學與儒學史新論

郭齊勇著. – 初版. – 臺北市：臺灣學生，
2002[民 91]
面；公分

ISBN 957-15-1148-X(精裝)
ISBN 957-15-1149-8 (平裝)

1. 儒家 – 中國

121.2　　　　　　　　　　　　　91017054

儒學與儒學史新論 （全一冊）

著　作　者：郭　　　　齊　　　　勇

出　版　者：臺　灣　學　生　書　局

發　行　人：孫　　　善　　　治

發　行　所：臺　灣　學　生　書　局
　　　　　　臺北市和平東路一段一九八號
　　　　　　郵 政 劃 撥 帳 號：00024668
　　　　　　電　話：(02)23634156
　　　　　　傳　眞：(02)23636334
　　　　　　E-mail：student.book@msa.hinet.net
　　　　　　http：//studentbook.web66.com.tw

本書局登
記證字號：行政院新聞局局版北市業字第玖捌壹號

印　刷　所：宏　輝　彩　色　印　刷　公　司
　　　　　　中和市永和路三六三巷四二號
　　　　　　電　話：(02)22268853

　　　　　　精裝新臺幣四七〇元
定價：平裝新臺幣四〇〇元

西　元　二　〇　〇　二　年　十　月　初　版

12143　　　　有著作權・侵害必究
　　　　　　ISBN 957-15-1148-X(精裝)
　　　　　　ISBN 957-15-1149-8 (平裝)